四川省社会科学高水平研究团队
"四川青少年思想道德教育创新研究团队"建设计划资助项目研究成果

引领与垂范：
高校青年马克思主义者培育的机制与路径研究

黎万和　赵四学　李龙强　吴　勇　罗雅璐／著

四川大学出版社

项目策划：陈克坚
责任编辑：陈克坚
责任校对：杨　果
封面设计：墨创文化
责任印制：王　炜

图书在版编目（CIP）数据

引领与垂范：高校青年马克思主义者培育的机制与路径研究 / 黎万和等著．— 成都：四川大学出版社，2020.9
ISBN 978-7-5690-3881-1

Ⅰ．①引… Ⅱ．①黎… Ⅲ．①青年—马克思主义—思想政治教育—研究—中国 Ⅳ．① D432.62

中国版本图书馆 CIP 数据核字（2020）第 183009 号

书　名	引领与垂范：高校青年马克思主义者培育的机制与路径研究
著　者	黎万和　赵四学　李龙强　吴　勇　罗雅璐
出　版	四川大学出版社
地　址	成都市一环路南一段24号（610065）
发　行	四川大学出版社
书　号	ISBN 978-7-5690-3881-1
印前制作	四川胜翔数码印务设计有限公司
印　刷	郫县犀浦印刷厂
成品尺寸	170mm×240mm
印　张	14
字　数	244 千字
版　次	2021年1月第1版
印　次	2021年1月第1次印刷
定　价	60.00 元

版权所有　侵权必究

扫码加入读者圈

- 读者邮购本书，请与本社发行科联系。
  电话：(028)85408408/(028)85401670/
  (028)86408023　邮政编码：610065
- 本社图书如有印装质量问题，请寄回出版社调换。
- 网址：http://press.scu.edu.cn

四川大学出版社
微信公众号

目 录

第一章　高校青年马克思主义者培育的时代背景及重要意义……（1）
　第一节　高校青年马克思主义者培育的时代背景……………（1）
　　一、青年马克思主义者培育理论的提出………………………（1）
　　二、青年马克思主义者培育的时代背景………………………（5）
　第二节　高校青年马克思主义者培育的重要意义……………（7）
　　一、增强马克思主义理论素养，促进青年健康成长的需要…（7）
　　二、培育社会主义现代化建设事业接班人的需要……………（8）
　　三、早日实现中华民族伟大复兴中国梦的需要………………（9）
　　四、消灭人类剥削和压迫，实现共产主义伟大事业的需要…（13）

第二章　高校青年马克思主义者培育面临的挑战与机遇……（18）
　第一节　高校青年马克思主义者培育面临的挑战……………（18）
　　一、西方国家意识形态渗透的压力……………………………（18）
　　二、网络新兴媒介构成的挑战…………………………………（29）
　　三、多元社会思潮的侵蚀构成的挑战…………………………（31）
　　四、宗教信仰的精神迷茫带来的挑战…………………………（33）
　　五、社会转型过程中马克思主义理论时代化面临的挑战……（35）
　第二节　高校青年马克思主义者培育面临的机遇……………（37）
　　一、中国共产党重视青年大学生成长成才……………………（37）
　　二、中国共产党赋予了青年大学生特殊使命…………………（38）
　　三、中华民族伟大复兴需要青年大学生承担重任……………（40）
　　四、中国化理论成果走向世界亟待青年大学生积极践行……（46）

第三章 高校青年马克思主义者的内涵与特质……………………（49）
第一节 高校青年马克思主义者的内涵……………………（49）
一、探究马克思主义者的含义……………………………（49）
二、高校青年马克思主义者与非马克思主义者的边界………（58）
第二节 高校青年马克思主义者的特质……………………（63）
一、青年马克思主义者政治素养特质……………………（63）
二、青年马克思主义者的理论把握………………………（67）
三、青年马克思主义者的实践能力………………………（72）
四、青年马克思主义者的人格魅力………………………（77）

第四章 高校青年马克思主义者培育原则与方法……………（82）
第一节 高校青年马克思主义者培育原则……………………（82）
一、坚持理论水平与实践能力相统一的原则……………（82）
二、坚持整体提升与典型培育相统一的原则……………（86）
三、坚持目标定位与过程管理相统一的原则……………（91）
四、坚持方向引导和自我修正相统一的原则……………（95）
第二节 高校青年马克思主义者培育的方法…………………（98）
一、加强党的领导，增强党的凝聚力……………………（98）
二、综创文化传统，增强民族认同感……………………（104）
三、加强理论学习，增强理论战斗能力…………………（110）
四、研读马列经典，坚定共产主义信念…………………（114）
五、重视实践体验，增强自身亲证力……………………（119）
六、树立学习典范，增强榜样影响力……………………（121）

第五章 高校青年马克思主义者的培育路径…………………（126）
第一节 有效强化组织引领……………………………………（126）
一、高校党委应提供组织保障……………………………（126）
二、基层党组织应发挥政治引领作用……………………（126）
第二节 切实提升理论学习……………………………………（127）
一、用马克思主义经典理论武装青年马克思主义者……（127）
二、思想政治理论课教师需要提升马克思主义理论素养…（128）

三、创建经典阅读型家庭，培养健康和谐家风……………………(130)
第三节　科学运用信息技术载体……………………………………(131)
　　一、信息时代推动思想政治工作离不开信息技术………………(131)
　　二、信息技术在思想政治理论教学运用中的具体形式…………(132)
第四节　注重强化社会实践…………………………………………(132)
　　一、思想政治教育离不开社会实践………………………………(132)
　　二、党在社会主义革命和建设中的实践探索……………………(133)
　　三、高校应创造形式多样内容丰富的实践形式…………………(145)
第五节　利用"红色资源"滋养青年马克思主义者…………………(146)
　　一、"红色资源"的内涵及功能……………………………………(146)
　　二、"红色资源"与青年马克思主义者健康成长的内在关系……(147)
　　三、将"红色资源"融入思想政治理论课课堂教学………………(148)
　　四、成立青年马克思主义者"红色"研究会………………………(149)
　　五、定期开展"弘扬红色精神"主题旅游活动……………………(150)
　　六、积极营造和谐共生的社会氛围………………………………(151)

第六章　高校青年马克思主义者培育体系与机制……………(157)
第一节　高校青年马克思主义者培育体系…………………………(157)
　　一、健全高校青年马克思主义者培育理论体系…………………(158)
　　二、完善高校青年马克思主义者培育的分类强化体系…………(167)
　　三、创新高校青年马克思主义者培育的人才选拔体系…………(173)
　　四、构建高校青年马克思主义者培育的多维立体交流体系……(175)
　　五、构建高校青年马克思主义者培育的全方位社会实践培育体系
　　　……………………………………………………………………(180)
第二节　高校青年马克思主义者的培育机制………………………(182)
　　一、科学完善的组织管理机制……………………………………(182)
　　二、量才使用机制…………………………………………………(184)
　　三、科学考评机制…………………………………………………(186)
　　四、合理的激励机制………………………………………………(188)
　　五、建立防范蜕变机制……………………………………………(189)

第七章　高校青年马克思主义者培育的实践探索……(194)

第一节　高校"青马工程"实施现状调查与成效分析……(194)
一、培育体系和工作格局日臻完善……(195)
二、工作思路和培训内容不断拓展……(196)
三、培育方式和组织形式不断创新……(196)

第二节　当前高校在实施"青马工程"中存在的问题……(197)
一、工作机制不够健全，指导督查不力……(197)
二、部分高校重视不够，工作流于形式……(198)
三、理论教育重点不突出，课题研究重视不够……(198)
四、实践培育和对外交流针对性不强……(199)
五、培育过程缺乏跟踪评估、持续培育……(200)

第三节　高校"青马工程"质量提升对策……(200)
一、进一步强化组织领导，建立和完善工作机制和运行保障体系……(200)
二、把握培育的核心和重点，着力提升青年学生马克思主义素养……(201)
三、加强实践环节的培育，增强实践锻炼的实效性……(202)
四、强化考核监督，构建完善的质量评价体系和跟踪培育机制……(203)

参考文献……(208)

后　记……(214)

第一章　高校青年马克思主义者培育的时代背景及重要意义

深入开展青年马克思主义者培育工作,在广大青年中着力培育造就一大批用马克思主义中国化最新成果武装起来的、具有坚定理想信念的马克思主义者,事关党的事业后继有人,事关国家的兴旺发达,事关青年的健康成长。习近平总书记在全国高校思想政治工作会议上强调,我国高等教育肩负着培养德智体美全面发展的社会主义事业建设者和接班人的重大任务,必须坚持正确的政治方向。高校立身之本在于立德树人。因此,高等学校在广大青年学生中深入开展青年马克思主义者培育工作,是高等学校人才培育的重要任务。研究高校青年马克思主义者培育工作实施状况,总结其成功经验,探寻其不足,特别是从理论和实践两个维度深入探寻高校青年马克思主义者培育的机制和路径,对于进一步做好青年马克思主义者培育工作具有重要的理论意义和实践意义。

第一节　高校青年马克思主义者培育的时代背景

一、青年马克思主义者培育理论的提出

马克思主义理论是由马克思和恩格斯创立并为后继者不断发展的科学理论体系,是关于自然、社会和人类思维发展一般规律的学说,是关于社会主义必然代替资本主义,最终实现共产主义的学说,是关于无产阶级解放、全人类解放和每个人自由全面发展的学说,是指引人民创造美好生活的行动指南。马克思主义理论自创立以来,马克思、恩格斯、列宁等马克思主义经典

作家就非常重视马克思主义者的培育工作。特别是马克思主义理论向世界各国无产阶级进行传播的过程中，马克思、恩格斯、列宁等马克思主义经典作家特别重视高校青年马克思主义者的培育工作，并为世界各国无产阶级培育了大批青年马克思主义者，为世界各国无产阶级进行社会主义革命取得胜利提供了大量优秀人才。马克思主义理论传入中国后，以毛泽东为主要代表的中国共产党在马克思主义理论的指导下，进行社会主义革命并建立了社会主义新中国。改革开放以来，以邓小平同志为主要代表的中国共产党以马克思主义为指导，进行社会主义改革和社会主义现代化建设，并取得了伟大的成就。从马克思主义理论演进的历史路径来看，马克思主义理论中国化的过程，既是马克思主义同中国社会主义革命、中国改革开放、中国社会主义现代化建设的伟大实践不断结合的过程，同时也是马克思主义理论不断扎根于中国土壤，被中国青年接受、认可并内化为思想指导且付诸实践的过程。在这一过程中，中国共产党做了大量的工作，培育了大批的青年马克思主义者，他们为中国的独立、自由、民主、富强做出了不可磨灭的贡献。21世纪以来，随着改革开放的深入和互联网的普及，国际形势日趋复杂多变，国际斗争更加险恶狡诈，为了更有效推进中国特色社会主义现代化建设事业的发展，以江泽民、胡锦涛、习近平同志为主要代表的中国共产党更加明确提出了要高度重视青年马克思主义者的培育工作，特别是高校青年马克思主义者的培育工作，以确保党的事业蓬勃发展和中国特色社会主义事业充满生机与活力。

　　而要加强青年马克思主义者的培育，就必须对青年马克思主义者的内涵与外延进行正确的理解与把握。青年马克思主义者与马克思主义者两个概念既有许多相同的方面，又有着质的不同，青年马克思主义者这一概念，是真包含于马克思主义者这个概念的。要明确青年马克思主义者的外延，也必然要正确理解马克思主义者这一概念的外延。从其外延的角度，马克思主义者依年龄划分，主要划分为老年马克思主义者、中年马克思主义者、青年马克思主义者、少年马克思主义者等。青年马克思主义者是马克思主义者概念中的一个分子，二者是真包含于关系，青年马克思主义者真包含于马克思主义者。从国别而言，有中国的马克思主义者，有德国的马克思主义者、波兰的马克思主义者、苏联的马克思主义者等。本书中所指的马克思主义者，主要是指狭义的中国的青年马克思主义者。中国共产党结合中国实际培育的青年马克思主义者,都是狭义的马克思主义者。中国共产党历届领导人都非常重视青年马克思主义者的培育工作,并通过多种形式和途径加强青年马克思主义者的培育工作,如在军队、政府、社区、高校、企业等开展形式多样、内容丰富的马克思主义者培育工作,取得了积极的成效,为中国社会主义革命、社会主义改革、社会主义建设培育了大批优秀人才。高校作为马克思主义者培育的主阵地,在对我国青年大学生进行马克思主义理论教育和马克思主义素养的培育工作中发挥着主要作用。但是,随着互联网的发展,世界政治经济形势的深刻变化,世界格局急剧演变,国际斗争更加复杂,意识形态领域斗争更加激烈,这对我国青年的马克思主义理论教育提出了更加严格的要求。为此,以江泽民同志为主要代表的中国共产党提出了"青年马克思主义者培养工程"的伟大构想,并对如何做好"青年马克思主义者培养工程"进行了大量的理论探讨和实践指导工作。关于"青年马克思主义者"培养的提法最早见诸《人民日报》,该报在1989年10月29日刊登了江泽民同志在李大钊诞辰100周年纪念大会上的讲话。在这次讲话中,江泽民指出:"我们必须努力培养和造就一大批青年马克思主义者。他们应该具有较深厚的理论修养和较广阔的视野,密切联系群众,懂得中国国情,自觉根据理论同实际相结合的原则,创造性地开展工作。如果不提出并解决这个任务,我们的党就不可能有坚强的后备队,就不可能胜利地走向未来。这是我们的社会主义事业能否长久地坚持和发展下去的一个具有战略意义的大问题,必须引起全党同志的高度重视。"① 由此可见,江泽民同志从社会主义建设事业和国家发展战略高度,指出加强青年马克思主义者培养的重要意义,并明确把培养青年马克思主义者作为国家发展战略的重要任务。不仅如此,江泽民同志对青年大学生成长为马克思主义者充满信心,他说:"我相信,在当代的大学生中,必定会成长出一批又一批马克思主义者。"② 由于党和国家领导人高度重视青年马克思主义者的培育,教育部、中组部、中宣部也积极响应中央号召,并采取措施落实党和国家领导人的决策。1997年,中组部、教育部、中宣部三部委联合召开了全国高等学校党的建设工作

---

① 江泽民. 在李大钊诞辰100周年纪念大会上的讲话 [N]. 人民日报,1989-10-29 (01).
② 中华人民共和国教育部,中共中央文献研究室. 毛泽东邓小平江泽民论教育·江泽民论教育:对青年人,一要爱二要严(一九九〇年三的三十日)[M]. 北京:人民教育出版社,2002:207.

会议，提出要加强高校大学生作为青年马克思主义者培育目标的重要工作。2006年，胡锦涛同志在党的十六届六中全会第二次全体会议上指出："要从赢得青年、赢得未来的高度，抓好大学生的理论学习，深入推进马克思主义中国化的最新成果进教材、进课堂、进头脑工作，让青年知识分子了解和相信党的理论，在广大青年中培养一大批坚定的马克思主义者。"① 胡锦涛同志不仅指出加强马克思主义者培育的重要意义，而且指出了要在青年中培养坚定的马克思主义者，更要在青年大学生中深入推进马克思主义理论的宣传教育工作。从此，对青年马克思主义者的培养，被写进了党的政策纲领之中，这为高校做好青年马克思主义者的培育工作提供了政策依据，也为高校做好青年马克思主义者培育工作赋予了历史使命，并指明了方向。

而明确将青年马克思主义者培养作为一项国家重大工程来实施，主要标志是团中央在2007年启动实施的"青年马克思主义者培养工程"。在此基础上，团中央进一步印发了《青年马克思主义者培养工程实施纲要》，对如何培养青年马克思主义者提出了纲领性指导意见。依据团中央的指导意见，各省市、各高校共青团开始着手实施"青年马克思主义者培养工程"。2016年12月，习近平在全国高校思想政治工作会议上发表重要讲话指出，"高校思想政治工作关系高校培养什么样的人、如何培养人以及为谁培养人这个根本问题。要坚持把立德树人作为中心环节，把思想政治工作贯穿教育教学全过程，实现全程育人、全方位育人，努力开创我国高等教育事业发展新局面"②。习近平就高校思想政治工作的主要任务、培养目标、实现手段进行了阐释，为高校开展思想政治教育工作指明了方向。经过数十年不断的探索和实践，高校青年马克思主义者的培育工作取得了积极成果，培育了一大批优秀的青年人才，但也发现存在一定的问题，需要不断总结反思。而要做好高校青年马克思主义者培育工作，就必须对高校青年马克思主义者的基本特征有明确的认识，弄清培育对象、培育目标、培育方法、培育原则、培育体系、培育机制等内容，才能做到有的放矢，做好高校青年马克思主义者的培育工作，真正培育出具有较高的马克思主义理论素养的优秀人才。

---

① 中共中央文献研究室. 十六大以来重要文献选编：下［M］. 北京：中央文献出版社，2008：685.

② 习近平. 习近平谈治国理政：第2卷［M］. 北京：外文出版社，2017：376.

二、青年马克思主义者培育的时代背景

高校"青年马克思主义者培养工程"的提出，有其相应的时代发展背景，与该时代相应的政治指引、经济发展和文化支撑相适应。青年马克思主义者的培育，也是基于中国的政治、经济、文化发展要求与革命战争时期、改革开放时期、社会主义现代化建设时期的国内外政治经济文化发展要求而提出的。

首先，时代发展的历史使命需求。马克思主义理论创立后，受到世界各国无产阶级的热烈欢迎，并在世界各国广泛传播。马克思主义理论进入中国后，被中国共产党接受并成为党的指导方针。中国共产党以马克思主义理论为指导，领导中国人民取得了社会主义革命、社会主义改革开放、社会主义现代化建设的伟大成就。在这一过程中，中国共产党培育了一大批忠诚的青年马克思主义者，他们为社会主义革命、社会主义改革和社会主义现代化建设取得伟大成就做出了卓越的历史贡献。这些青年马克思主义者的成长，也与其所处的时代背景密切相关，深受时代环境的影响。革命战争时期，中华民族处在水深火热之中，为了中华民族的独立、自由和富强，中华儿女能自觉地与帝国主义、封建主义、官僚资本主义进行英勇顽强的斗争。在这一过程中，他们为了国家和民族的命运和前途，忍辱负重，在黑夜与迷茫中找到了马克思主义，并自觉学习马克思主义，提升自己的政治素养，为中华民族的独立、自由和富强找到了希望，建立了社会主义新中国。然而，随着时代的发展，我国已经不再是以"革命"为主旋律的时代，人民的主要目标追求不仅仅是争取民族独立、民主自由、人民生存的基本目标，人民开始追求更加美好的幸福生活。社会主义革命取得成功以后，我国消灭了封建地主阶级，消灭了阶级剥削和压迫，消灭了帝国主义侵略，实现了人民民主专政和人民当家作主。新中国成立以后，中国共产党的主要奋斗目标是带领人民实现由"生存型"向"温饱型"转变，我国社会主要矛盾体现为人民日益增长的物质文化需要同落后的社会生产之间的矛盾。因此，党的主要任务也相应发生转变，中国共产党的职能也由"革命型"政党向"学习型"政党转变。改革开放以来，我国社会经济得到充分发展，特别是党的十八大以来，我国在政治、经济、文化、社会等领域实现了跨越式发展，我国社会主要矛盾已经转化为人民日益增长的美好生活需要和不平衡不充分的发展之间的矛盾，

人民对美好社会生活的追求必然要求党的职能向"服务型"转变，从而要求党不断提高自身的执政能力和执政水平，以实现人民对国家富强、民族振兴、人民幸福的美好生活追求。因此，时代发展的要求决定了必须加强对高校广大青年进行马克思主义理论的培育，才能在党的队伍中真正培育较高政治素养的社会主义建设者和接班人。

其次，时代的经济发展要求需要加强青年马克思主义者的培育。随着中国改革开放的深入推进，中国经济取得了可喜的成就。从GDP数据统计结果来看，1952年，中国的GDP总值仅679.1亿元，2018年增加到900309亿元，增加了1326倍。从人均GDP来看，1952年，人均仅119元，到2018年人均GDP增加到64520元，增加了542倍。从贸易总额来看，1949年，中国的贸易总额仅41.3亿元，2018年为305100亿元，增加了7387倍。由此可见，中国经济不仅在数量上实现了大幅增长，而且实现了质的飞跃。中国已经由过去追求温饱型转向追求美好生活的新阶段。中国社会也由过去的一穷二白发展到成为世界经济大国迈向经济强国的阶段。在这一转变过程中，中国作为一个开放的国家，与世界各国建立起密切的经济联系和经贸往来。中国在经济领域中也培养出了各种高级人才。然而，在同世界各国的经济贸易往来中，我们不仅需要具备优秀业务能力的经济管理、金融管理、企业管理、国际贸易等高级人才，更需要具有较强的政治敏锐性和政治鉴别力的优秀人才。他们不仅要有较高的业务能力，更需要有坚定的政治立场，是能够面对各种诱惑不动摇的有着马克思主义理想信念的社会主义建设者。

再次，社会主义文化建设发展需要加强对高校青年马克思主义者的培育。当今世界各国的竞争，不仅是经济实力、科技实力、军事实力等硬实力的竞争，更重要的是文化软实力的竞争。通过美国对科索沃、伊拉克的战争可以看出，仅仅依靠硬实力，是不能真正征服一个国家而取得根本性胜利的。因此，美国等西方发达国家，往往凭借其经济、科技等优势，以及在国际机构的话语权，加强了对社会主义国家的文化软实力渗透。他们通过新闻媒体、现代自媒体等各种途径，把西方国家的文化渗透到中国，企图让中国年轻人逐渐接受西方文化和价值观，从而达到不可告人的目的。而文化与国土疆界不同，它是无形的，没有明确的疆界，因而难以防御。因此，如何在马克思主义理论指导下建设社会主义文化，固守我国文化疆域，抵制西方文化渗透，也成为高校培育青年马克思主义者的一项重要任务。近年来，习近平总书记在多个场合提出了以马克思主义为指导，以社会主义先进文化为引领，以中华优秀传统文化为精神食粮，建设社会主义新文化，从而增强我国文化软实力，实现文化自信。而文化作为一个国家重要的精神财富，其创造是离不开广大人民群众的。人民群众不仅是物质财富的创造者，人民群众也是精神财富的创造者。从文化建设来看，"人民群众不仅是文化建设的实践主体，而且也是文化建设的接受主体"①。因此，从我国文化建设要求来讲，高校青年大学生既是文化建设的实践主体，也是文化建设的接受主体，只有他们真正成为文化建设的主体，担负起社会主义现代化新文化建设的历史重任，我国社会主义现代新文化建设才能取得成功。

因此，无论是政治、经济还是文化发展的要求，都为青年马克思主义者的培育提供了契机。中国共产党也只有抓住这一历史性契机，培育出更多的青年马克思主义者，才能为社会主义现代化建设提供业务精良、政治素质过硬的优秀人才，也只有培育出了这些在政治上、思想上、业务能力上优秀的青年马克思主义者，才能为早日实现中国梦提供强有力的政治保障、思想保证和智力支撑。

第二节 高校青年马克思主义者培育的重要意义

针对高校青年马克思主义理论培育的历史状况以及当前国际国内的政治环境、经济环境和文化环境，加强高校青年马克思主义者的培育，在理论上和实践上都具有重要的意义，具体而言，主要表现在以下四个方面。

一、增强马克思主义理论素养，促进青年健康成长的需要

青年是祖国的未来和希望，是社会主义现代化建设的生力军。青年能否健康成长，这不是孤立的，而是与时代要求、国家发展和社会进步密切相关的，这也是由人的社会属性这一客观规律决定的。历史证明，青年的健康成长只有和社会发展的要求相统一，才能找到用武之地。青年大学生的发展道

---

① 赵四学. 创学视域下的中国新文化理论建设研究［M］. 北京：中国社会科学出版社，2015：87.

路只有和建设祖国、服务人民的要求相统一，才能拥有更为广阔的人生舞台。而中国共产党不仅为青年的健康成长提供了安定和谐的生活环境，提供了优越的教育环境，更为青年的成长提供了政治保障。这些环境不仅能使青年身体茁壮成长，业务能力不断增强，而且保障了青年人生发展道路不会发生偏离。所以，中国化的马克思主义，为当代青年大学生自觉地担负起时代赋予的历史重任，成长为新时代社会主义事业的建设者和接班人提供了强大的思想武器。它从思想上、政治上、人生信仰等方面保证了青年的健康成长，在人生和事业发展方面避免走弯路，少走弯路，在大是大非面前有坚定的政治立场和政治敏锐性。因此，青年健康成长，不仅需要有优秀的业务能力，而且需要有坚定的政治觉悟、政治敏锐性和政治鉴别力。把青年大学生培育成为坚定的马克思主义者的过程，就是青年实现自身马克思主义理论水平不断提升的过程。青年大学生马克思主义者的培育，还可以发挥青年马克思主义者的引领和示范作用，对其他青年人的成长成才具有积极的示范和激励作用，从而促进青年的健康成长。

二、培育社会主义现代化建设事业接班人的需要

社会主义现代化建设，需要一批又一批有着坚定的马克思主义信念的青年人才。而党在社会主义现代化建设中，必须培育具有坚定信念、业务能力强的接班人，从而才能保证党的生命活力。特别是我国还处在社会主义初级阶段，我们不仅需要培育和造就业务能力强、善于学习和借鉴西方先进技术和管理的优秀人才，更需要有坚定的政治信仰和政治立场、有较强的政治敏锐性和政治鉴别力的优秀青年马克思主义者作为社会主义现代化建设的组织者、管理者、领导者。这些青年马克思主义者在与西方进行接触、交往和斗争的过程中，不会因为西方的金钱、权利、美色的诱惑而丧失自己的政治立场和政治敏锐性，从而成为真正的青年马克思主义者和社会主义事业的接班人。从历史发展看，正反两方面的经验和教训都给我们提出了新的要求。一方面，中国共产党在中国革命的过程中，涌现出了一大批有着坚定信仰和执着追求的马克思主义者，如毛泽东、周恩来、邓小平、李大钊、董必武、任弼时、瞿秋白等，他们为中国共产党的发展和党的建设做出了巨大贡献。而叶剑英、李先念、邓颖超、杨尚昆等人都被称为"坚定的马克思主义者"，他们在中国革命的过程中，自始至终坚定奉行马克思主义理论。李富春和

张闻天则被称为"忠诚的马克思主义者"。这些马克思主义者在社会主义革命过程中，为了中华民族的独立、自由、民主，在面对各种困难、诱惑面前，坚定共产主义理想信念，英勇斗争，为中国社会主义革命做出了不可磨灭的贡献。当然，更有千千万万的中国工农大众，为了社会主义革命的胜利，坚定理想信念，毫不屈服，奋勇杀敌，甚至献出了自己宝贵的生命。如董存瑞同志面对敌人机枪疯狂的扫射，考虑的是社会主义革命的胜利，毅然用手托起炸药包，献出了自己宝贵的生命。还有江姐、邱少云、黄继光等烈士，为了共产主义远大理想信念，为了中国社会主义革命的成功，经受了严峻的考验，他们才是真正的马克思主义者，他们的英勇事迹和高尚品德值得广大中国青年敬仰和学习。另一方面，如果不注重青年大学生的马克思主义理论素养的培育，不注重理想信念的教育，使青年大学生在人生成长过程中没有形成正确的人生观、世界观和价值观，只知道贪图享乐，以自我为中心，在各种利益和诱惑面前，一定经受不起各种考验，最终必然导致社会主义建设事业的失败，甚至导致走向灭亡，苏联、东欧社会主义国家的惨痛教训值得我们深思。因此，历史正反两方面的事实说明，努力培育和造就社会主义现代化建设的青年马克思主义者，不仅关系到我国经济建设能否取得成功，更是关系到社会主义现代化建设事业的成败，关系到中华民族的伟大复兴。

三、早日实现中华民族伟大复兴中国梦的需要

实现中国梦这一伟大构想，是习近平同志在 2012 年 11 月 29 日参观国家博物馆《复兴之路》展览时首次提出的。习近平指出："大家都在讨论中国梦，我以为，实现中华民族伟大复兴，就是中华民族近代以来最伟大的梦想。"① 为何如此说？习近平通过观看《复兴之路》展览时指出，"复兴之路"揭示出中华民族发展的历史进程，充分展现了中华民族发展的昨天、今天和明天。中华民族的昨天，正如习近平所说，犹如"雄关漫道真如铁"，特别是近代以后，中华民族遭受帝国主义的野蛮侵略，所受灾难深重，但中国人民从不屈服，而是奋起抗争，终于消灭了帝国主义、封建主义和官僚资本主义，建立了社会主义新中国。中华民族的今天，正是"人间正道是沧桑"，特别是改革开放以来，中国共产党总结成败得失，以实事求是的作风，

---

① 习近平. 习近平谈治国理政：第 1 卷 [M]. 北京：外文出版社，2018：36.

结合中国社会发展具体实践,探索出一条适合中国特色的社会主义道路,取得了举世瞩目的伟大成就。中华民族的明天,必然是"长风破浪会有时",经过中国共产党历届领导人的正确领导,不断探索出一条适合中国特色的具体道路,中华民族伟大复兴出现光明的前景。因此,中华民族的发展历史,预示着中华民族的美好未来。习近平指出,每个人在国家发展的过程中,都有自己的理想和追求,都有自己的梦想,中华民族也有自己的民族梦想,中国梦就是中华民族的梦想。习近平指出,这个梦想就是"到中国共产党成立100年时全面建成小康社会的目标一定能实现,到新中国成立100年时建成富强民主文明和谐的社会主义现代化国家的目标一定能够实现,中华民族伟大复兴的梦想一定能实现"①。根据这一表述,也可以将中国梦的核心目标概括为"两个一百年"的目标,即:到2021年中国共产党成立100周年时全面建成小康社会,到2049年中华人民共和国成立100周年时建成富强民主文明和谐的社会主义现代化国家。

据考证,中国梦一词最早是由南宋诗人郑思肖在《德祐二年岁旦》的诗中提出的,在诗中他写有"一心中国梦,万古《下泉》诗"的经典诗句,在该诗句中表露了作者收复中原的强烈愿望和渴望祖国早日统一的美好追求。这也是关于中国梦最早的历史记载。后来温家宝在2008年3月18日记者招待会上,回答台湾记者关于台湾问题的提问时引用了这句诗,表达了温家宝盼望台湾早日回到祖国怀抱,渴望早日实现祖国统一的美好愿望,从而在全国范围内中国梦一词引起广泛讨论。但中国梦一词被社会广泛关注,广大学者开展深入研究,则主要在2013年习近平总书记阐述中国梦之后。从此中国梦深入人心,被社会广泛接受。

习近平同志于2012年底提出中国梦一词,随后将其写入政府工作报告,并成为中国共产党治国执政的重要理念。在2013年3月17日,习近平主席在十二届全国人民代表大会第一次会议闭幕会上,9次提及中国梦,并对中国梦的内涵、目标、重要意义做了重要指示。习近平在接受金砖国家媒体联合采访时指出,中国梦是中国人民的共同梦想,中国人民不仅是发自内心地拥护中国梦,而且通过自身行动不断奋斗争取早日实现中国梦。因此,习近平同志把中国梦定义为"实现中华民族伟大复兴,就是中华民族近代以来最伟大

---

① 习近平. 习近平谈治国理政:第1卷[M]. 北京:外文出版社,2018:36.

梦想",其核心思想是"国家富强、民族振兴、人民幸福"。因此,中国梦对中国特色社会主义现代化建设,实现中华民族的伟大复兴具有重要意义。

第一,中国梦有利于促进社会主义核心价值观的价值认同。在个人成长过程之中,每个人都会对周围的人、事、物形成一定的看法,并逐渐形成自身的人生观、世界观和价值观,并进一步形成个人理想与人生追求。由于个人成长环境不同、生活经历差异、价值观差异,其理想和信念也会不同。一个国家、民族千千万万的个人理想和追求就会凝聚成为该民族的民族文化和民族精神。中华民族在五千年的历史发展过程中,形成了中华文化和中华民族精神。中华文化在古代主要是以儒家为正统,法家、道家、佛家等多元文化并存的思想文化体系。中华民族精神主要包含以爱国主义为核心的团结和谐、尊老爱幼、遵纪守法、爱岗敬业、勤劳节俭、自强不息、开拓创新等精神,以及近代革命过程中形成的牺牲精神、奉献精神,这些精神对于中华民族的繁荣发展发挥着重要作用。但是,到了近代,随着中国晚清衰败及西方殖民入侵,西方文化和西方价值观大量涌入中国,动摇了中国传统文化思想的根基,对中国传统价值观产生了根本性冲突。改革开放以后,中国在经济、社会、文化等领域进行了全面、深层次的改革开放,西方的价值观随着中国国门的打开蜂拥而入,对中国传统价值观的冲突日益严重。当今社会,随着信息化和全球化的发展,西方文化和西方价值观随着网络技术的全面发展而涌入,这就导致了由于部分青年缺乏明辨是非的能力,使他们在人生观、世界观和价值观方面受到西方文化与价值观的严重腐蚀,形成了不健康的甚至是扭曲的人生观、世界观和价值观。但是,自五四新文化运动以来,中华民族在反对旧文化、建设新文化方面进行不断探索,抵制了部分西方价值观的渗透。如何建设在马克思主义理论指导下的社会主义价值体系,成为党对大学生开展思想政治教育的艰巨任务。面对这样的现实,党一直高度重视社会主义核心价值体系的建设。党的十六届六中全会后,中国共产党明确提出了建设社会主义核心价值体系的任务,主张在重视差异、综合创新的基础上,用马克思主义理论引领社会发展思潮,抵制各种错误和腐朽思想的影响,最大程度地形成社会共识,从而建成中华民族共有的精神家园。党在十七大报告中指出,"建设社会主义核心价值体系,关键是坚持马克思主义指导地位,巩固马克思主义指导地位",并将坚持马克思主义指导地位的基本原则写进我国宪法,这就从宪法上保证了马克思主义的指导地位。而对如何进一步巩固马克思主义的指导地位，则进一步强调以爱国主义为核心，以社会主义核心价值观为引领，以中国特色社会主义共同理想为凝聚力量，不断推进马克思主义理论中国化、大众化、时代化，从而培育造就一批马克思主义者，特别是在高校中培育一批青年马克思主义者。这些马克思主义理论者，在实际生活与工作中，就能把社会主义核心价值体系转化成为党献身、为人民服务的自觉追求。同时，青年马克思主义者又能够根据社会主义核心价值观的要求，自觉抵制各种错误和腐朽思想的影响，并坚决同西方敌对势力做斗争。因此，必须加强青年马克思主义者的培育，并以社会主义核心价值体系教育引导青年大学生，为青年大学生的人生观、世界观、价值观树立正确的指导。因此，中国梦的提出，对于凝聚社会主义核心价值观，加强对青年人生观、世界观和价值观的引领和重塑，对重建中华民族精神家园、早日实现中国梦，具有重要的意义。

第二，中国梦有利于促进世界的和平与发展。中国梦的提出，不仅对于中华民族的现代化建设具有重要的意义，而且对于促进各民族经济社会繁荣发展，同样具有重要的启发意义。当今世界发展极其不平衡，发达国家与发展中国家之间的差距也越来越大，特别是发展中国家，其经济社会发展更是面临着极大的压力。发展中国家的人民也有着自己的梦想与追求，并通过各种途径谋求自身国家经济社会的发展，追求自己的幸福生活。但是，由于发展中国家自身经济基础薄弱，科学技术落后，文化教育跟不上世界发展步伐，发展中国家人民的梦想与追求必然会与其他国家发生各种矛盾和冲突。不仅如此，不同国家之间同样充满矛盾与斗争，如何充分利用世界各国有限资源发展自身经济与社会，实现国家战略目标，满足人民美好梦想与追求，成为各国政府和人民一直苦苦思索的问题，也成为各国矛盾斗争的焦点。中国梦是中华民族为追求美好生活提出的伟大梦想，但它又不是中华民族独有的梦想，更不是关起门来做"白日梦"。中国梦是把中国发展的成果分享于世界各国人民共同发展的理想追求。因此，实现中国梦不是中华民族的"独角戏"，而是把中华民族理想追求融入时代潮流，以中国的发展为世界各国发展带来更多的希望和机遇，从而为人类文明做出更大的贡献。中国梦所追求的是中国与世界各国"同呼吸、共命运"同舟共济共发展的共同梦想。这对于世界各国人民发扬自身优势，资源共享、成果共享、优劣互补共建和谐世界，促进世界各国的和平发展具有重要意义。

第三，中国梦对世界发展具有引领作用。中华民族有着五千年的历史，发展过程历经曲折。特别是近代，由于科学技术落后，中华民族经历了外敌入侵，民族危亡的险境。马克思主义传入中国以后，给中国共产党指明了前进的方向。以毛泽东为主要代表的中国共产党人以马克思主义理论为指导，结合中国的具体国情，探索出了一条适合中国发展的社会主义发展道路。具体表现在，以毛泽东为主要代表的中国共产党人，以马克思主义为指导，带领中国人民进行社会主义革命，建立了社会主义新中国。改革开放以来，如何提高人民的生活水平，解决十亿人的生存和发展问题成为当时的主要任务。以邓小平为主要代表的中国共产党人，认真分析世界形势与格局，指出世界和平是主要的，世界不稳定甚至局部战争是短暂的，我们必须抓住和平机遇期，大力发展经济，解决人民的生存和发展问题。截至2000年，中国通过改革开放，特别是经济体制改革和政治体制改革，解决了十三亿人的生存问题，为社会主义中国的蓬勃发展奠定了坚实的基础。此后，以江泽民、胡锦涛、习近平等为主要代表的中国共产党结合中国的实际，探寻出一条中国特色的社会主义现代化建设之路，使中国逐渐走上繁荣富强文明发展之路。中国现代化建设取得的伟大成就，为落后民族争取民族自强找到了一条成功之路，为落后国家如何进行现代化建设提供了新的经验，为发展中国家如何选择一条正确道路，提供了中国道路和中国模式。

中国发展的成功事实已经并将进一步证明，中国梦是中国人民发展的伟大目标，也是世界各国人民发展的共同梦想。中国梦的实现为中国人民实现伟大梦想提供了发展方向，也为世界各国人民实现伟大梦想提供了一种新范式。

四、消灭人类剥削和压迫，实现共产主义伟大事业的需要

马克思、恩格斯在创立马克思主义理论之时，就马克思主义的阶级性进行了说明。马克思指出，马克思主义理论就是为无产阶级服务的，它的创立就是要指引世界各国无产阶级进行社会主义革命，建立社会主义社会，从而消灭阶级剥削和阶级压迫，实现人与人之间的平等，并经过进一步充分发展，实现人类发展的高级目标，实现共产主义远大理想，从而最终消灭阶级，进入人类发展的高级阶段——共产主义社会。

但是，对于人类社会发展的美好向往，并不是只有马克思主义经典作家

才进行了探索。在人类社会发展的历史演变过程中，关于对人类社会发展的美好向往和追求，古今中外的思想家都曾做了大量的探索，有许多美好的设想，并创立了关于美好社会的思想体系。从中国发展历史来看，早在两千多年前，中国儒家思想代表人物孔子就提出了创立"大同"社会的美好设想。在《礼记·礼运》篇中，孔子指出："大道之行也，天下为公。选贤与能，讲信修睦，故人不独亲其亲，不独子其子；使老有所终，壮有所用，幼有所长，鳏寡、孤独、废疾者皆有所养；男有分，女有归。货恶其弃于地也，不必藏于己；力恶其不出于身也，不必为己。是故谋闭而不兴，盗窃乱贼而不作。故外户而不闭，是为大同。"这就是说，对于什么是大同社会，孔子做了细致的描绘和设想，在"大同"社会，天下一切财物都是整个社会共同所有，社会管理主要是推选贤德和能干的人来管理，人与人之间是平等友善的；整个社会，老人能得到关怀，青年人能发挥用武之地，孩子能够得到健康成长，鳏、寡、孤、独和残疾人都能得到社会关心，生活有保障；社会和谐，没有偷盗抢劫奸诈之事，路不拾遗，夜不闭户，这就是孔子所描述的"大同"社会。后来孙中山在进行三民主义革命的过程中，把"天下为公"作为其社会革命的核心目标。孙中山指出，他所构建的理想社会，人民是国家的主人，人民是公共事务的管理者，人民享受平等幸福生活从而实现全体人民"生活上幸福平等"。孙中山在《三民主义》的演讲中指出，他理想中的未来社会，具有欧美国家资本主义经济的繁荣，却没有欧美国家资本主义发展的种种弊端、阶级对抗和社会动荡。如何来实现"天下为公"理想社会呢？孙中山认为可以将"民族""民权""民生"的三民主义思想通过"灌输于人心，而化为常识"来实现。

  西方社会也有大量的构建美好社会的思想，这就是西方的空想社会主义思想。空想社会主义思想发展大致经历了三个阶段。第一阶段是16—17世纪空想社会主义的启蒙阶段，其代表主要是以1516年英国托马斯·莫尔的《乌托邦》和1602年意大利的康帕内拉的《太阳城》为标志。第二阶段是18世纪的空想平均共产主义，以莫莱里和马布利为代表，他们在其著作《自然法典》和《论法制或法律的原则》中，阐述了人类社会发展从私有制向公有制过渡的必然性。第三阶段是19世纪初期以圣西门、傅里叶、欧文为代表的批判空想社会主义。空想社会主义从理论上致力于社会制度的分析，并就其所处社会的黑暗与腐朽进行了深刻的揭露与批判，并对美好社会进行了大胆和天才般的描绘，这表现出其具有合理一面。但是，空想社会主义之所以是空想，不能将美好社会的追求变为现实，就在于空想社会主义"没有能够指出真正的出路。它既不会阐明资本主义制度下雇佣奴隶制的本质，又不会发现资本主义发展的规律，也不会找到能够成为新社会的创造者的社会力量"①。因此，空想社会主义虽然"提供了启发工人觉悟的极为宝贵的材料"②，但其时代局限性说明，空想社会主义是不成熟的理论。马克思在充分吸收空想社会主义思想的合理成分，摒弃空想社会主义思想弊端的基础上，分析了人类社会发展的一般规律，科学论证了社会主义代替资本主义的历史必然性，阐明了无产阶级的历史使命，从而创立了科学社会主义理论。科学社会主义为无产阶级消灭阶级剥削和压迫，进行社会主义革命，建立无产阶级专政的社会主义社会指明了方向。

在马克思主义理论的指导下，世界各国无产阶级不断进行社会主义革命的实践探索，终于取得了社会主义革命的伟大胜利，建立了社会主义社会。特别是以列宁为代表的苏维埃，运用马克思主义理论，指引苏联人民进行社会主义革命，取得了"十月革命"的伟大胜利。"十月革命"的成功，实现了社会主义从理论到现实的质的飞跃，建立了真正意义的社会主义国家。苏维埃社会主义革命取得成功，从根本上推翻了人剥削人、人压迫人的社会制度，建立了世界上第一个人民当家作主的社会主义国家。至此，社会主义作为一种崭新的社会形态登上了历史舞台，实现了人类对美好生活追求的初步构想，并引领着人类发展的方向。俄国"十月革命"的胜利，苏联社会主义建设取得的伟大成就，以及帝国主义力量的逐步削弱，极大地鼓舞了世界各国人民，促进了世界社会主义革命运动的发展。在亚洲、欧洲、拉丁美洲，一批批国家先后进行了社会主义革命，走上了社会主义道路，其中中国社会主义革命的胜利，是继"十月革命"之后20世纪最重大的事件。自此，世界分成了以美国为代表的资本主义阵营和以苏联为代表的社会主义阵营。社会主义国家以马克思主义理论为指导，结合自身国情，不断探索适合本国国情的发展道路，推动着本国经济、政治、文化和社会的不断发展。社会主

---

① 中共中央马克思恩格斯列宁斯大林著作编译局. 列宁专题文集 论马克思主义 [M]. 北京：人民出版社，2009：71.
② 中共中央马克思恩格斯列宁斯大林著作编译局. 马克思恩格斯文集：第2卷 [M]. 北京：人民出版社，2009：63.

发展取得的伟大成就，不断鼓舞着社会主义国家的民众对未来理想社会的信心，鼓舞着世界人民争取进步事业的信心，同时也给资本主义国家造成巨大的压力和恐惧。因此，以美国为首的资本主义国家通过各种手段对社会主义国家进行遏制、颠覆和渗透，以达到消灭社会主义的目的。早在苏维埃建立社会主义苏联初期，西方列强就纠集了 14 个国家发动了对苏维埃政权的武装干涉。列宁领导的苏维埃政权果断采取了战时共产主义政策，对于粉碎国际帝国主义的武装干涉和国内反革命叛乱、保卫新生苏维埃政权，发挥了重要作用。20 世纪以来，一大批亚非拉殖民地国家进行了社会主义革命并在马克思主义理论指导下进行社会主义现代化建设，取得了积极的成果。但是他们在社会发展过程中，也经历了一系列曲折。苏联在社会主义现代化建设过程中，由于未能将马克思主义理论与苏联实际很好结合，特别是受"苏联模式"等一系列弊端影响，导致苏联在经济上严重滞后，科技落后，政治上"改向"，再加上西方国家的大力颠覆和渗透，最终导致了苏共瓦解、苏联解体的悲剧。东欧社会主义国家改革由于主要照搬苏联模式，又不能密切联系本国实际，最终都相继发生了剧变，放弃了社会主义道路。东欧剧变，苏联解体，尽管各国国情有所不同，但根本原因是一致的，那就是"放弃了社会主义道路，放弃了无产阶级专政，放弃了共产党的领导地位，放弃了马克思列宁主义，把社会主义建设和党的建设中的失误归咎于个人领袖，把纠正领袖的错误发展成全盘否定苏共的奋斗历史，直到丑化和歪曲历史，从根本上动摇了原来的理想信念，结果使得已经相当严重的经济、政治、社会、民族矛盾进一步激化，最终酿成了制度的悲剧，国家解体的历史悲剧"[①]。这就从根源上揭示出当今世界资本主义和社会主义的尖锐对立和斗争，也揭示出无产阶级建设社会主义的历史任务的艰巨性和长期性，实现共产主义也是人类长期奋斗的历史过程。因此，邓小平同志深刻指出，"不坚持社会主义，不改革开放，不发展经济，不改善人民生活，只能是死路一条"[②]。

  社会主义在中国焕发出强大的生机与活力，为发展中国家走向现代化，实现共产主义美好蓝图提供了全新选择和中国方案。中国作为社会主义国家，中国的发展也经历了不断摸索的过程。在社会主义革命和社会主义现代

---

① 本书编写组. 马克思主义基本原理概论 [M]. 北京：高等教育出版社，2018：266.
② 邓小平. 邓小平文选：第 3 卷 [M]. 北京：人民出版社，1993：370.

化建设过程中，中国始终坚持以马克思主义理论为指导，坚持走社会主义道路，坚持中国共产党的领导，坚持人民民主专政，探索出一条具有中国特色的社会主义道路。20世纪80年代末90年代初，随着苏联的解体、东欧剧变，社会主义遭受严重挫折，但是，在严峻的国际国内形势面前，中国共产党始终坚持以马克思主义理论为指导，坚持走社会主义道路，坚持人民民主专政，坚持改革开放，大力发展生产力，自始至终为人民谋福利，成功捍卫了中国的社会主义事业。1992年邓小平南行讲话后，中国掀起了新一轮的思想解放和改革开放的高潮。党的十四大以来，以江泽民同志为核心的党中央带领全国人民面对国内外的挑战，成功把中国特色社会主义推向21世纪。党的十六大以后，以胡锦涛同志为总书记的党中央在把握国内外新变化基础上，带领全国人民紧紧抓住了战略机遇期，全面推进中国特色社会主义政治、经济、文化、社会和生态文明建设，开启了全面建成小康社会的新征程。党的十八大以来，以习近平同志为核心的党中央带领全国人民以中国智慧、中国方案推进"五位一体"总体布局，协调推进"四个全面"战略布局，推动中国取得了伟大的历史成就，使中华民族的面貌发生前所未有的新变化。中国特色社会主义取得的伟大成就，创造了人类发展史上的伟大奇迹。中国特色社会主义的建设取得成功，不仅对中华民族的发展具有重大意义，而且在世界发展史上也具有重大意义。它意味着历经磨难的中华民族迎来了从站起来到富起来到强起来的伟大历史飞跃，也意味着中国特色社会主义在道路、理论、制度、文化发展模式的成功，这为世界上其他发展中国家建设社会主义提供了全新的选择，为解决人类问题贡献了中国智慧和中国方案，它必然极大地促进世界和平发展，并最终为实现共产主义美好社会做出历史贡献。

第二章 高校青年马克思主义者培育面临的挑战与机遇

青年马克思主义者的培育,从其理论提出到各高校展开具体实践探索,三十年来取得了可喜的成就,为我国社会主义现代化建设培育了大批优秀的建设者和接班人。但是,随着我国改革开放进一步深化,网络信息技术的迅猛发展,全球化趋势加剧,东西方意识形态斗争更加激烈,为青年马克思主义者培育带来一系列挑战。我们只有勇于面对挑战,积极应对,变被动为主动,才能进一步做好高校青年马克思主义者培育工作,为社会主义现代化建设培育更多德才兼备的优秀人才。

第一节 高校青年马克思主义者培育面临的挑战

中国共产党高度重视青年马克思主义者的培育工作,从社会主义革命、社会主义改革到社会主义现代化建设,他们为培育青年马克思主义者做了大量探索性工作,并取得了积极的成效,也为中国经济和社会的发展及现代化建设培育了大批政治立场坚定、思想素质过硬的建设者与接班人。然而,在全球化进程加剧的当今时代,一些西方发达国家利用自身经济和科技优势,以及在国际社会中的话语权,通过各种手段向社会主义国家及广大发展中国家进行意识形态的渗透,特别是加强对这些国家青年大学生的渗透,以达到颠覆和控制的目的,这是西方发达国家实行和平演变的新手段。这对中国进行青年马克思主义者培育带来巨大的压力与挑战。

一、西方国家意识形态渗透的压力

西方国家开展意识形态的渗透起源于马克思主义理论的建立,正式实施主要是针对第一个社会主义国家苏联，以及以苏联为代表的一批社会主义国家。由此，社会主义和资本主义两大阵营意识形态的对立和斗争格局正式形成。20世纪80年代以前，一些西方国家一直针对社会主义国家进行颠覆和渗透，但没有取得成功。20世纪80年代以来，随着网络技术的迅猛发展，全球化已经成为世界发展的主要潮流，世界各国无法封闭自身，必然要融入全球化的大浪潮。在经济全球化的推动之下，世界各国面临着文化、政治全球化。特别是一些西方国家利用其经济和科技优势，在向发展中国家输送商品、资金、技术的同时，也利用这些载体，向这些国家输送其意识形态思想，如西方一贯引以为豪的所谓"自由""民主""人权"等意识形态的思想。但在意识形态的渗透过程中，他们在这些国家第一代、第二代人身上彻底失败了。因此，他们转变了思维方式，把渗透对象重点放在了第三代、第四代人身上。由于第三代、第四代人没有经历民族危亡的艰难困苦，没有经历革命炮火的洗涤，对社会主义革命取得成功的革命果实来之不易认识不深刻、不彻底，对西方资本主义国家本质认识洞察力不深刻，他们生活环境优裕，其成长过程主要依赖于网络，从而在意识形态渗透方面可塑性强，渗透成本低。因此，西方国家转变了思维方式，逐渐将对象转向广大青少年。他们加大了对我国及广大发展中国家青少年进行意识形态渗透的力度，如他们通过打着提供访学、学术交流、文化考察、教育培训等各种合法旗号，加强对高校青年学生和青年知识分子进行意识形态的欺骗和渗透，企图将他们培养成为国内反政府的主力军，中亚国家的颜色革命就是证明，这就对"青年马克思主义者培养工程"带来巨大挑战。之所以如此，首要原因在于西方国家经过长期实践认识到，和平演变不是一蹴而就的事情，而是一个长期的渐进的过程。美国的杜勒斯指出，和平演变是长期的过程，不能仅仅寄希望于某一代人，而应该是几代人身上。其次，由于青年在国家建设事务中的地位与作用日益增强，也导致了一些西方反华势力转向了青年一代。青年作为一个国家社会活动的继承者和未来社会的创新者，青年特别是有知识、有文化的青年大学生在国家社会事务中的作用越来越强，他们将成为社会变革的主体力量。同时，青年大学生在成长过程中，对外部文化及价值观乃至"叛逆性"文化相对容易产生认同感，所以一些西方反华势力选择青年大学生作为意识形态渗透的重点对象。再次，西方意识形态内容的表象特征，更契合青年需求，青年更易于接受。如以美国为首的西方国家，打着自由、民主、人权的旗号，以"普世价值"与大众文化等掩盖其暗含的意识形态，迎合青年的文化诉求，从而欺骗青年，达到和平演变之目的。

一些西方发达国家对青少年进行意识形态渗透的具体手段日益多样化。21世纪以来，以美国为代表的西方发达国家对社会主义国家及发展中国家的青少年通过政治、经济、文化、科技、宗教等手段进行渗透，手段之隐蔽，规模之庞大，后果之严重，令人触目惊心。

第一，运用互联网、信息技术和现代传媒工具大肆宣传西方意识形态和价值观，以达到对青少年意识形态进行渗透和控制的目的。随着互联网技术的迅猛发展，互联网成为当今时代信息容量大、覆盖面积广、传播速度快、关注群体多的信息传递工具，已经在各个领域影响着每一个人的生活与工作。而中国等主要发展中国家，互联网的人数规模也是非常庞大的，其中，青少年作为互联网的主要群体。根据中国互联网络信息中心发布的《中国互联网络发展状况统计报告》(第38次)显示，"截至2016年6月，我国网民规模达7.10亿。……调查报告显示，2016年上半年，中国网民的人均周上网时长为26.5小时，比2015年提高0.3小时。这相当于7.1亿网民，平均每人每天上3.8小时的网。从网民年龄结构来看，我国网民仍以10~39岁群体为主，占整体的74.7%。与2015年底相比，10岁以下儿童群体与40岁以上中高龄群体占比均有所增长，互联网继续向这两个年龄群体渗透"。由此可以看出，中国网民规模巨大，青少年网民人数众多，增长趋势迅猛。而网络影响着人们的生活与工作，影响着人们价值观的形成和是非曲直的判断，影响着人们的审美能力。特别是青少年，几乎从生活、学习到娱乐都离不开网络，因此更易受网络的影响。而美国掌握着互联网80%的网络信息资源，他们凭借该优势，加强对发展中国家的信息收集，并进而通过信息引导，加大对社会主义国家和广大发展中国家青少年意识形态的渗透，以达到和平演变之目的。近些年来的中亚"颜色革命"等就是西方国家进行幕后支持的结果。

第二，积极支持高校学生社团开展国际性学术交流、文化交流活动达到拉拢和渗透青年的目的。随着我国高等教育的发展，高校特别注重具有国际视野和素养的人才培养工作。因此，一些知名高校把教育的国际化作为人才培养的重要途径，并通过各种途径，开展国际交流与合作。应该说，这是比较积极、值得肯定的举措，对于各高校吸取他国之所长，弥补自身不足具有积极意义。但是，在寻求国际化过程中，一些西方发达国家看到了这一契机，他们利用自身经济、文化、科技的优势，特别是经济的优势积极支持高校社团和青年大学生，通过开展学术交流，支持社团工作企图操纵和控制青年，以达到进行意识形态渗透的目的。这一现象尤其应引起中国政府的高度警惕和广大学者的高度重视。

第三，通过大量输出文化产品负载意识形态对青少年实施渗透。一些西方国家不断通过军事、经济、科技等硬实力的输出进行扩张与殖民，同时通过文化产品输出文化软实力，以达到对输入国家民众的影响和控制。由于文化消费与文化娱乐具有隐蔽性，部分青少年在消费文化和娱乐文化过程中会不自觉地接受西方文化及其价值观，从而对自身文化产生疏离、排斥甚至否定。

首先，文化产品输入是一国对他国的文化主权进行渗透与侵略的主渠道。主权是近代出现的政治学概念，它和领土、公民、政府一起构成了民族国家基本要件。文化主权与领土主权、政治主权、经济主权构成国家主权的核心要素，四者相互联系，相互区别，又辩证统一。其中，政治主权是文化主权的前提，领土主权是文化主权的载体，经济主权则是文化主权的必要基础。文化主权又具有自己相对的独立性，它是一个民族、国家不容侵犯的文化权利；是一个民族尊严和自我认同的根基。因此，文化主权是一个国家的意识形态的文化，如民族精神、政治信仰、价值判断、理想追求等生存和发展不受挑衅和威胁的精神支柱。对于一个国家而言，文化安全就是该国主流价值体系及其意识形态、生活制度、知识系统、宗教信仰等主要文化要素免受内部或外部敌对力量的侵蚀、破坏和颠覆，从而确保该国家享有充分完整的文化主权。这种文化一旦建立，就会与该国的政治思想、价值观念、社会发展目标协调一致，形成良性互动，并在人民群众中间保持一种高度的民族文化认同。而一个国家文化体系受到破坏，就意味着该国文化安全受到挑战和侵略。因此，历史上一个国家对他国进行颠覆和侵略，往往首先就是从文化入手，对该国文化进行颠覆和渗透，破坏这个国家的文化体系，最终达到颠覆该国主权的目的。

1840年的鸦片战争，西方国家凭借武力打开了中国的国门，在用武力征服中国的同时，一些西方国家也同时向中国开展大规模文化扩张，以文化软实力的手段对中国进行文化渗透。具体而言，一些西方国家凭借工业文明取得成果、先进的科学技术和思想文化意识，打着"民主""科学""自由""人权"的旗号，大肆宣扬西方制度的先进与文明，极力鞭挞中国传统文化与封建制度的落后、保守，并对封建文化意识加以批判与否定，从而对中国文化安全形成严重的侵蚀。在东欧剧变、苏联解体之后，以美国为首的西方发达资本主义国家不但没有停止对社会主义国家的颠覆和渗透，反而利用计算机和网络技术的快速发展以及经济全球化趋势，通过各种手段加快对中国等广大发展中国家推行西方文化和西方价值观，加强对社会主义国家进行颠覆和渗透。一些西方国家不仅加大了西方文化与西方价值观在中国的宣传和推广力度，而且更令人担忧的是西方文化和价值观在中国年轻一代的部分人中得到一定程度认可，这种认可程度特别是在青少年群体中尤为明显。究其原因，他们生活在网络时代，依靠网络成长起来，对世界的认知更多是从网络中得到的，但他们又缺乏足够的鉴别力，因此，他们对西方文化与西方在价值观的普遍接受和认同才是令人担忧的。

其次，以美国为首的西方发达资本主义国家对我国进行文化渗透的手段日趋复杂。西方发达资本主义国家对中国的文化渗透随着现代网络技术的发展，其传播特点也与传统渗透手段有很大的变化。网络技术广泛使用前，西方国家主要是用旧媒体作为手段进行传播和渗透，他们主要是通过书籍、报纸、电视等手段，这些手段在信息传播过程中传播速度慢，涉及地域受限，信息量也小。传统媒介往往由官方掌握，西方很难利用这些手段在中国进行广泛传播，因而他们只能利用国际媒体在海外进行传播，如美国之音等。因此，这些传播手段由于具有单一性、直观性、信息区域狭窄等特点，其效果也非常有限。随着现代网络技术的发展，现代新媒体大量出现并被广泛使用。这些新媒体具有信息量大、传播速度快、信息更新快、信息真假难辨等特点，关键是官方很难控制。西方国家利用自己所具有的信息技术优势大力宣扬所谓西方的制度优越性和先进的价值观，迷惑中国社会大众，妄图颠覆中国社会主义价值观。同时，西方发达国家还充分利用大众文化传播媒介和手段，包括电影、电视、广播、书籍、广告等，加强其文化产品的倾销，传播其政治理念、意识形态和生活方式，以达到潜移默化地影响中国社会大众的目的。从颜色革命的爆发可以看出，这些手段在有些国家是取得了成功的，对中国来讲，不得不严加防范。另外就是在经济领域开展商业活动的影响，借助跨国公司的贸易往来等途径来宣传其文化和价值观念，企图达到改变中国青少年的生活方式的目的。再者就是通过提供教育培训的手段加以渗透。对任何一个国家而言，教育是能直接改变一个人的素质和思维模式的最好途径，也是对一个国家未来发展趋向产生决定性影响最有效的途径。一个国家教育水平的高低直接影响该国科学技术的发展和经济社会的发展水平。一些西方发达国家往往借助经济、技术和人才等在教育资源方面具有的优势，在全球推行自己的教育理念、教育模式和教学方法，一方面促进了发展中国家的教育水平的不断提高，但与此同时，西方价值观也顺其自然对这些人产生了影响，而且这些西方国家还会刻意通过教育领域的文化渗透，达到输出其价值观的目的，这也是成本较低、效果较好的一条途径。所以，这些年来，我国一些青少年在留学接受西方教育后，其思想出现问题，甚至成为出卖国家利益的违法犯罪人员，这不得不引起人们的反思。以美国为首的西方发达国家凭借其对互联网技术和资源的绝对优势，极力鼓吹西方制度的优越性，鼓吹西方社会文明，不断散布"中国威胁论"，刻意抹黑中国，大肆传播消极腐朽的西方生活方式，对我国青年一代的人生观、世界观、价值观造成严重误导。

最后，抵制西方文化入侵，维护我国国家文化主权，成为我国文化建设的一项重要职责。面对以美国为首的西方发达国家大规模的文化渗透和文化侵略行为，我们不能麻木不仁，无所作为。我们必须有清醒的认识，要从国家发展的战略高度提高维护国家文化主权和文化安全的认识，并采取积极措施应对一些西方国家的文化入侵，坚决捍卫国家文化主权，使中华民族的优秀文化和社会主义先进文化更好地发扬光大。面对一些西方国家对中国广大青少年的文化渗透，中国社会各个层面应该高度重视，切实采取行动，维护国家文化主权。首先，从思想引领层面，只有坚持用社会主义先进文化牢牢占领思想文化阵地，才能充分发挥先进文化的引领作用。对于任何一个国家而言，文化是经济、政治、社会发展的原动力。一个国家如果是先进文化与社会生产力中的人的因素相结合，就能极大地激发生产力的增长，而生产力一旦被激发出来，就能激发社会生产关系和上层建筑的变革，从而推动整个社会不断向前发展。因此，只有始终坚持用社会主义先进文化牢牢占领思想文化阵地统领意识形态领域，并坚决粉碎西方敌对势力渗透图谋，才能确保我国文化安全。其次，从人民群众的民族文化认同感来看，只有保障文化安全，才能夯实国家政权的群众基础，得到人民群众的认同和接受。一个政党,不仅要满足广大人民群众的物质需求基础,更要满足广大人民群众的精神需求认同。如果一个政党,在精神上不能得到人民群众的认同,其政权基础也是脆弱的。再次,文化安全是国家历史文化底蕴厚植的基础。从一国文化发展力来看,该国的优秀传统文化是其各项事业发展的精神支撑和文化底蕴。中华民族五千多年来的文明发展,孕育了丰富的中华文化传统。这种文化传统凝聚成了中华民族精神的命脉,这不仅构筑了我国社会主义核心价值观的源泉,更是夯实了我们在世界文化激荡中站稳脚跟的坚实根基。因此,保障我国文化安全必须把握好以下几个原则:第一,必须坚持马克思主义理论的指导地位,这一点在任何情况下都不能动摇。马克思主义理论作为中国共产党执政的指导思想,是中国近代以来的历史选择,也是中国人民在艰辛探索中的自觉选择。要维护国家文化安全和意识形态安全,必须始终坚持马克思主义的指导地位毫不动摇。第二,以社会主义核心价值观为引领,将中华传统文化精华与社会主义核心价值观融合创新,创造出一种新的文化,即社会主义先进文化。对我国的传统文化,既不可全盘否定,也不能一概肯定,要对我国传统文化进行全面的梳理,要抛弃那些封建保守、与时代发展要求不合适的落后的旧文化,同时又要将传统文化中的优秀思想加以弘扬,并在此基础上,结合社会主义核心价值观,不断融合创新,创造出社会主义现代新文化。对于西方国家的文化,仍然采取"拿来主义"的态度,要认真甄别,要抛弃其有毒害的部分,吸取其精华的部分。正如鲁迅先生所言,对西方文化,犹如鸦片,不能视其为洪水猛兽而予以拒绝和抛弃,也不能视作良药而多食。我们应该加强对西方文化的本质的研究。对于西方文化中的先进合理部分,我们要积极引进后加以学习并使之内化为中国文化的一部分。同时我们要充分认识到西方文化霸权的危害和严重后果,要从维护国家文化安全和文化主权的高度坚决抵制西方文化的渗透。第三,要增强文化自信和文化自觉,积极主动地推动中国文化走出国门,走向世界。在抵制西方文化渗透、反对其文化霸权的同时,我们应增强文化自信和文化自觉,相信中国文化是世界上最优秀的文化之一,要积极宣扬中华民族的优秀文化,展示中华文化的独特魅力。中华民族有着5000多年光辉的历史,中国人民在长期的实践中创造了辉煌的中华文明,我们要将其继承并发扬光大。习近平同志强调指出,中华优秀传统文化是中华民族的精神命脉,中华民族生生不息延续发展,离不开中华传统文化的支撑。我们这一代,肩负历史使命,一定要牢记习近平同志的嘱托：我们"五千年的优秀文化不要搞丢了，老前辈确立的正确政治制度不要搞坏了，老祖宗留下来的地盘不要搞小了"；"历史和现实都表明，一个抛弃了或者背叛了自己历史文化的民族，不仅不可能发展起来，而且很可能上演一场历史悲剧"①。第四，加强社会主义先进文化建设。从历史发展来看，自1911年辛亥革命以来中国封建王朝被推翻，1949年10月1日中华人民共和国成立，表明以儒家为代表的中国传统文化已经不再可能承担起指导中国人民进行社会主义现代化建设的历史重任了，马克思主义理论作为意识形态指导思想，必须扎根于中国文化的土壤，同时西方文化也在不断涌入中国，面对"中、西、马"三种文化并存，中国必须以马克思主义理论为指导，以中国优秀文化为根基，吸收西方文化之所长，实现"中、西、马"三种文化的融合，推动文化创新，不断创造出社会主义先进文化。而要保持中国新文化蓬勃的生命力，必须实现中国传统文化的现代化。张岱年先生对中国文化建设提出了文化的"综合创新"思想。在此基础上，方克立先生提出了中国文化建设必须是立足于建设"'以马克思主义为指导的，批判继承历史传统而又充分体现时代精神的，立足于本国而又面向世界的'这样一种高度发达的社会主义精神文明。古今结合、中外（东西）结合是其基本特征"②。而建设现代新文化，使之具有蓬勃的生命力，就必须以"现代创新思想成为中国文化建设的核心"③。现代创新思想，主要是指具有能够综合运用已有的知识、信息、技能和方法，提出新方法、新观点、新问题的思维能力和进行发明创造、改革进取的意志、信心、勇气和智慧。现代创新精神主要包括孤独精神、大胆的怀疑精神、开拓创新精神和内圣外王的王者精神。因此，在我国高校高层次人才培养的过程中，特别是"在研究生创新文化的培养过程中，应该将现代西方重'成物'和中国传统重'成己'有机融合，才能更好地培养研究生的创新能力"④。

总之，在当前西方文化霸权日益凸显，并开始威胁到中国文化主权和文

---

① 习近平. 在哲学社会科学工作座谈会上的讲话[N]. 光明日报，2016-05-19（01）.
② 方克立. 二十一世纪，能否淡化东化与西化之争[J]. 中国社会科学院研究生院学报，1999（2）：6.
③ 赵四学. 创学视域下的中国文化理论建设研究[M]. 北京：中国社会科学出版社，2015：144.
④ 赵四学. 硕士研究生创新能力培养"五创一体"法探微[J]. 科技管理研究，2014（9）：17.

化安全之际，我们既要防范西方文化渗透，也要加强自身文化建设，在青年大学生思想政治教育中，既要坚持正面引导，又必须坚持反面案例相结合，让广大青年大学生既要认识到西方文化渗透的本质，更要坚持文化自信和文化自觉，建设好社会主义新文化，自觉投身于社会主义现代化建设。

第四，通过各种宗教活动加强对青年大学生进行渗透。新形势下，我国与西方国家的经济交往、文化交流、教育培训、科技合作日益频繁，高校学子之间的交流日益频繁，在这一趋势下，西方敌对势力把高校大学生作为渗透的主要对象。传统背景下，西方敌对势力主要是以政治思想、政治制度等作为渗透的主要方面，在新形势下西方国家加强了宗教领域的渗透，其中以宗教传播名义对高校学生进行宗教渗透越发突出。而宗教一直是一些西方国家进行意识形态渗透、推行和平演变的重要手段。通过宗教进行意识形态渗透主要是指西方敌对势力利用宗教活动，在宗教信徒中和宗教信仰地区民众中从事各种违反我国宪法、法律和法规的传教活动，通过这些活动来腐蚀人们的思想、离间各民族间的团结，最终达到破坏我国民族团结、分裂领土完整甚至颠覆我国政权的战略企图。由于中国是一个多宗教的国家，中国宗教徒信奉的宗教形式多样。中国目前主要存在的宗教有佛教、道教、伊斯兰教、天主教和基督教等，中国公民具有宗教信仰的自由，宗教信徒数量庞大，年龄分布广泛。在漫长的历史发展中，中国各宗教文化已成为中国传统思想文化的重要组成部分。中国的宗教徒有爱国爱教的传统，中国政府支持宗教界团结信教群众积极参加国家的建设，各宗教倡导服务社会，造福民众，各宗教地位平等，和谐共处，信教民众与不信教民众之间彼此尊重，团结和睦，他们为中国社会建设和社会繁荣做出了积极贡献。但是，由于中国宗教信教徒数量众多，文化素养参差不齐，一些西方国家就打着宗教信仰自由的旗号从事非法活动。他们挑起民族矛盾，制造宗教纠纷，甚至大力培养分裂势力，对我国进行颠覆和渗透。不仅如此，西方敌对势力还渗透到大学校园，致使一些优秀学生干部和学生党员退党成为一名教徒已经不是个案，这尤其值得我们警醒。

面对当前国际斗争的复杂形势，特别是西方敌对势力对我国高校青年大学生不断加强宗教渗透活动的形势下，我国政府和民众在应对宗教渗透问题上，要有高度的政治敏锐性，要充分意识到宗教渗透问题的复杂性、紧迫性和危害性，积极构建防范机制，确保高校青年大学生的健康成长。同时我们要正确处理好宗教渗透与正常的宗教活动、学术交流的关系，既没有必要夸大宗教对高校大学生的文化渗透作用，谈宗教色变，把宗教视为雷区，不敢涉足，不敢谈论宗教，更不能低估宗教渗透的影响力和危害性，因而对宗教渗透活动视而不见，麻痹大意，放任自流。轻视宗教渗透破坏力的心态也同样是有害的、危险的，在应对宗教渗透问题上应坚持正确的态度：

以法为据做好宗教工作。《中华人民共和国宪法》规定中国公民有信教的自由和不信教的自由，这是宪法赋予公民的合法权利。高校统战工作在应对宗教渗透问题时要以我国宪法和法律的规定为依据。因此，从法理上说，高校大学生信仰宗教是其合法权利，其他任何人无权干涉。同时《中华人民共和国教育法》第八条也明确指出："国家实行教育与宗教相分离。任何组织和个人不得利用宗教进行妨碍国家教育制度的活动。"该规定是我们应对宗教渗透问题的一个法理依据。根据该条规定，我们坚决反对西方借助宗教活动的旗号影响和干扰我国正常的教育活动。从我国高等教育的目标来看，我国高等教育的目标是培养德、智、体、美、劳全面发展的社会主义事业的建设者和接班人，这就要求我们在思想政治教育方面，必须始终坚持马克思主义的指导地位，始终坚持用社会主义核心价值观塑造人、引领人，培养思想素质过硬、业务精良的合格人才。对我国高校而言，党和国家必须牢牢掌握教育权、管理权，而不能让高校成为传播宗教教义、发展宗教势力的场所，要禁止任何宗教活动在校园内进行；对广大教师而言，不得利用课堂散布有神论思想、宗教教义和反马克思主义的思想，要坚持底线原则；对广大高校学子而言，不得在高校参与任何形式的宗教活动，更不得利用宗教进行违法犯罪活动。

坚持以人为本的人文关怀。在面对西方敌对势力不断渗透的情况下，高校统战工作面临巨大的压力。高校统战工作必须坚持以人为本。坚持以人为本，具体工作中就是要体现合理性原则。合理性原则是指高校统战工作在应对宗教渗透问题时应根据受宗教影响的高校师生的实际情况做出符合人性化的处理方式，充分体现人文关怀，而不是简单粗暴"一刀切"的处理方式，这是因为高校师生参与信教原因是复杂的。从历史发展来看，一些民族具有信仰宗教的文化传统，因而受家庭和社会环境影响信仰宗教。高校部分师生由于学习、生活、工作的困难或压力等因素的影响，为了寻求心理的平衡和精神寄托，参与了部分宗教活动。因此，对于这部分师生，只要没有参与违法犯罪活动，应把解决他们的思想问题与实际生活困难作为工作重点，给他们生活的信心和挑战困难的勇气。只有对这些人加以更多的人文关怀和帮助，才能让他们正确面对现实生活。

坚持具体问题具体分析的原则。具体问题具体分析的原则指的是高校统战工作在应对宗教渗透问题时，不能采取"一刀切"的办法，而要注意区分正常宗教活动与宗教渗透的区别，采取不同的方针与对策。在具体工作中，要分清宗教研究者和传教人员的差别，认真甄别宗教渗透和组织邪教犯罪行为与正常宗教活动的区别，根据不同情况，采取不同的措施。中国是以汉族为主体民族的统一的多民族国家，也是一个有多种宗教的国家，宗教在我国具有合法地位。我们尊重宗教信仰自由，但坚决反对宗教渗透。因此，对民族地区的教师与学生信仰宗教的行为应当尊重。而宗教渗透对高校师生的影响却着眼于传播西方资产阶级的意识形态和价值观念，这是其本质，我们必须有清醒的认识。

鉴于此，加强高校内部师生员工信教、传教等宗教方面情况的调查和研究成为高校反宗教渗透的一项紧迫任务。高校统战部门要联合学校各职能部门，如学工部、教务处、思想政治教育相关部门和保卫处等部门组成调查组，对自己所在高校内部的宗教活动情况进行细致的调查研究，摸清情况，研究对策。对调查中发现的严重问题要给予及时处理，对违法犯罪行为要给予坚决打击，对存在的教育管理漏洞要及时采取措施，防微杜渐，亡羊补牢。同时，高校各职能部门应该组织力量，专题研究，加强对全校师生的宗教问题认识的教育工作，使广大师生对宗教形成正确的认识。

建立宗教渗透活动预警制度。学校职能部门对本校师生员工特别是青年大学生信教、从教活动要进行充分调研和搜集并掌握相关活动信息，对邪教活动信息要高度警觉和重视。职能部门应根据本校情况，建立校园内部宗教活动信息预警机制，及时预警。同时，要加强对宗教渗透可能载体的监察力度。高校统战部门对于易于宗教渗透的领域和人员要给予更多的关注，全面掌握相关信息。

加强宗教活动方面的学术探索，提升师生宗教文化素养。青年大学生作为思想活跃的积极分子，必然成为对宗教文化学术探索的主要群体。因此，对待宗教文化的探索，如果采取禁锢政策，控制宗教学术交流，显然不利于提高人们对宗教的认识。因此，应通过加强宗教方面的学术研究，吸引高校更多学术精英投身到宗教文化研究领域，使他们能清醒认识宗教的本质，从而正确对待宗教及其活动，以主动积极的姿态回应来自西方敌对势力的宗教渗透，并为我国宗教事业发展服务。

加强高校校园文化建设，丰富广大师生校园文化活动。高校党团组织是党在高校的战斗堡垒，是高校党政工作的重要阵地。加强高校师生党团组织建设，利用高校的资源优势，把优秀的师生团结在党的周围，并发挥先锋楷模作用，以他们的影响力去化解各种矛盾，鼓舞周围师生去克服学习生活中遇到的困难，从而降低宗教渗透的群体人数。同时，要积极加强高校校园文化建设，并以社会主义核心价值观为引领，丰富高校师生的精神文化生活，使他们成为有理想、有追求、有作为的时代青年，并为自己的理想不断努力拼搏，实现自己的人生目标，从而避免他们成为空虚、无聊的群体，也就减少了他们被宗教渗透的可能性。可以说，丰富高校师生的精神文化生活，减少宗教渗透的土壤，是我国高校师生抵制宗教渗透活动最有效的一种方式。

应对宗教渗透问题，是一项系统复杂的工程，需要高校各级党委的高度重视和切实行动，并得到宣传部、学工部、保卫处、思想政治教育部门等其他部门的配合与支持，才能取得较好的成效。因此，只有高校各级部门高度重视，广大学子认识到宗教渗透的危害性和严重性，自觉防范和抵制，应对宗教渗透问题才会取得实际效果，并得到圆满的解决。

二、网络新兴媒介构成的挑战

20世纪80年代以来，国际互联网得到迅猛发展。国际互联网的发展同时催生了一批新兴的网络媒介，这些新兴的网络媒介，如QQ、微信、微博、陌陌交友软件等。这些新兴媒介的迅速发展对人们的学习、生活与工作产生了全面而深刻的影响。由于手机的普及和互联网技术的迅猛发展，手机成为网络终端，对接受新事物发展较快的青年大学生而言，手机成为他们最喜爱的生活与交流的工具。网络新兴媒介及其所营造的社会环境、生活方式，对青年大学生的思想观念、道德评价、政治信仰的形成都是"双刃剑"。

首先，网络新兴媒介对青年马克思主义者培育带来了积极影响。第一，有利于全面、准确、及时地了解和把握青年思想状况及动态。传统媒体时代，一般通过谈话、发放调查问卷等了解青少年思想动态，耗时费力，效率低下。现代多媒体则为教育者和管理者了解高校大学生思想动态提供了良好平台，也为即时掌握高校大学生思想动态、提高工作效率提供了信息渠道。现在高校在校大学生班级中，都建有 QQ 群、微信群等聊天群，为老师和同学相互交流提供了方便。同时，学校与学生家长也建有 QQ 群、微信群等，这为家长了解学生在学校学习状况、思想动态提供了便利，也为学校管理部门了解学生思想状况、生活状况提供了条件，有利于更好地为学生做好思想政治教育工作。第二，现代多媒体为高校管理部门开展思想政治教育的方式方法提供新观念、新途径，更加注重发挥学生积极性与能动性，教学效果也明显提升。传统媒介教学手段下，教师是讲授主体，学生是被动的接受主体，教育效果当然有限。在现代新媒体条件下，教师和学生都是主体，这有利于更好地发挥学生学习积极性和主动性，教学效果自然大大提升。第三，现代多媒体为思想政治理论课提供了丰富的教学资源，也极大地开阔了学生视野，增强了青年大学生的知识面和责任感。

  其次，现代多媒体给青年大学生带来积极影响的同时，也带来了一定的挑战，具体如下：第一，现代新媒体的迅速发展影响大学生价值观的形成。现代新媒体由于具有信息量大、信息更新速度快、信息真假难以辨认等特点，所以大量的信息致使一些青年大学生善恶是非模糊、美丑标准错位。由于中西文化的差距，中西方的价值判断、思维方式等存在一定差异，一些高校青年学生在大量信息面前，往往对相关信息真假难以辨别，对道德要求的行为也失去了善恶区分，美丑标准错位，从而致使其人生观、世界观和价值观发生扭曲，甚至走上违法犯罪的道路。第二，大量新媒体广泛使用，必然带来主客体关系的模糊，学生容易迷失自我。在网络新兴媒体下，信息是共享的，每一个人既是信息的接受者，也是信息的发布者。传播与"教育"的主体时时在发生移位，这也必将导致传受关系的主体性的偏离，网络新兴媒介因而彻底改变了传播格局与社会舆论的生态环境，一些青年大学生在此过程中由于缺乏较强的鉴别能力，因而文化心理主体关系模糊，迷失自我，从而对青年马克思主义者培育带来严峻挑战。第三，信息控制难度加大，舆论引导更加困难。在信息化时代，由于信息的复杂和真假难辨，青年大学生往往容易受信息的迷惑与误导。信息控制和正确的舆情引导对青年思想政治教育能起到正本清源的作用，同时通过网络引导，能够有计划地筛选、传递、灌输正确信息以达到对青年进行引导和教育的目的。然而，现代新兴媒体下，对信息传播与舆论引导难度越来越大，再加上国际敌对势力对我国意识形态的渗透，给青年大学生思想政治教育带来了巨大挑战。第四，虚拟世界加剧了一些学生生存与信仰的迷茫。现代网络新兴媒介下的生态环境所表现出的无中心、多元化的特性，瓦解了传统的统一规范、层级体系及其相应价值观。由于原有的政治模式、道德规范和价值体系在网络中被消解，这就需要对传统政治模式、道德规范和价值体系进行重新认识和调整，而由于新的体系未能及时构建，必然导致虚拟网络生活与现实世界时常发生冲突，这就可能导致部分涉世未深的青年大学生生存目标的模糊与人生信仰的迷失。

三、多元社会思潮的侵蚀构成的挑战

在网络迅速发展的今天，各种群体文化背景不同、价值观念差异、利益目标不同，加之各种社会矛盾的冲突，必然产生不同的思想趋势，这种思想趋势，就是社会思潮。

社会思潮作为一种思想趋势，也是意识形态的一部分，具有如下几个方面的特征：第一，群体性。社会思潮作为一种思想趋势，它不是个人思想观点的代表，而是在一定阶级或阶层的群体中得到较为广泛的支持与认可，能引起绝大多数人的共鸣。第二，时代性。社会思潮的形成不是一些人的突发奇想，其产生根源总是有其社会历史背景，是该时代人们的物质生活、精神追求、生活环境等因素的集中体现，是这个时代精神生活的一种集中反映。第三，区域性。社会思潮的出现总是在一定地域内思想趋势的表现，是一个国家或地区由于文化背景、生产力水平的差异影响的结果。社会思潮既可能是本土产生的，也可能是从国外引入的，但无论如何是能得到该区域民众的广泛认可与接受的。第四，变异性。社会思潮的出现，并非具有长期的稳定性，一成不变，而是不稳定的、可变的。如果一种思潮与主流意识形态方向一致时，该社会思潮就能保持其相对稳定状态；如果该社会思潮与社会主流意识形态不一致，就会刺激社会信息反馈机制而做出相应的调整，引发新一轮社会思潮的出现。

社会思潮的产生是一定时期内社会政治、经济、社会生活矛盾斗争的反映与结果，是特定背景下社会心理与社会意识形态斗争的产物，是社会意识的综合表现形式。社会思潮的产生，有其历史前提和现实基础。社会思潮的历史前提就是社会意识的客观化、精神文化的专门化、传播媒介的大众化。社会思潮产生的现实基础，一方面是社会处于大改革大动乱的时代，为社会

现实问题需要新的思想意识提供理论解释；另一方面是主观意识的变化，特别是新的领袖人物的出现，其思想变化必然引领社会主流意识的变化。从中国历史发展和现实基础来看，中国经历了社会大变革，在现有社会转型之际，必然为各种社会思潮的产生奠定了基础。随着中国改革开放的不断发展，市场经济体制的逐步确立，社会利益格局日益分化，人们的视野不断拓宽、观念不断更新，必然引起人们的价值取向和思想观念的改变，这给西方各种社会思潮涌入中国提供了土壤。这些社会思潮通过各种途径进入中国，影响着中国青年大学生的健康成长，更影响着我国高校青年马克思主义者的培育效果。

各种社会思潮涌入对培育青年马克思主义者带来了挑战。多元化的社会思潮通过各种途径传到中国，虽然其形式不同，内容庞杂，对社会大众特别是高校青年大学生影响方式不同，但"这些社会思潮基本上都有一个共同点，就是反对马克思主义"[①]。这是因为这些形形色色的社会思潮，产生于西方，其意识形态具有不同于中国的政治基础和文化背景。而中国的意识形态是以马克思主义理论为指导，其政治基础和文化背景是社会主义核心价值观和中国优秀传统文化，这一点与西方意识形态存在着本质的区别。当西方各种社会思潮涌入中国后，对中国民众尤其是青年大学生思想政治教育带来了巨大挑战，一方面导致部分青年大学生价值选择困惑；另一方面也加剧了部分青年大学生对于马克思主义信仰产生动摇，出现信仰的多元化倾向。

第一，导致了部分青年大学生价值选择的困惑。当今时代，科技进步日新月异，社会发展迅速，各种社会思潮涌现。这其中既有积极正面的社会思潮，也有消极落后甚至反动的社会思潮，还有部分是中性的。这些社会思潮在不同时期涌入中国，满足了部分人的认知需求，影响着中国社会发展。但各种社会思潮并没有严格的界限，它们往往交织在一起，甚至是打着某种合法的旗号，迷惑着中国民众，在中国大行其道。而青年大学生在成长过程中，由于认知能力有限，以及缺乏正确的人生观、世界观和价值观，对这些社会思潮缺乏本质性的辨别，因此，他们往往对这些思潮的是非曲直和善恶美丑缺乏正确判断，从而出现认知行为判断的盲目性和价值选择的困惑性。

第二，消解了部分青年学生对马克思主义的人生信仰。西方各种社会思

---

① 兰亚明. 青年马克思主义者培养理论与实践［M］，南京：南京大学出版社，2012：135。

潮虽然内容不同，形态各异，但相当一部分有一个主要共同点，那就是反马克思主义的。如新自由主义思想体系中就把马克思主义唯物史观等同于"经济决定论"，夸大经济的影响作用，从而否定人类社会发展演进的客观规律。韦伯的宗教社会学极力贬低马克思主义理论的科学性，鼓吹宗教教义的合理性，模糊资本主义和社会主义的本质区别，贬低甚至彻底否定马克思主义理论真理性、科学性、实践性和批判性，从而导致部分青年大学生对马克思主义理论产生怀疑，对科学社会主义理论产生怀疑，进而否认共产主义远大理想。因此，这些社会思潮对于高校青年大学生的马克思主义素养的培育是极其有害的，动摇了部分青年大学生对马克思主义理论信仰的根基。

第三，动摇了执政党的执政基础。西方社会思潮中，有相当一部分都具有明显的政治倾向，都把社会主义制度视作资本主义制度的威胁，因此竭尽全力批判和否定社会主义制度。如西方经济理论中认为市场是资本主义国家配置资源的手段，而计划则是社会主义国家作为配置资源的手段，因此，他们区分一国是社会主义还是资本主义则主要看该国到底是采用计划还是市场配置资源。如果一个社会主义国家搞市场经济则被认为就是走资本主义道路，社会主义变质了。在意识形态方面，他们抓住马克思、恩格斯的个别观点与当今时代发展要求不符，从而夸大马克思主义理论的历史局限性，鼓吹马克思的理论过时了，马克思主义理论没有用处了，因而必须抛弃马克思主义理论。也有部分观点认为马克思主义文化也是来自西方，必须以西方文化为土壤，中国文化落后、保守，不利于马克思主义理论的发展，因而应全面引进西方文化，代替中国传统文化。因此，这些思潮会从政治、经济、文化等方面削弱社会主义执政的基础，直至达到颠覆社会主义社会的目的。

四、宗教信仰的精神迷茫带来的挑战

随着网络技术的发展和学习就业压力的增大，大学生信仰宗教的人数持续增加。这一趋势也说明宗教渗透进高校，对青年大学生影响严重。宗教信仰渗透到大学校园，被部分学生接受，究其原因有多方面因素的影响，但深层次的原因有以下几个方面：

第一，宗教信仰淡化政治，成为部分大学生的精神寄托。21世纪的中国，科学技术突飞猛进，并推动社会发生深刻变革。在这些深刻的社会变革中，必然引发各种利益的冲突。在各种利益的矛盾冲突中，部分青年大学生感到迷茫和困惑，在自身不能解决有关认识困境之际，自然转向宗教，依靠宗教的神灵来庇护自己，依靠虚幻的宗教信仰来安慰自己。同时，虽然宗教极度淡化政治，但是西方敌对势力一直重视利用各种宗教对我国进行意识形态、思想文化和价值观念方面的渗透。因此，宗教对青年大学生的影响，虽然其表面虚构了理想化的终极世界的关怀，但更多的是带来消极和负面的影响，它让人逃避现实，把自己的命运寄托于神灵，而不能正确面对现实困难，不能通过发挥个人主观能动性去解决现实问题。

第二，宗教徒积极传教与发展信徒。从现实来看，当一个人相信某一宗教，成为其宗教信徒之后，其对教义与信仰都是非常虔诚的，都特别愿意把自己的信仰介绍给他人，所以，他们会在学习与生活中，利用各种条件传播教义、发展信徒。作为一种个人信仰，本无可厚非，但是在校园传播教义、发展信徒则是我国法律所禁止的。而西方敌对势力则充分利用宗教，对我国高校大学生进行思想文化渗透，以达到颠覆社会主义的目的。

第三，家庭宗教背景与宗教文化的影响。对于部分大学生参加宗教活动，成为宗教信徒，其中一个重要原因就是这些大学生从小就生活在信仰宗教的家庭中，其成长环境充满宗教文化。改革开放以来，我国在政治、经济、文化、社会各方面获得了迅猛的发展，宗教也获得了不同程度的发展，信教人数迅速增长，信教场所不断增加。这些信徒中，其家庭成员甚至全部成为某教信徒。即使是某成员不是教徒，但其成长过程中，由于情感、经济、学业等方面的压力，加之受到家庭成员或当地宗教文化的影响，这部分大学生就很容易信仰宗教。

虽然信教是个人的权利和自由，但从当代大学生的历史使命来看，他们是社会主义事业的建设者和接班人，是我国实现中国特色社会主义事业的中坚力量。因此，加强高校青年大学生马克思主义素养的培育，必须以马克思主义理论为指导，以社会主义核心价值观为引领，使当代大学生真正成为社会主义现代化建设中有理想、有担当、有作为的合格人才，而宗教信仰在大学校园传播，无疑会使青年大学生马克思主义理论教育面临着重大考验和挑战。

五、社会转型过程中马克思主义理论时代化面临的挑战

五四新文化运动是中国社会发展的重要里程碑，五四新文化运动促进了马克思主义在中国的广泛传播。马克思主义理论传入中国，被中国共产党接受，从而成为中国共产党进行社会主义革命、社会主义改革开放和社会主义现代化建设的重要指导理论。在这一过程中，中国共产党对马克思主义理论经历了从最初的陌生到逐步了解、接受并使之成为党的指导方针的过程。马克思主义理论在中国的发展，也经历了中国化、大众化和时代化的过程，最终成为与时俱进的马克思主义理论。但是，在这一发展过程中，中国由当初的封建、保守、落后发展到富强、民主、和谐、开放的社会主义现代化中国，中国在各个领域都发生了天翻地覆的变化。面对中国社会的迅速发展和转型，人们不由自主地提出了问题，马克思主义理论产生于18世纪，马克思主义理论不会过时吗？马克思主义真的能适应中国的文化土壤吗？马克思主义还能担当起引领中国人民进行社会主义现代化建设的历史重任吗？这一系列问题的提出，当然也是对马克思主义理论的科学性、时代性、革命性的思考。由此，部分民众和学者对马克思主义理论能否适应变化发展的中国、能否胜任新的历史使命提出了怀疑，马克思主义理论在时代化方面受到了怀疑和挑战。特别是在一些别有用心的西方敌对势力大力鼓吹之下，一些民众更是对马克思主义理论已经过时深信不疑，这就需要广大学者从马克思主义的科学性、时代性、革命性等方面做出科学的回答。

鉴于此，党的十七届四中全会公布了《中共中央关于加强和改进新形势下党的建设若干重大问题的决定》，提出了"不断推进马克思主义中国化、时代化、大众化"的新命题。马克思主义中国化、时代化、大众化，既是我们党坚持和发展马克思主义的重要途径，也是不断开拓马克思主义新境界的必然要求。这就必须依靠人民群众主体的积极参与和广泛实践，对马克思主义不断丰富和发展，并进一步创新。这就离不开广大学者，特别是广大青年马克思主义者的不懈努力，推进马克思主义中国化、时代化、大众化。所以，推进马克思主义大众化、时代化、中国化的过程，就是推进中国青年特别是高校青年马克思主义者健康成长的过程。如何推进马克思主义的中国化、时代化和大众化呢？

第一，关于马克思主义的中国化。马克思主义中国化，就是"把马克思

主义基本原理同中国具体实际相结合……形成具有中国风格、中国气派的马克思主义"①。最早提出该理论的是毛泽东。毛泽东在 1938 年 10 月召开的党的六届六中全会上正式提出了"马克思主义中国化"的命题。他说："成为伟大中华民族的一部分而和这个民族血肉相连的共产党员，离开中国特点来谈马克思主义，只是抽象的空洞的马克思主义。因此，使马克思主义在中国的具体化，使之其每一表现中带着必须有的中国的特性，即是说，按照中国的特点去应用它，成为全党亟待了解并亟须解决的问题。"② 由此，毛泽东指出，马克思主义中国化，就是要把马克思主义理论与中国的国情、中国的实际相结合，不能空洞地、抽象地谈论马克思主义。中国的国情就是要符合中国的实际状况，如中国的文化传统、中国的历史特点、中国的思维方式、中国的话语表达方式等。只有经过这样的结合，才能真正实现马克思主义中国化。也只有这样的结合，马克思主义才能在中国立足、生根、发芽、开花、结果，才能真正变成中国化的马克思主义。

第二，关于马克思主义的时代化。马克思主义时代化，就是"把马克思主义基本原理同时代特征结合起来，坚持与时俱进，使之能够顺应时代发展，体现时代精神"③。马克思主义理论产生于 18 世纪，是 18 世纪社会政治、经济、文化和阶级矛盾斗争的结果，它是时代精神的具体体现，指引了世界无产阶级成功进行社会主义革命。中国共产党领导的中国工农大众，正是在马克思主义理论的指引下，经过社会主义革命，建立了社会主义新中国。社会主义革命取得成功之后，马克思主义还能指引中国进行改革开放和社会主义现代化建设吗？它还能适应 21 世纪发展的要求吗？恩格斯指出："每一个时代的理论思维，从而我们时代的理论思维，都是一种历史的产物，它在不同的时代具有完全不同的形式，同时具有完全不同的内容。"④ 正因为如此，马克思主义理论作为 20 世纪时代的产物，它的发展离不开时代的发展，它必须与时代发展要求相结合，不断满足时代发展要求，才能反映和代

---

① 中共中央文献研究室. 十七大以来重要文献选编：中［M］. 北京：中央文献出版社，2011：261.
② 毛泽东. 毛泽东选集：第 2 卷［M］. 北京：人民出版社，1991：534.
③ 中共中央宣传部理论局. 划清"四个重大界限"学习读本［M］. 北京：学习出版社，2010：13.
④ 中共中央马克思恩格斯列宁斯大林著作编译局. 马克思恩格斯选集：第 4 卷［M］. 北京：人民出版社，1995：284.

表该时代最鲜明的特征,才能得到人民群众的真心拥护和支持。马克思主义本质特性是科学性、革命性和实践性,决定了马克思主义理论具有鲜明的时代特征,它总能够与时俱进地对时代课题作出回应,对时代精神作出升华。

第二节 高校青年马克思主义者培育面临的机遇

西方国家意识形态的渗透、网络新兴媒介构成的冲击、多元社会思潮毒害、宗教信仰渗透、马克思主义理论时代化及大众化面临的挑战,为高校青年马克思主义者培育制造了各种压力与障碍,为世界各国在高校青年马克思主义者培育的过程中增加了重重困难,也使得高校青年马克思主义者培育效果受到影响。但是,任何事物都是一分为二的。面对各种挑战,只要我们转变观念,勇于面对,沉着应战,将挑战变为机遇,也可为青年马克思主义者的培育创造历史性契机,为高校青年马克思主义者的培育提供机遇。

一、中国共产党重视青年大学生成长成才

青年是祖国的未来和希望,是社会主义现代化建设事业的接班人。青年大学生的健康成长离不开家庭和社会环境的影响。良好的家庭和社会环境,为青年大学生健康成长提供了沃土,为青年大学生健康成长提供了正确的思想指导和政治保障。

第一,青年是社会发展的生力军。对于青年的界定,国际社会、世界各国及其研究机构对青年属性的概括都不尽相同,但都重视青年的自然属性和社会属性的统一。青年是社会变迁的推动者、受益者和受害者。他们是这样的一个矛盾统一体,他们在寻求融入现有秩序的同时又成为改变这种秩序的一种主要力量。

青年是社会发展的未来,是社会发展的生力军。随着高等教育大众化进程的推进,青年作为社会发展和社会主义建设的生力军,应积极鼓励青年大学生参与社会的政治生活、经济建设、文化建设,为社会发展做贡献。同时,把青年作为社会发展的主力和生力军,就应为青年的健康成长提供良好的发展环境和空间。

第二,国家重视对青年大学生进行正确的引导与培养。青年是人生成长

的关键时期。青年大学生由于自身的生理属性与社会阅历的因素，在参与社会政治经济文化建设过程中必然体现出自身的优点和不足。这就要对高校青年大学生健康成长进行正确的思想引导和政治培育，毛泽东、邓小平、江泽民、胡锦涛、习近平等党和国家领导人在多个场合就青年大学生加强马克思主义理论素养的培育发表重要讲话，目的就是要促使高校培育出较高马克思主义理论素养的社会主义现代化建设的主力军和中坚人才。

二、中国共产党赋予了青年大学生特殊使命

中国共产党自执政以来，高度注重党的执政能力建设，并通过制定一系列政策和措施加强党的执政能力和执政水平。党的十六届四中全会通过的《中共中央关于加强党的执政能力建设的决定》，首次将党的执政能力概括为"党提出和运用正确的理论、路线、方针、政策和策略，领导制定和实施宪法和法律，采取科学的领导制度和领导方式，动员和组织人民依法管理国家和社会事务、经济和文化事业，有效治党治国治军，建设社会主义现代化国家的本领"。[①] 党的执政能力，具体表现为中国共产党驾驭社会主义市场经济的能力、发展社会主义民主政治的能力、建设社会主义先进文化的能力、构建社会主义和谐社会的能力、应对国际局势和处理国际事务的能力等方面。党的十八大以来，以习近平为主要代表的中国共产党高度重视党的执政能力建设。2017年10月18日，习近平同志在作十九大报告时指出，坚定不移全面从严治党，不断提高党的执政能力和领导水平。习近平进一步指出，新时代党的建设总体要求是：坚持党的全面领导，坚持党要管党、全面从严治党，以党的政治建设为统领，以坚定理想信念宗旨为根基，全面推进党的建设，把党建设成为始终走在时代前列、人民衷心拥护、勇于自我革命、经得起各种风浪考验、朝气蓬勃的马克思主义执政党。由此可见，中国共产党非常重视党的执政能力建设，并采取一切可能措施，增强党的执政能力。而增强党的执政能力，为青年大学生授予了特殊的历史使命。

第一，提出和运用党的指导思想的需要。党的执政能力首先表现为党的指导思想的正确。一个党，在带领人民进行社会革命和社会建设中，必定需要一个正确的指导思想。指导思想、路线正确，国家和人民才不会走错路，

---

① 中共中央关于加强党的执政能力建设的决定 [M]. 北京：人民出版社，2004：2.

走弯路。在革命战争年代，以毛泽东为主要代表的中国共产党通过不断的实践探索，最终接受了马克思主义理论，把马克思主义理论作为中国进行社会主义革命的指导思想，为中国社会主义革命取得成功提供了思想路线的保证。在改革开放时代，以邓小平为主要代表的中国共产党以马克思主义理论为指导，为社会主义改革开放取得伟大成就提供了思想指导。在社会主义现代化建设时期，中国共产党以江泽民、胡锦涛、习近平等为主要代表，以马克思主义理论为指导，并结合中国实际和世界环境，不断提出新思想、新理论，也取得了社会主义现代化建设的伟大成就。加强党的指导思想，就在于用马克思主义理论为指导，以中国特色社会主义理论体系去教育和武装全党，坚持用马克思列宁主义、毛泽东思想、邓小平理论、"三个代表"重要思想和科学发展观，以及习近平新时代中国特色社会主义思想统领党和国家一切工作。培育青年马克思主义者，就是要用马克思主义理论特别是马克思主义中国化的最新理论成果，武装高校青年大学生，使他们成为掌握马克思主义理论、信仰马克思主义理论的中坚力量。

第二，加强党依法管理国家和社会事务的能力的需要。执政党执政能力的具体表现就是应用马克思主义理论依法管理国家和社会事务的能力。首先，作为执政党能依法管理国家和社会事务，这就需要执政党根据经济社会发展要求，制定符合社会发展的长远目标，并建立一套科学、完善的法律法规体系以保障该目标的顺利实施。这就需要执政党首先必须具有较高的马克思主义理论素养，具有较强的政治素质和业务素质，还需要具备管理国家和社会事务的专业能力，但前提是坚定的马克思主义信仰。因此，这就需要在各行各业的人才队伍之中，选择、培育具有较强的专业人才队伍，同时也要培育其坚定的马克思主义信仰，成为社会主义"又红又专"的人才，这就为马克思主义者的培育提供了明确的目标和要求。

第三，培养社会主义建设事业合格接班人的需要。任何一个政党从其取得革命的成功到社会建设取得的成就和持续稳定发展都需提高其接班人的素质和能力。因此，党的十八大指出要培养和造就千百万社会主义事业接班人。要从战略高度抓紧社会主义事业接班人培养工程建设，要把培养和造就合格的接班人放在战略高度，其意义影响深远。中国共产党高度重视社会主义接班人的培养。在接班人培养方面，主要体现为培养具有较高的政治素养和专业素养的复合型人才。在专业人才培养方面，随着我国经济社会的发展，教育水平不断提高，专业人才从数量到质量方面都得到飞跃。但是，在经济全球化的今天，东西方在意识形态领域的斗争形势更加复杂，斗争更趋激烈，手段更加隐蔽。据美国有关媒体报道，美国对中国等社会主义国家的颠覆和渗透，其主要重点不是在第一代人身上，而是在我国的第四代、第五代身上。作为革命战争年代的第一代，他们亲身经历了中国衰败、外敌入侵、落后就要挨打的苦难生活，因而他们对社会主义具有坚定的理想信念，对马克思主义理论真理坚信不疑，并在马克思主义理论的指导之下，通过浴血奋战，取得了社会主义革命的伟大胜利，建立了社会主义新中国。因此，他们对马克思主义理论具有坚定的信念，对社会主义革命和社会主义现代化建设成果来之不易有着深刻的认识。因此，西方敌对势力难以对他们进行有效颠覆和渗透。第二代、第三代中国青年在父辈的切身影响下，甚至直接参与了社会主义革命和社会主义建设和改革，西方敌对势力对中国进行颠覆和渗透难以在他们身上起到作用。但是，作为第四代特别是第五代的中国青年大学生，他们生活在社会主义新时代，他们的生活条件和生活环境都比较优越，部分人对吃苦耐劳、艰苦拼搏精神缺乏切身体会，对爱国主义、集体主义、社会主义缺乏深刻理解，对中国社会主义革命和社会主义现代化建设取得的伟大成就来之不易缺乏全面认识，对西方资本主义国家对中国等社会主义国家的颠覆和渗透缺乏深刻洞察力。因此，在网络信息发达的当今社会，在西方意识形态渗透下，部分人容易迷失自我，走上歧路。这对于培养社会主义合格接班人提出了更高的要求，任务也更加艰巨。

三、中华民族伟大复兴需要青年大学生承担重任

高校青年马克思主义者的培育，对于社会主义现代化建设，实现中华民族伟大复兴具有重要的现实意义。回顾我国发展的历史，中华民族经历了曲折、艰难的发展历程，中华民族遭受的苦难、付出的代价在世界历史上都是罕见的。但是，中华民族以不屈不挠的革命精神，不断奋起抗争，终于掌握了自己的命运，推翻了封建统治，战胜了日本帝国主义，建立了社会主义新中国，开启了建设社会主义的伟大历史进程。但是，由于国家历经多年的战争，社会千疮百孔，百废待兴，社会主义建设需要更多技术型人才，更需要各行各业的专业人才，这就为社会主义人才培育提出了新的要求。改革开放以来，随着中国逐步引进国外先进技术、资金和人才，中国经济建设、社会

建设、法制建设为中国高校人才培育提出了新的要求，中国需要大批有专业技能、加入国际交流的复合型人才。而随着中国改革开放的深入和全面发展，中国逐步与世界融为一体。中国为实现社会主义现代化建设的伟大目标，不断从西方引进先进技术、人才，同时，中国也不断培养出为社会主义现代化建设所需要的高素质复合型人才。从人才培养途径来看，一条途径是在中国国内自己培养，这是中国人才培养的主要渠道。中国在自己培养人才过程中，一方面需要重视专业素质，另一方面需要重视政治素质。而加强马克思主义理论素养的教育，就是政治素养培养的重要一环。人才培养的另一条途径就是送到国外培养，如到欧美等国家进行学习和深造，学成之后回到祖国，为社会主义现代化建设服务。据教育部数据统计，从1978年到2018年底，各类出国留学人员累计达585.71万人，其中432.32万人已完成学业，153.39万人还未完成学业，365.14万人在完成学业后选择回国，为祖国建设现代化服务。这些学子分布在理学、工学、医学、管理学、哲学、文化、艺术等领域，他们学成之后回到祖国，在各行各业成为社会主义现代化建设的中坚力量，为社会主义现代化建设做出了积极贡献。但是，随着中国改革开放的深入，中国与世界联系更加密切，中国与西方的联系交融一体，西方一些国家也一直利用自身的经济优势、科技优势，利用自身在国际舞台上的话语权不断加强对中国青年大学生的意识形态渗透和对社会主义的政权颠覆。特别是对在国外进行深造的中国青年，他们运用各种手段，向青年学生宣传西方的文化价值观，宣传西方的自由、民主、人权思想，通过各种方式诋毁中国、抹黑中国，让这些青年学生为西方政党服务。因此，中国现代化建设不仅需要大量的专业技术人才，更是离不开具有坚定的马克思主义信仰的高素质人才，这就需要在我国社会主义现代化建设中培养大批"德才兼备"的高级人才。因此，中国的大学在人才培养过程中一直秉承"又红又专"的人才培养理念。习近平同志在马克思200周年诞辰讲话时指出："新时代，中国共产党人仍然要学习马克思，学习和实践马克思主义，不断从中汲取科学智慧和理论力量。"①

高校青年是实现中华民族伟大复兴中国梦伟大目标的实践者。2012年

---

① 中共中央文献研究室.十九大以来重要文献选编：上［M］.北京：中央文献出版社，2019：428.

11月底,习近平一行来到国家博物馆,参观《复兴之路》展览并提出了中国梦的伟大发展目标。习近平指出,每个中国人都有理想和追求,都有自己的梦想。而每个中华儿女的梦想最终凝聚成中华民族的梦想。这个梦想,就是中国梦。因此,习近平认为,实现中华民族的伟大复兴,就是中华民族近代以来最大的梦想。习近平指出:"中国梦的本质是国家富强、民族振兴、人民幸福。"① 这个梦想,凝聚了几代中国人的夙愿,体现了中华民族和中国人民的整体利益,是每一个中华儿女的共同期盼。

中国梦的本质是国家富强、民族振兴、人民幸福。其中,国家富强,是指我国综合国力进一步增强,中国特色社会主义事业逐步完善,经济更加发达,科技创新驱动更加强劲,政治更加民主,文化更加繁荣,社会更加和谐,生态更加美好。国家富强是实现中国梦的重要保障。民族振兴,就是通过自身的不断发展与强大,继承并创造中华民族的优秀文化以及先进的文明成果,进而使中华民族再次处于世界领先地位,以高昂的姿态屹立于世界民族之林。民族振兴,也会更好地造福世界人民,共创世界美好未来。民族振兴,是实现中国梦的动力之源。人民幸福,就是人民权利得到充分保障,人人得享共同发展,生活在伟大祖国和伟大时代的中国人民,共同享有人生出彩的机会,共同享有梦想成真的机会,共同享有同祖国和时代一起成长的机会。所以,人民幸福,是中国梦的核心目标。因此,中国梦的目标中,国家富强、民族振兴是人民幸福的基础和动力,人民幸福是国家富强、民族振兴的最终目标,三者相辅相成,辩证统一。中国近代以来的屈辱历史证明,民族不独立、国家不富强,人民的生存就得不到根本保证,更谈不上人民幸福。人民幸福是国家富强、民族振兴的必然表现,也是人民对现实生活的必然要求。因此,在国家富强、民族振兴、人民幸福的辩证统一关系中,国家富强、民族振兴都要以人民权利得到保障、利益得到实现、幸福得到满足为条件,人民幸福是国家富强、民族振兴的根本出发点和落脚点。

中国梦的提出,把国家的追求、民族的向往、人民的期盼融为一体,体现了中华民族和中国人民的整体利益,凝聚了每一个中华儿女的共同愿景。正因为如此,中国梦的提出,具有广泛的包容性,成为中国14亿人心中的共同梦想,是中华民族团结奋斗的最大共同目标。中国梦体现了国家情怀、

---

① 习近平. 习近平谈治国理政:第1卷[M]. 北京:外文出版社,2018:56.

民族情怀、人民情怀三者的辩证统一。在国家、民族、个人三者利益和目标的关系中，三者既是对立的，矛盾的，又是辩证统一的。国人有"家是最小国，国是千万家"的说法，也有国泰而民安、民富而国强的伟大智慧。而中国梦的最大特点，就是充分把国家、民族和个人作为一个命运共同体，把国家利益、民族利益和每个人的个人利益紧紧联系在一起，体现了中华民族的"家、国、天下"相统一的伟大情怀。实现中国梦，就意味着中国经济实力和综合国力、国际地位和国际影响力大大提升，意味着中华民族以更加昂扬向上、文明开放的姿态屹立于世界民族之林，意味着中国人民过上更加幸福安康的美好生活。

中国梦的核心目标是实现人民的梦想。人民是中国梦的实现主体和接受主体，是中国梦的创造者和享有者。中国梦不是空洞的口号，不是雾里看花、水中看月，而是寄托整个中华民族所有人的梦想。中国梦实现的根基是中国人民，因此，中国梦的实现必须紧紧依靠中国人民，并造福人民。中国人民素来有着深沉厚重的精神追求，即使近代以来饱尝屈辱和磨难，也始终怀揣梦想，并为之而进行奋斗。实现中华民族伟大复兴，不是哪一个人、哪一部分人的梦想，而是全体中国人民共同的追求；中国梦的实现，不是成就哪一个人、哪一部分人，而是造福全体人民。因此，中国梦的深厚源泉在于人民，中国梦的根本归宿也在于人民。中国梦是国家的梦、民族的梦，也是每一个中国人的梦。"得其大者可以兼其小。"历史告诉我们，每个人的前途命运都与国家和民族的前途命运紧密相连。国家好，民族好，人民才会好。中国这么大一个国家，就像是在大海中航行的一艘超级巨轮，在这艘巨轮上，我们每个人都是其中一员，都是中国梦的参与者、践行者。当今时代是放飞梦想的时代，每个人都有自己的美好梦想。中国梦的广阔舞台，为个人梦想提供了蓬勃生长的空间；每个人向着梦想的不断努力，又都是实现伟大中国梦的一份力量。只要每个人都把人生理想融入国家和民族的伟大梦想之中，敢于有梦、勇于追梦、勤于圆梦，就会汇聚成实现中国梦的强大力量。

中国梦与世界各国人民的梦想是息息相通，相辅相成的。中国梦的提出，不仅在国内引发全国各民族的强烈共鸣，而且在世界范围产生强烈反响，引起共鸣。中国的梦想实现，不仅关乎中国人民的理想和追求，也关系世界各国人民的理想和追求。习近平多次在国际国内场合宣示：中国梦是和平、发展、合作、共赢的梦，与世界各国人民的美好梦想息息相关，中国人民愿意同各国人民在实现各自梦想的过程中相互支持、相互帮助,共筑梦想。

习近平提出中国梦的伟大目标之后,如何实现中国梦成为广大学者探讨的话题。习近平指出:"实现中国梦必须走中国道路、弘扬中国精神、凝聚中国力量。"① 这就为中国梦的实现指明了道路和方向。必须走中国道路,中国道路就是中国特色社会主义道路,离开了中国特色社会主义道路,再伟大的梦想都是不能实现的。历史和现实充分证明,无论是封闭僵化的老路,还是改旗易帜的邪路,都是走不通的,只有中国特色社会主义道路才是一条通往复兴梦想的康庄大道。中华民族是具有非凡创造力的民族,曾经创造了伟大的中华文明,我们也能够开创适合中国国情的社会主义发展道路,实现中华民族的伟大复兴。因此,要增强对中国特色社会主义的道路自信、理论自信、制度自信,坚定不移沿着正确的中国道路奋勇前进。

实现中国梦必须弘扬中国精神,这就是以爱国主义为核心的民族精神和以改革创新为核心的时代精神。伟大的梦想,需要伟大的精神作支撑。实现中国梦,要求我们不仅要有强大的物质基础,而且也需要有强大的精神追求。中华文明生生不息,中国精神薪火相传。这种中国精神就是以爱国主义为核心的民族精神和以改革创新为核心的时代精神,它是一个民族凝心聚力的强国之魂。爱国主义是中华民族的精神基因,是维系中华民族团结统一、繁荣发展的精神品质;改革创新是中华民族最深沉的民族禀赋,是鞭策我们在改革开放中与时俱进的精神力量。要弘扬伟大的民族精神和时代精神,不断振奋全民族的精气神,不断增强团结一心的精神纽带、自强不息的精神动力,永远朝气蓬勃迈向未来。

实现中国梦必须凝聚中国力量。我国是多民族统一的国家,56个民族构成中华民族大家庭。中华民族各民族平等相待、和睦共处。中华民族各民族共同奋斗实现中国梦,也实现各民族自己的梦。所以,各族人民大团结的力量是克服各种困难、战胜风险挑战的决定性因素。只要我们紧密团结,万众一心,为实现共同梦想而奋斗,实现中国梦的力量就无比强大,我们每个人为实现自己梦想的努力就拥有广阔的空间。全国各族人民一定要牢记使命,心往一处想,劲往一处使,用14亿人的智慧和力量汇集起不可战胜的

---

① 习近平. 在文艺工作座谈会上的讲话[M]. 北京:人民出版社,2015:22.

磅礴力量。

真抓实干才能实现中国梦。中国梦作为中华民族伟大复兴的奋斗目标，它不是一句空洞的口号，而是需要每一个中华儿女努力拼搏，真抓实干。习近平同志强调指出："面向未来，全面建成小康社会要靠实干，基本实现现代化要靠实干，实现中华民族伟大复兴要靠实干。"① "空谈误国，实干兴邦。"② 这就需要在全社会大力弘扬真抓实干、埋头苦干的良好风尚。这就需要进一步发扬艰苦奋斗精神、西柏坡精神、两弹一星精神、抗洪抢险精神、抗震救灾精神等中华精神。中华民族从近代积贫积弱到今天的繁荣富强，靠的就是一代代中华儿女的顽强拼搏，靠的就是中华民族自强不息的拼搏奋斗精神和真抓实干精神。我们必须有居安思危意识，要有艰苦奋斗、披荆斩棘、勇往直前的拼搏精神。我们只有依靠一代又一代中华儿女同心协力、接力奋斗，才能够实现中华民族伟大复兴中国梦。

同时，实现中国梦需要和平环境，只有和平才能实现梦想。中华民族历来就是爱好和平、追求和平的民族，我们将坚定不移走和平发展道路，既努力争取和平的国际环境发展自己，又以自身实力的发展促进世界和平，维护世界和平。习近平指出："中国这头狮子已经醒了，但这是一只和平的、可亲的、文明的狮子。"③ 作为负责任的大国，中国奉行和平自主五项原则，中国不结盟，不称霸。历史已经证明并将进一步证明，实现中国梦给世界带来的是机遇不是威胁，是和平不是动荡，是进步不是倒退。随着中国国力的不断增强，中国将进一步发挥负责任大国的作用，在力所能及的范围内承担更多国际责任和义务，为人类和平与发展的崇高事业做出更大贡献。2020年初世界爆发新冠肺炎，中国就充分发挥了大国担当的职责，为世界各国抗击新冠肺炎做出了巨大贡献。但和平不是乞求就能得到的，和平需要自身实力去维护。对那些破坏和平的国家，中国必须与之作坚决的斗争，这是我们党团结各族人民继续把中国特色社会主义事业推向前进，为实现中华民族伟大复兴中国梦而努力奋斗指明了方向。而青年是祖国的未来和希望，青年的

---

① 中共中央文献研究室. 习近平关于实现中华民族伟大复兴的中国梦论述摘编［M］. 北京：中央文献出版社，2013：78.

② 中共中央文献研究室. 习近平关于实现中华民族伟大复兴的中国梦论述摘编［M］. 北京：中央文献出版社，2013：78.

③ 中共中央宣传部. 习近平总书记系列重要讲话读本［M］. 北京：人民出版社，2016：16.

马克思主义素养决定着祖国的社会主义现代化事业和中华民族伟大梦想能否早日实现。习近平指出："青年是标志时代的最灵敏的晴雨表，时代的责任赋予青年，时代的光荣属于青年。"[①] 因此，青年兴则国家兴，青年强则国家强。实现中华民族伟大中国梦，夺取新时代中国特色社会主义的伟大胜利，将全国各族人民的共同理想变为现实，需要一代又一代有志青年继续奋斗。作为我国青年的中坚力量，高校青年大学生的理想信念、精神状态、综合素质，是我国发展活力的重要体现，也是我国核心竞争力的重要因素。特别是高校青年大学生的政治素质，是中华民族伟大复兴中国梦的政治保障。

四、中国化理论成果走向世界亟待青年大学生积极践行

马克思主义是马克思主义经典作家创立并为后继者不断发展创新的思想理论体系。它是关于全世界无产阶级和全人类彻底解放的科学学说，作为完整的思想理论体系，马克思主义理论由马克思主义哲学、马克思主义政治经济学和科学社会主义三大部分组成。从研究对象上看，马克思主义理论体系是马克思、恩格斯在批判继承和吸收人类关于自然科学、社会科学、思维科学优秀成果的基础上创立，并在实践中不断地丰富、发展和完善的思想体系；从它的阶级属性讲，马克思主义是无产阶级争取自身解放和整个人类解放的科学理论，是关于指导无产阶级斗争的性质、目的和解放条件的学说，它明确表明了它自身的阶级属性，它是为无产阶级服务的；从其基本内容来看，马克思主义是由一系列的基本理论、基本观点、基本立场和基本方法构成的科学体系。1848年2月，《共产党宣言》的发表标志着马克思主义的诞生。

马克思主义理论的产生，为无产阶级进行社会主义革命指明了方向。1864年9月，国际工人协会（第一国际）在英国成立，马克思作为协会的灵魂，为协会成立起草了大量重要文件。1871年3月，巴黎工人起义并成立巴黎公社，马克思代表第一国际写出了著名的《法兰西内战》，高度赞扬了巴黎工人的伟大创举，科学总结了巴黎公社的历史经验。1878年，恩格斯写出了《反杜林论》，全面阐述了马克思主义理论体系。1883年3月14日马克思逝世。恩格斯继续整理并出版了《资本论》第二、三卷，写出

[①] 中共中央文献研究室. 习近平关于青少年和共青团工作论述摘编[M]. 北京：中央文献出版社，2017：4.

了《家庭、私有制和国家的起源》《路德维希·费尔巴哈和德国古典哲学的终结》等著作，进一步发展了马克思主义理论。

马克思主义理论不仅指引了德国工人进行社会主义革命，而且对世界各国无产阶级进行社会主义革命指明了方向。19世纪末20世纪初，列宁根据马克思主义理论指导，并结合俄国社会实际，在分析了世界历史条件变化的基础上对马克思主义理论进一步丰富和发展。列宁指出，资本主义发达国家已经发展到帝国主义阶段，资本主义经济政治发展的不平衡已成为资本主义发展的绝对规律，帝国主义和殖民地半殖民地国家的民族矛盾成为资本主义世界的主要矛盾。由此，列宁科学地得出了社会主义革命可能在一国或数国首先发生并取得胜利的论断。1917年，列宁领导俄国工人阶级同封建统治阶级进行斗争，取得了"十月革命"的胜利。"十月革命"的胜利，标志着社会主义从理论变为现实，开创了世界历史发展的新纪元。"十月革命"的胜利，促进了马克思主义的发展。列宁在领导俄国革命和建设的过程中，把马克思主义基本原理与俄国实际相结合，创立了列宁主义，把马克思主义发展到了一个新的历史阶段。

俄国"十月革命"的胜利，给中国共产党送来光明和希望。"十月革命帮助了全世界的也帮助了中国的先进分子，用无产阶级的宇宙观作为观察国家命运的工具，重新考虑自己的问题。"① 中国共产党在长期的实践探索中认识了马克思主义，接受马克思主义，最终确立了马克思主义的指导地位。中国共产党在社会主义革命和改革开放过程中，把马克思主义基本原理同中国具体实际相结合，从而创立了毛泽东思想、邓小平理论、"三个代表"重要思想、科学发展观、习近平新时代中国特色社会主义思想，取得了一系列思想理论成果，进一步丰富和发展了马克思主义。

马克思主义的发展，不仅仅为中国的社会主义革命、社会主义改革和社会主义现代化建设提供了理论指导，也为世界上其他国家进行社会发展和经济建设提供了思想指导。随着中国改革开放的持续、深入，中国在经济建设、政治建设、文化建设、社会建设、生态文明建设等方面都取得了积极成果，但同时也就需要对马克思主义理论不断继承和创新，以解决在新形势下出现的各种问题。为此，党在继承马克思主义理论的基础上，不断结合时代

---

① 毛泽东. 毛泽东选集：第4卷［M］. 北京：人民出版社，1991：1471.

发展要求，提出了"三个代表"重要思想、科学发展观、五大文明建设、命运共同体等新理论和新思想，为中国发展和世界发展做出了理论贡献和实践探索，进一步彰显马克思主义理论的时代魅力。2017年，中国共产党邀请全球政党开大会，共同建设美好世界。这场高层对话会吸引全球120多个国家200多个政党和政治组织领导人报名参会，创造了历史纪录，成为出席人数最多的首次全球政党领导人对话会，其人数之多、规模之大，影响深远，意义重大。究其原因，一方面是中国经济的持续、高速发展，中国成为世界第二大经济体吸引了世界各国的眼光；另一方面，是中国共产党自身魅力。中国共产党是中国文明的继承者和发扬者，中国文明的优点在中国共产党执政过程中得到充分的体现。中国共产党能够将马克思主义理论与中国实际相结合，在政治、经济、文化、法治、生态文明建设方面取得了一系列成就，中国共产党在理论的弘扬与创新方面找到了真正切实可行的道路。为此，中国国际问题研究院阮宗泽指出，中国共产党始终把为人类作出新的更大的贡献作为自己的使命，而构建人类命运共同体，是大家共同的事业，需要各国间的相互了解和信任。政党之间的这种交流，无疑将为构建人类命运共同体搭建一个相互理解的桥梁，奠定一定的思想基础，也为世界各国执政党更好地找到适合本国的执政道路提供经验借鉴。

  为此，习近平同志2014年秋提出了"一带一路"的发展倡议，即共同建设丝绸之路经济带和21世纪海上丝绸之路，得到国际社会大多数特别是世界多数国家领导人的积极回应。2017年，习近平在"一带一路"国际合作高峰论坛开幕式上的讲话中指出，中国历来坚持和平合作、开放包容、互学互鉴、互利共赢的原则，与世界各国人民一道，坚持相向而行，就一定能够走出一条共同发展之路。与此同时，习近平在第七十届联合国大会中进一步提出，携手构建合作共赢新伙伴，同心打造人类命运共同体的主张，将中国的发展与世界发展融为一体。这就为中国化的马克思主义理论成果走向世界提供了载体，也为世界人民分享中国化马克思主义理论成果和实践成果提供了契机。而青年大学生，正是将马克思主义中国化理论成果推向世界的践行主体。

第三章　高校青年马克思主义者的内涵与特质

要做好青年马克思主义者的培育工作，必须对马克思主义者的内涵和特质有清晰的认识。只有从马克思主义理论发展的理论逻辑、历史逻辑和实践逻辑全面分析马克思主义者的内涵和特质，才能把握什么是马克思主义者、什么是非马克思主义者，对各种形形色色的非马克思主义者进行揭露和批判，并根据我国国情，培育出符合时代发展要求的青年马克思主义者。

第一节　高校青年马克思主义者的内涵

资本社会的发展给我们坚守理想信念带来了困境。当前全球化进程复杂且曲折、金融危机频发、全球经济低迷、政治秩序紊乱，在全球化加速的背景下因发展道路、制度、国家理论的相异会激烈交锋。马克思从唯心史观和资本逻辑两个方面对资本主义社会的现状进行了批判。正是基于这样的双重批判，马克思主义理论的传播才会如此深远。众所周知马克思主义是为人的自由全面发展奋斗终身的，共产主义的理想信念更在乎的是个体的成长发展。青年马克思主义者的进步，为共产主义的实现奠定基础，共产主义社会也为个体的成长进步提供条件，新时期马克思主义者要深刻领会马克思主义理论的要旨。

一、探究马克思主义者的含义

我们要对马克思主义发展的态势有全面的了解。从微观方面探究基本内涵，青年马克思主义者究其根源其实就是马克思主义者，马克思主义者就要具体到个人，我们有必要了解具体的马克思本人吗？探究其真实和真实生活存在的意义又是什么呢？带着种种疑问，那就需要我们从文本以及历史中去把握马克思的精神生活。一方面是马克思留给后人学习的都是其理论，却几乎没有探究过自己的精神生活，要对马克思本真的把握是不现实的。另一方面马克思主义者并不是用僵化的标准进行定义，而是动态发展地把握。当然存在马克思主义的特殊释义，但特殊释义的背后都是根据当时社会发展、面临的具体情况和满足某种需要而进行定义的，表面看起来马克思主义者的内涵不断地发生变化。从宏观角度分析，一方面一些人将理论神化和妖魔化，甚至将简单理论故意复杂化，故意将概念进行模糊化，导致人们不愿意去翻阅马克思主义理论，直接脱离了人民群众的生活，何谈用理论指导实践？另一方面是社会日新月异的发展，社会转型下人们的思想动摇不定，又受到西方各种思潮的冲击，即使挑战重重，我们依然要坚持探究。

（一）西方马克思主义者内涵的发展

以马克思主义理论的影响为线索，1848年马克思主义诞生，马克思主义影响了世界无产阶级运动，吸引了大批有志青年参加到工人运动中，在革命的热情高涨期间，曾出现偏颇。由于社会发展的特殊原因，19世纪70年代末出现了"马克思主义者"的萌芽。针对这一群体，马克思、恩格斯对他们的热情给予了鼓励，对他们的错误进行了纠正与批判。一方面给予青年群体鼓励，恩格斯在致查苏利奇的信中表达出了对这个青年群体的自豪，因为这一青年群体不但完全地接受了马克思主义的经济和历史的理论知识，还同旧的社会政府进行了决裂。另一方面对错误的理论进行纠正。马克思曾表明过自己的立场进行反击，明确指出他们的马克思主义是错的，更是对自称"马克思主义者"的群体发出了警告，表达对当时学术氛围的不满，更是曾有学者引用"我播下的是龙种，而收获的却是跳蚤"[①]，以此来表达他们心中的想法。另外针对对马克思主义思想存在误解或者是理解有偏差的现象进行批判，马克思主义理论的发展应该放到具体的环境中发展，要防止断章取义的现象再次历史重演，但在社会主义运动发展中也曾出现偏颇，"马克思

---

① 中共中央马克思恩格斯列宁斯大林著作编译局. 马克思恩格斯文集：第10卷[M]. 北京：人民出版社，2009：590.

主义在理论上的胜利，逼得它的敌人装扮成马克思主义者，历史的辩证法就是如此"①。马克思主义理论的影响越来越大，影响范围越来越广，社会上必然会出现这类"马克思主义者"，他们都怀着一种自私的态度来宣传马克思主义理论。

由于对马克思主义理论进一步弘扬与传播，使得接受马克思主义理论的人数增多，马克思主义者的群体也得到了扩大。随着队伍的壮大，列宁首次解释了马克思主义者的特征，列宁要求马克思主义者与时俱进，即"必须着眼于形势的变化和运动的发展，向群众的实践学习，反对各种死板公式和偏见"②，列宁要求在历史环境中考察马克思主义者，必须对马克思主义者进行历史的考察，若脱离了历史的具体环境，就等于脱离了人民群众，要根据时势发展不断学习理论，加强与人民群众的联系。列宁评价马克思主义理论"对社会主义者之所以具有不可遏止的吸引力，就在于它把严格的和高度的科学性（它是社会科学的顶峰）和革命性结合起来……而且把二者内在地和不可分割地结合在这个理论本身中"③。

（二）中国马克思主义者内涵的发展

毛泽东同埃德加·斯诺谈话时说："到了1920年夏天，在理论上，而且在某种程度的行动上，我已成为一个马克思主义者了，而且从此我也认为自己是一个马克思主义者了。"④ 由此可见，他对马克思理论有了进一步深刻的理解和认识。依据马克思主义经典著作的正式问世时间，我们可以揣摩出毛泽东对马克思主义理论的掌握水平和理解程度。从1920年《共产党宣言》的发表到1936年，将近二十年的时间，毛泽东阅读了大量的马克思主义经典著作和有关著作的解释性文本，比如《国家与革命》《两个策略》《资本论》《社会主义从空想到科学的发展》《列宁选集》等书籍以及相关的解释性文本，这期间是其理论学习的基础，为以后不断有经典著作的问世奠定了基

---

① 中共中央马克思恩格斯列宁斯大林著作编译局. 列宁选集：第2卷[M]. 北京：人民出版社，1995：307.
② 中共中央马克思恩格斯列宁斯大林著作编译局. 列宁专题文集 论马克思主义[M]. 北京：人民出版社，2009：99.
③ 中共中央马克思恩格斯列宁斯大林著作编译局. 列宁全集：第1卷[M]. 北京：人民出版社，1955：70.
④ 斯诺. 西行漫记[M]. 董乐山，译. 北京：东方出版社，2010：147.

础。毛泽东对理论的掌握相比较以前而言，更加全面深刻。他说："所以我们看人的时候……是一个假马克思主义者还是一个真马克思主义者，只要看他和广大的工农群众的关系如何，就完全清楚了。只有这一个辨别的标准，没有第二个标准。"[1] 可以看出毛泽东对马克思主义者的理解不再仅仅局限于西方的接受以及完全认同马克思主义理论的人，已经上升到了人民群众的高度，与中国切实的实践发展相结合，随着时间的推移毛泽东已经有了自己独特的评价标准体系。

刘少奇同志作为杰出的马克思主义理论实践者，无论是早期党校的开办还是后期理论的传播，都可以说明其对马克思主义理论、马克思主义者的理解。1922年他在艰苦的环境下开办了首个党校，将理论和实践进行了完美结合。即便是在国家长达十年的"文化大革命"动乱中受到迫害，刘少奇同志也坚持了20世纪20年代将潜心研究学习的《论口号的转变》和《职运须知》等文章的理论直接在国民党统治的白区范围内进行了实践，直接将理论与群众相结合运用于实践的立场，并认为理论、方针、政策也要根据人民群众的需求不断地进行调整。刘少奇同志在理论不被人理解的前提下依然坚持马克思主义理论，足以显示出其内心对马克思主义理论的忠贞。1939年刘少奇同志在《论共产党员的修养》中论述了每个共产党员应该丰富理论知识、提高思想意识、积极接受党性的检验，积极地为党的事业奋斗。刘少奇同志指出，在各种经验中最重要的一个经验，"是关于什么是真正的马克思主义者——什么是真正的布尔什维克这个问题。……马克思主义与马克思主义者，是有真假之分的。这种真假之分，并不以各人的主观自命为标准，而是有其客观标准的"[2]。但刘少奇同志对马克思主义者的定义大多局限于党中央的党员，这在萌芽时期对马克思主义者的含义理解是相对比较全面的。马克思主义者的定义包括理论认可和人民群众的实践双重标准：坚定不移地信仰马克思主义理论，理论的学习以坚定的信仰为基础，而实践又以理论为基础，若要与人民群众实践密切联系，则必须要有理论信仰，更要注重在社会发展中的运用；理论和马克思主义者的发展都离不开实践。马克思主义者的理解有了质的跨越，从理论的认可到运用理论，加强同人民群众的密切联系。

---

[1] 毛泽东. 毛泽东选集：第2卷 [M]. 北京：人民出版社，1991：567.
[2] 刘少奇. 刘少奇选集：上卷 [M]. 北京：人民出版社，1981：292.

邓小平曾说："我的入门老师是《共产党宣言》和《共产主义ABC》。"① 邓小平受到法国、中国、苏联三个国家文化的熏陶，加上自身的努力研究，这加速了邓小平成为马克思主义者的进程。邓小平是理论实践者，他在革命第一线奋斗了七十多年，邓小平说："我是一个马克思主义者，我一直遵循马克思主义的基本原则。"② 他在实践中一直遵循马克思主义的原则，取得了卓越战绩。邓小平将理论运用于改革开放，推进着社会主义的繁荣发展。将与时俱进的马克思主义理论与实践相结合，使中国跻身于世界发展的前沿。邓小平说："马克思主义，另一个词叫共产主义。……就是因为有这个信念，有这个理想。我们有理想，把马克思主义基本原则同中国实际相结合，所以我们才能取得胜利。"③ 这就要求我们在实践的基础上树立远大理想。相对于萌芽时期，邓小平对马克思主义者的内涵进行了丰富和发展，增添了树立远大理想的品质要求。综上而言，邓小平对马克思主义者的评判标准是实践以及共产主义的远大理想信念，突破了原来的标准体系，马克思主义者在理论和实践的标准下，添加了远大理想的评价体系。

以江泽民同志为核心的第三代中央领导集体在推动中国特色社会主义发展过程中，从两个方面丰富了马克思主义者的内涵：一方面是与时俱进地对理论进行丰富，坚持正确的立场，始终站在人民群众的立场上；坚持马克思主义的物质观、世界观和方法论；坚持马克思主义的求实方法，从一切社会发展的现实出发，在原有基础上从观点和方法上进行了丰富。另一方面对实践的丰富，主要体现为对马克思主义者的行为提出了具体要求。思维上要求最大限度地进行解放，在具体的行动中要克服困难，要有美好的理想做支撑。在1989年10月28日李大钊先生100周年诞辰纪念会上，江泽民明确指出："我们必须努力培养和造就一大批青年马克思主义者。他们应该具有较深厚的理论修养和较广阔的视野，密切联系群众，懂得中国国情，自觉根据理论同实际相结合的原则，创造性地开展工作"④。在1997年中央组织部、中央宣传部和中共国家教委党组召开的全国高等院校第六次党建工作会议上对高校提出要培养和造就一批具有坚定政治立场、政治信仰执着、政治

---

① 邓小平. 邓小平文选：第3卷[M]. 北京：人民出版社，1993：382.
② 邓小平. 邓小平文选：第3卷[M]. 北京：人民出版社，1993：173.
③ 邓小平. 邓小平文选：第3卷[M]. 北京：人民出版社，1993：173.
④ 江泽民. 在李大钊诞辰100周年纪念大会上的讲话[N]. 人民日报，1989-10-29 (01).

观点鲜明、政治纪律严明、政治敏锐性强、专业知识比较宽广深厚的青年马克思主义者。2007年，共青团中央颁布《青年马克思主义者培养工程实施纲要》时强调，培养青年马克思主义者，就是要"在广大青年中着力培养和造就一大批用马克思主义中国化的最新成果武装起来的马克思主义者"。根据这一指导思想，在青年马克思主义者培育时重点强调马克思主义中国化的理论成果对青年的思想和行为产生重大影响。总结以上三方面的材料分析，关于青年马克思主义者的界定，也产生了一些具体条件和要求。这些素质要求包括坚定的共产主义信念、全心全意为人民服务的崇高品质、较强的改革意识和创新能力、脚踏实地的思想作风和工作作风。根据全国高校第六次党建工作会议精神，对高校大学生进行培育时，高校大学生在思想政治教育过程中应该具备的素质是政治信仰执着、政治立场坚定、政治观点鲜明、政治纪律严明、政治敏锐性与鉴别力强，专业知识面宽广深厚坚定。而根据团中央颁布的《青年马克思主义者培养工程实施纲要》中关于青年马克思主义者培养目标和要求，青年马克思主义者的培养，"就是要在广大青年中着力培养和造就一大批用中国化的马克思主义最新成果武装自身的马克思主义者，使他们坚定跟党走中国特色社会主义道路的理想信念，志存高远，脚踏实地"[1]。根据以上论述，结合高校思想政治教育实际，高校青年大学生在进行马克思主义理论素养和理论品质培育时，应该从以下几个方面进行考察：是否具有坚定的马克思主义信仰，是否具有较高的马克思主义理论水平，是否具有丰富的社会实践经验，是否具有扎实的科学文化功底和夯实的专业技能，是否具有较强的创新能力并能为社会主义现代化建设贡献自己的力量。

　　胡锦涛同志在江泽民对青年马克思主义者内涵界定的基础上进行了进一步的丰富，首先提出了马克思主义者的青年群体这个概念。胡锦涛指出："青年是祖国的未来、民族的希望，也是我们党的未来和希望。"[2] 其次对青年马克思主义者提出了要求。胡锦涛要求广大青年"让青春在为党和人民建

---

[1] 刘新欣. 谈青年马克思主义者的培养 [J]. 科技信息，2008 (9)：76.
[2] 胡锦涛. 在庆祝中国共产党成立90周年大会上的讲话 [M]. 北京：人民出版社，2011：27.

功立业中焕发出绚丽光彩"①。习近平在中国共产党成立95周年大会上为青年马克思主义者指明了方向，指出了坚持党的领导的重要性。在党的领导下要积极努力奋斗，开拓新的疆域，勇于奉献自己，做时代的领路人，在新的时代要勤学、明辨、修德、笃实，脚踏实地、艰苦奋斗、敢试敢为。习近平同志这一系列重要论述推动了青年马克思主义者的成长发展。总体而言，新的时期在道德、理想信念、创新、远大理想、艰苦奋斗等优秀品格方面对马克思主义者的内涵进行了丰富。

（三）青年马克思主义者在当代：思想、行为、内在

在这里我们对中国青年马克思主义者进行广义的定义，从思想和行为的两个方面进行界定，对青年马克思主义者的内涵的界定首先定位于青年群体，当代青年群体对爱国思想和传统理论的认可，相比较以前是被弱化的。我们积极面对这些风险和挑战，对其思想和行为进行进一步的界定。

1. 思想逻辑界定

对马克思主义者的思想内涵的界定从逻辑方向认同，具体到哲学的具体导向、共产主义共同理想。第一，逻辑方向认同。逻辑思维有助于把握事物的本质，逻辑的含义是多方面的：思维的规律、客观事物发展的规律、研究思维形式的规律。青年马克思主义者要想透过现象把握事物本质，就需要认识世界和掌握理性思维规律。列宁指出："逻辑不是关于思维的外在形式的学说，而是关于'一切物质的、自然的和精神的事物'的发展规律的学说，即关于世界的全部具体内容的及对它的认识的发展规律的学说。换句话说，逻辑是对世界的认识的历史的总计、总和结论。"② 我们认识到了辩证逻辑的重要性，青年马克思主义者只有把握、了解了逻辑、辩证逻辑等思想才能更好地、更准确地认识和把握客观世界。第二，哲学的导向作用。哲学被称为智慧之学，哲学对人们的生活、学习、工作的指导作用是有目共睹的，对青年马克思主义者在思想上是具有导向作用的，哲学除了教会人们学习的方法，关键是教会了我们反思。毛泽东曾说："我劝同志们要学哲学。有相当

---

① 胡锦涛. 在纪念中国共产主义青年团成立90周年大会上的讲话 [M]. 北京：人民出版社，2017：3.

② 中共中央马克思恩格斯列宁斯大林著作编译局. 哲学笔记 [M]. 北京：人民出版社，1961：89-90.

多的人，对哲学没有兴趣，他们没有学哲学的习惯。……马克思主义有几门学问……但基础的东西是马克思主义哲学。这个东西没有学通，我们就没有共同的语言，没有共同的方法，扯了许多皮，还扯不清楚。"① 青年马克思主义者要学会哲学思维和哲学反思，反思更能够推进马克思主义者快速成长。第三，共产主义共同理想的引领作用。青年马克思主义者要重视理想，重视社会主义的共同理想，不可忽视理想给予的动力。青年马克思者可以根据社会发展的需要、人民群众需求作出判断，在理想与现实之间实现人生价值。

2. 行为界定

（1）唯实。青年马克思主义者要一切从实际出发的，不论当今处于怎样的社会改革变动期，还是社会转型的攻坚期和深水期，马克思主义者都要从实际出发去寻找解决的方法，运用智慧去解决生活中遇到的新情况，应对一切突发现象，解决生活中的新问题，使青年马克思主义者实现质的飞跃。理论学习需要实事求是，邓小平曾说："不以新的思想、观点去继承、发展马克思主义，不是真正的马克思主义者。"② 一旦脱离了实际去发展马克思主义，必然会出现错误。青年马克思主义者要时刻践行实事求是的原则，不论是在理论学习方面还是在改革的进程中。

（2）实践。理论实践即马克思主义者运用理论，青年马克思主义者要积极投身于社会，在社会中使理论发挥最大价值。马克思对理论的研究也是实践，马克思终其一生都奉献给了无产阶级革命斗争。他的言论从来都不只是书本上的学说，而是经过人们的长期实践证明的，"社会生活在本质上是实践的"③。"哲学家们只是用不同的方式解释世界，问题在于改变世界。"④ 这些实践性话语，要求其积极地投身于工作、社会和生活的实践中，更重要的是投身于中国特色社会主义事业的建设中，为社会主义的发展贡献力量。

（3）研究。青年马克思主义者的研究行为，表现在认真研究理论、坚定

---

① 中共中央文献研究室. 毛泽东文集：第6卷 [M]. 北京：人民出版社，1999：396.
② 邓小平. 邓小平文选：第3卷 [M]. 北京：人民出版社，1993：292.
③ 中共中央马克思恩格斯列宁斯大林著作编译局. 马克思恩格斯文集：第1卷 [M]. 北京：人民出版社，2009：505.
④ 中共中央马克思恩格斯列宁斯大林著作编译局. 马克思恩格斯文集：第1卷 [M]. 北京：人民出版社，2009：502.

信仰。青年马克思主义者必须了解理论、理解认同理论，青年马克思主义者研究行为不仅仅是表现在对理论的学习，更重要的是对理论的传播和研究，青年马克思主义者要在学习了解理论的基础上，研究切实可行的方法，促进理论的传播与创新。

3. 内涵界定

（1）熟悉专业领域。如果马克思主义者连掌握专业知识的能力都不具备，更不要说让青年马克思主义者在推动中国发展方面做出贡献了。青年马克思主义者最基本的要求是熟悉精通自己所在的领域，这不仅是马克思主义者专业学习的需要，更重要的是青年马克思主义者能力的具体呈现。青年马克思主义者对自己所在专业领域的了解程度、学习程度、熟悉程度、运用程度等，不仅仅反映专业知识的丰富程度，更反映了他们学习工作的态度和品格的认同。熟悉专业领域和把握专业知识更重要的是体现了青年马克思主义者的工作责任心。

（2）掌握一门技能。俗话说掌握一门技能，等于一辈子有一口饭吃，这说明了掌握一门技能的重要性。青年马克思主义者掌握一门技能是很有必要的，比如现在高校在原来的基础上强调实践，提高实践的比重，如组织学生到党政机关、学校、农村以及企业社区等各级组织机构实习调研，培养学生骨干就业创业等。有的学校学生在校期间就有岗位实践锻炼经历。社会中的岗位实践锻炼能够让学生的专业知识学以致用，也有可能学得一技之长。

（3）心理健康方面。无论是什么素质的培养与呈现，都需要建立在心理健全与健康的前提下，心理健康的外延就是指积极的人生发展态度，能够应对生活的发展和一切随机的挑战，能够面对挫折和失败，并且在失败中反思总结，使得自己更加强大。青年马克思主义者在心理方面的外延不外乎就是积极乐观的人生态度、应对挫折和挑战的坚强，更为重要的是有责任和担当。青年马克思主义者在走出校园刚刚步入社会时需要一个适应期，更为重要的是能够正确地接受社会中出现的不公平现象等，塑造阳光心态。

探究马克思主义者内涵，了解青年马克思主义者群体的历史发展过程以及当代青年马克思主义者的突出表现特征，通过对青年马克思主义者内涵界定的历史考察，青年马克思主义者核心内涵没有变化，但在当今大发展、大调整、大变革的时代，青年马克思主义者的突出特征已经具有了明显的变化，探究新时代青年马克思主义者的内涵是非常有必要的。

二、高校青年马克思主义者与非马克思主义者的边界

边界的区分，首先对概念要把握清楚，从定义的角度去划分两者的区别，当前我们要搞清楚非马克思主义者的概念。大多数人认为的非马克思主义者的概念是：将马克思主义理论脱离生活，对理论概念理解不透彻却佯装是这方面的专家学者；日常生活中学习和运用马克思主义理论，心中对该信仰却是产生怀疑的；自称是马克思主义者，行为却与思想相违背，实际上所有行为的结果指向是损害马克思主义理论的。这种认识，显然是肤浅的，这只是看到非马克思主义者的表象，没有真正把握住非马克思主义者的本质。二者界限主要是对理论的理解、理论的运用、理论立场和理想信念四个方面。

（一）对理论知识把握要求真务实

求真务实反映了马克思主义世界观和方法论的特征，揭示世界的真相和本质，求真务实本身就存在于实践中，即要求通过实践来改造世界，使世界变得更加美好。将求真和务实结合，将理论和实践相结合，也要对理论知识的把握做到务实。将求真和务实相结合，方能做到对理论的深刻把握。

高校青年马克思主义者对理论的把握应是深刻且知道如何运用的，非马克思主义者不追求认识领域的求真，对理论的理解程度也是一知半解，不懂得按照国情和世情的发展，如何将理论内化为本身的素质，使青年马克思主义者能够健康成长呢？第一个重点就是思想。首先强调的就是认同感，必须认可马克思主义理论中的思想观念，这是学习和培育青年马克思主义者必不可少的条件。第二就是在认真学习马克思主义意识形态理论和经典理论的基础上，顺应时代的变化，将马克思主义理论的内容不断地进行丰富发展。邓小平曾说："马克思主义是好东西，但如果马克思主义不能带来人民生活的改善，谁还相信马克思主义？"[1] 马克思主义者的求真不能只注重形而上学的推理，更应该在全面建成小康社会的实践中，解放思想，推动社会进步。

---

[1] 中共中央文献研究室. 邓小平年谱（1975—1997）：上 [M]. 北京：中央文献出版社，2004：688.

马克思主义者会低调地学习运用理论抵制错误言论，非马克思主义者高调地宣讲马克思的思想观点，看起来博学，实质往往连基本的概念都解释不清楚。近年来西方文化不断地对我国国民的道德价值观进行冲击，中国的传统文化在部分国民心中的地位落到了前所未有的低谷，无论是家庭中的孝道还是青年的道德价值观相比较以前都后退了。从社会现象我们可以感受到西方文化对我们的渗透以及对我国国民的影响是不可估量的，因此更要从研读马克思主义经典著作做起，从经典著作中研读理论，对于经典的理论要反复地学习和研究。

（二）将理论转化为实践的能力

"理论在一个国家实现的程度，总是决定于理论满足这个国家的需要的程度……光是思想力求成为现实是不够的，现实本身应当力求趋向思想。"①理论促进了国家的发展和进步，重要的是在于运用。理论的运用推动了实践发展，推动个人和社会的进步。马克思主义者要重视实践，因为实践是判别理论是非的唯一标准。从理论的把握到实践，继而在实践的过程中形成一种能力，这是一个过程，实践能够从根本上对中国马克思主义者和非马克思主义者做一个区分。

中国青年马克思主义者与非马克思主义者最大的不同就在于继承。两者对理论的继承是截然相反的，中国青年马克思主义者在学习、发展理论的同时，会结合中国发展的实际对理论进行丰富。在学习的过程中形成马克思主义理论的思维模式，在不断学习的过程中进行理论的强化。马克思主义理论不是固步自封的理论，而是随着社会的不断发展进步，帮助青年马克思主义者学习与生活的方式方法和举措。毛泽东曾在强调马克思主义理论的实践发展时说："认识以实践始以实践终。"②

对于马克思主义者与非马克思主义者在对实践继承关系的问题上，马克思主义者更加注重实践，认为"全部社会生活在本质上是实践的。凡是把理论引向神秘主义的神秘东西，都能在人的实践中以及对这个实践的理解

---

① 中共中央马克思恩格斯列宁斯大林著作编译局. 马克思恩格斯选集：第1卷 [M]. 北京：人民出版社，1995：10.

② 毛泽东. 毛泽东哲学批注集 [M]. 北京：中央文献出版社，1988：37.

中得到合理的解决"①。非马克思主义者却将马克思主义理论当作真理，照搬马克思主义的理论，不以一切的时间、条件为转移，不结合实际情况具体问题具体分析，他们对理论的理解是静止的，对理论的理解仅仅局限于个人的进步与发展，并且这种进步与发展也只是假象，并没有真正地对个人以及理论本身有贡献。

在社会不断发展的进程中，曾经出现青年非马克思主义者，他们借助于马克思主义理论的东风，发表过激言论，试图影响社会主义的进步和发展。更加过分的是，他们认为在中国得到发展的并不是真实的马克思主义，而是带有浓厚中国特色、独特的马克思主义，他们对此怀有深深的质疑甚至持否定的意见。

非马克思主义者在实际运用中照搬理论同马克思主义者在实践中丰富马克思主义理论形成了鲜明的对比。我们不是理论的搬运工，更不是马克思主义理论教条的坚守者，要注重实践，在实践中进一步培养和发展，进一步发展理论的同时，提高实践能力。

（三）对理想信念的认同

当今世界正处于大发展、大变革、大调整时期。对马克思主义的信仰是指对马克思主义理论的信服和对共产主义崇高理想的追求和奋斗。这里所讲的是向往追求共产主义的远大理想，明确而有力的理想目标是个体所信服的前提。这里仅仅讲的是信仰之中的理想信仰和对社会发展过程的理解。

理想信念的强烈与否与社会发展息息相关，决定了青年马克思主义者奋斗的程度。从对追求远大理想的理想信念的认识方面，邓小平告诫过大家："为什么我们过去能在非常困难的情况下奋斗出来，战胜千难万险使革命胜利呢？就是因为我们有理想，有马克思主义信念，有共产主义信念。"② 坚定的理想与信念决定着朝什么样方向奋进，坚定自己的信仰，努力做信念践行者，青年马克思主义者只有切实地把握和运用理论，才能真正把握社会发展的一般规律，使得社会在实践中进行发展。"在实践中改造主观世界和客

---

① 中共中央马克思恩格斯列宁斯大林著作编译局. 马克思恩格斯选集：第 1 卷 [M]. 北京：人民出版社，1995：56.

② 邓小平. 邓小平文选：第 3 卷 [M]. 北京：人民出版社，1993：110.

观世界,从而在实践中实现个人与社会的统一。"① 这里主要强调的实践群体指个人和青年马克思主义者,在实践中要有理想信念的认同,更要能促进实践群体的发展。理想信念教育是非常重要的,很多高校会定期进行宣传教育,根据青年学生思想即时动态,提出具有价值导向性的主题,由学生社团组织发动广大青年学生参与,积极开展理想信念教育活动,有助于青年马克思主义者群体树立正确的"三观"。非马克思主义者否认理想信念的社会实现可能,因个人认知和知识经验的缺乏而对中国特色的社会主义发展产生怀疑,认为进入共产主义只是一种设想、空想,因为进入共产主义社会没有具体的期限,也有可能是无限期的,也不是一朝一夕就能实现的。有的非马克思主义者不能正确地判断社会发展的现实阶段,进而鼓吹共产主义社会即将到来。社会主义是共产主义的初级阶段,只有经历初级阶段,才能达到终极目标,中国的马克思主义者对社会主义当前的发展阶段要有清晰把握,非马克思主义者对当前的社会阶段认识模糊,因此会产生错误的认知。青年马克思主义者要把握中国的具体国情和中国在未来社会发展的具体过程,一些非马克思主义者正是因为对马克思主义从"两个必然"到"两个决不会"的转变把握不清晰而犯错误。青年马克思主义者要有坚定的理想信念,要坚决摒弃一些社会发展中的错误价值观。

(四) 以人为本的立场界限

构建和谐社会的人文价值基础,不是别的,恰恰就是坚持以人为本的思想,这个社会的一切活动的根本目的,就是为了人,就是为了人的生存、享受和发展。无论国家出台和制定什么新的法律法规,无一不是为了人民群众,无一不是为了让人民群众生存、享受和发展更好。

要与人民群众建立深厚的感情,保持密切的联系,始终与人民群众在一起,充分发挥他们的主体地位。人民群众作为主力军推动着社会的进步,带来的幸福感也激励人们参与社会历史创造活动。党的十四大报告指出:"他尊重实践,尊重群众,时刻关注最广大人民的利益和愿望,善于概括群众的经验和创造。"② 邓小平作为真正的马克思主义者,始终以人民群众为本的

---

① 王锐生. 马克思主义哲学原理 [M]. 北京:高等教育出版社,1992:44.
② 江泽民. 江泽民文选:第1卷 [M]. 北京:人民出版社,2006:222.

精神成为青年马克思主义者学习的楷模。青年马克思主义者要自觉地站在人民群众的立场上，反映人民大众的需求，要积极投身于社会主义发展的活动中。人民群众群体既发展马克思主义理论，又检验马克思主义理论。"在我党的一切实际工作中，凡属正确的领导，必须是从群众中来，到群众中去……如此无限循环，一次比一次地更正确、更生动、更丰富。"[①] 这句话说明中国共产党始终把群众放在一切工作的核心，密切与人民群众联系在一起。青年马克思主义者的所有行为要为了人民大众，最终的目的也是要维护人民大众的利益。而非马克思主义者的出发点是个人而不是人民，其一是非马克思主义者从利益的角度去考虑问题，没有从人民群众的大局出发。邓小平讲道："如果正确地实行群众路线，使我们得到成功，那末，违背群众路线，就一定要使我们的工作遭受损失，使人民的利益遭受损失。"[②] 马克思主义者必须考虑并满足大多数人的利益要求，只是站在自己的私利角度去考虑问题，对民众的危害是巨大的，从根本上以及长远考虑还是阻碍自己成长发展的。青年马克思主义者要站在人民的角度，抛弃个人利益，放下私利，更利于个体全面发展。其二是非马克思主义者的行为出发点是为了群众，实质是凸显了个人行为，夸大了个人形象。如在社会发展的进程中出现了个人崇拜的错误思潮，这种错误现象一旦在党内政治生活中有萌芽，危害性是无法估计的。因此青年马克思主义者要坚决反对个人崇拜，加强同群众的联系，使得国家的大政方针得到贯彻执行。邓小平是坚决反对个人崇拜的，他曾说："一九七八年党的十一届三中全会以来的路线、方针和政策的制定，我是出了力的，但不只是我一个人。所以，不能把九年来的成绩都写到我个人的账上，可以写我是集体的一分子，过分夸大一个人的作用并不有利。"[③] 任何事情的成功都是离不开集体的功劳的，集体的成果个人难以达到。青年马克思主义者务必记住把国家和集体放在心中，不过分表现突出自己。

对于中国青年马克思主义者与非马克思主义者的区分，仅仅是从概念定义出发，并没有涉及当代青年马克思主义者的具体行为方面，对于两者的划

---

① 毛泽东. 毛泽东选集：第3卷[M]. 北京：人民出版社，1991：899.
② 邓小平. 邓小平文选：第1卷[M]. 北京：人民出版社，1994：221.
③ 邓小平. 邓小平文选：第3卷[M]. 北京：人民出版社，1993：258.

分角度已经有很多，当代较多的就是按照青年马克思主义者的五大特质进行划分，两者的区分并没有明显的界线，没有具体的标准，需要人们进一步的努力探索以及界定。

第二节　高校青年马克思主义者的特质

特质是指群体突出的特征。特征又不同于特质。青年马克思主义者的特质不仅是社会道德、社会规范、社会方式的产物，还是理想和信仰相结合的产物。

时代潮流和背景对青年马克思主义者的影响。20世纪初的中国，国外面临帝国主义的侵略，国内人民遭受落后的封建专制的剥削和压迫，为此青年马克思主义者奔走呼号，积极探索救国救民的道路。21世纪的中国，在和平的基础上世界政治经济格局瞬息万变，国内社会生活深刻变革，改革进入了攻坚期以及深水期，青年马克思主义者发展必然出现了新的特征。习近平指出："青年的价值取向决定了未来整个社会的价值取向，而青年又处在价值观形成和确立的时期，抓好这一时期的价值观养成十分重要。这就像穿衣服扣扣子一样，如果第一粒扣子扣错了，剩余的扣子都会扣错。人生的扣子从一开始就要扣好。"①虽然当代中国的青年马克思主义者没有经历动荡不安的时期，但仍然面临着改革时期新的挑战。在新的社会发展条件下青年马克思主义者的特质表现为以下几个方面。

一、青年马克思主义者政治素养特质

政治素养包含政治方向、信仰、共同理想、远大理想等。从个人的坚定信仰进而到社会的共同理想，再有对个人以及社会的现实批判需要坚定的远大理想，在这里将青年马克思主义者的政治素养定义为：坚定正确的政治方向、理论信仰、共同理想、远大理想。坚定正确的政治方向是信仰的基础，坚定人生信念是远大理想的前提。我们必须坚持正确的方向，走正确的道路，努力学习马克思主义知识，憧憬共产主义社会。

---

① 习近平. 习近平谈治国理政 [M]. 北京：外文出版社，2014：172.

(一) 坚定正确的政治方向

我国现在处于并将长期处于社会主义社会的初级阶段,随着改革的进行以及历史的发展,中国面临全球化、信息化、城镇化以及欧美指导下的所谓国际民主化的浪潮。改革开放确实取得了瞩目的成就,同时也带来了矛盾和社会挑战。外部的比如历史虚无主义、"普世价值"等西方的意识形态在我国渗透,西方一些政治家预言:"不可能只引进舶来的商品,而把西方的价值观念拒之门外。"① 中国发展的过程出现了腐败和道德滑坡、优秀传统文化的缺失。对外开放带来发展的同时必然伴随着矛盾的产生。青年马克思主义者只有站稳了自己的政治立场,才能根本解决矛盾。根据现有的社会现象,见微知著,挖掘以及找出问题的本质同时果断地做出科学的决策。针对西方外来文化的渗透,青年马克思主义者在谨慎地吸收国外优秀成果的基础之上奉行"拿来主义";针对当前中国优秀传统文化缺失的状况,我们应坚定正确的政治方向,积极地弘扬传承优秀传统文化;针对背离社会主义主流,脱离了人民群众的腐朽思想应该坚决地抵制。

作为青年马克思主义者要明辨是非,不被表象迷惑,能够把握本质,看清资本主义文化的传播假象,揭露出其政治控制的本质目的。要理性思考,用唯物史观分析所谓的西方文化思潮、西方政治思想,运用阶级分析方法揭露资本主义的虚伪性。青年马克思主义者要积极学习了解中国的制度以及结构,要充分理解中国共产党领导的中国特色的政治制度;运用政治分辨能力,任何历史时期都要站在时代的前沿,青年马克思主义者群体是中国社会改革发展的重要力量,我们在坚定政治大局、大方向的前提下,站稳自己的立场,逐渐形成政治的观念,提高自己政治方面的思想觉悟,推动社会发展的进程。

(二) 坚定马克思主义的信仰

信仰是青年马克思主义者自身努力和社会环境的产物。党的十八大报告指出:"对马克思主义的信仰,对社会主义和共产主义的信念,是共产党人

---

① 张宝池. 新时期青年工作研究 [M]. 成都:西南交通大学出版社,2004:104.

的政治灵魂,是共产党人经受住任何考验的精神支柱。"① 一个人的灵魂关键在于信仰,一旦失去了信仰、灵魂,个人就会陷入茫然无措的境地,国家和民族也会在发展的道路上迷失。当前青年群体的信仰没有达到迷失的地步,只是出现了部分青年对信仰的暂时缺失和不坚定的现象。信仰在促进民族进步和国家强大等方面有着深刻的联系。罗杰尔·芬克、罗德尼·斯达克在《信仰的法则——解释宗教之人的方面》中提道:"……信仰形成的因素是非常复杂的,它是内部因素和外部因素共同作用的过程,科学的种种给信仰宗旨带来了极大的冲击,其中由高校带来的思维的跳跃、能力的独立给个体带来了重大改变。"② 青年学生群体是青年马克思主义者的重要组成部分,他们身上贴着带有时代特点的标签,在社会熔炉环境的影响下呈现出了开放性的特点,部分大学生有功利化的信仰取向。面对这些问题我们要采取恰当的方法,吸引游离于社会主义核心价值观的青年群体,坚定他们的理想信仰,促使其将信仰的精神动力外化为行动。

"青年马克思主义者自觉接受马克思主义的指导,对马克思主义的发展前途以及马克思主义指导的中国特色社会主义事业充满必胜信心,并且甘愿为实现这一伟大理想和奋斗目标而贡献青春力量。"③ 把信仰坚定,将信仰升华为精神境界,自觉地内化为行动,行动改变为坚持对基本理论的学习,时刻保持清醒的头脑,科学认识理论知识与发展新成果,将理论不断地进行创新和传承。坚持与时俱进地学习马克思主义理论,深刻体会其最终的、本质的精神并内化为高度的理论自觉性,坚定中国共产党的信仰。只有坚定青年马克思主义者信仰,才能够在改革的关键时期担当起重任,推动中国社会改革发展的进程。

(三)坚定中国特色社会主义的共同理想

习近平强调指出:"中国特色社会主义是我们党带领人民历经千辛万苦

---

① 胡锦涛.坚定不移沿着中国特色社会主义道路前进 为全面建成小康社会而奋斗——在中国共产党第十八次全国代表大会上的报告[M].北京:人民出版社,2012:50.
② 罗杰尔·芬克,罗德尼·斯达克.信仰的法则——解释宗教之人的方面[M].杨凤岗,译.北京:中国人民大学出版社,2004.
③ 肖红新.思行如一:青年马克思主义者培养教程[M].厦门:厦门大学出版社,2014:33.

找到的实现中国梦的正确道路,也是广大青年应该牢固确立的人生信念。"①青年马克思主义者必须密切联系共同理想与国家发展,认清中国国情,了解到国家富强的途径,以及一系列的思想理论体系为其提供思想指导,制度给予理论体系开展提供保障,文化为其提供精神动力,文化、道路、制度、理论相辅相成,共同促进中国的发展。青年马克思主义者要对中国的社会主义道路、制度、文化充满自信。

近年来社会的阶级和阶层发生了巨大的变化,导致利益主体之间的矛盾越来越多,但都是人民内部矛盾,如果这些人民内部的非对抗性矛盾不能正确地解决,阶级与阶层的关系就会越来越紧张,甚至会发生冲突,影响社会的和谐。坚持和发展始终立足于最广大人民群众的根本利益,而不是少数人和少数集团的利益,要想解决社会发展带来的问题必须把人民群众放在首位。我们要维护人民群众的根本利益,高度重视人民群众的现状、问题和利益,统筹经济发展和公平的关系,保持同人民群众的联系,保障人民群众的根本利益。青年马克思主义者要注重培养党与人民群众的关系,因为党和人民群众的关系决定着中国的未来发展。

青年马克思主义者要坚定人生信念。人是社会环境下的产物,人在社会中成长必然受社会环境的影响,人本身也具有社会属性,在当前社会急速发展和变革的时期,部分青年的人生观出现了歪曲,青年马克思主义者要坚定理想信念,抵制不良的、错误的价值观的影响。青年马克思主义者肩负祖国和人民的期望,肩负报效国家、振兴中华的重要使命,要与时俱进。邓小平曾经说:"真正的马克思列宁主义者必须根据现在的情况,认识、继承和发展马克思列宁主义。"② 胡锦涛也强调要将马克思主义理论运用于实践。要做到与时俱进,使主观与客观达到具体的历史的统一,在实践中调整、改正、践行。言行一致,信守承诺。青年马克思主义者要团结群众,取得人民信任,对自己、社会、国家负责,更好地服务社会。青年马克思主义者要响应党的号召,完成所赋予的时代重任。

(四)坚定共产主义理想信念

青年马克思主义者理想信念的表现事实上指的是:青年群体对马克思相

---

① 习近平. 习近平谈治国理政[M]. 北京:外文出版社,2014:50.
② 邓小平. 邓小平文选:第3卷[M]. 北京:人民出版社,1993:291.

关的理论信仰和知识的认同过程。列宁指出："为巩固和完成共产主义事业而斗争,这就是共产主义道德的基础。这也就是共产主义培养、教育和训练的基础。"① 青年马克思主义者要加强对共产主义理想认同的学习。要"把理想信念建立在对科学理论的理性认同上,建立在对历史规律的正确认识上,建立在对基本国情的准确把握上,不断增强道路自信、理论自信、制度自信,增强对坚持党的领导的信念,永远紧跟党高高举起中国特色社会主义伟大旗帜。"② 理想信念对人生方向选择的影响,习近平总书记指出："革命理想高于天。实现共产主义是我们共产党人的最高理想,而这个最高理想是需要一代又一代人接力奋斗的。"③

当前资本主义发展的困境对我们坚守理想信念带来了困境。当前全球化进程复杂且曲折、金融危机频发、全球经济低迷、政治秩序紊乱。在全球化加速的背景下因发展道路、制度、国家理论的相异会激烈交锋。正是基于马克思对资本主义社会现状的严肃批判下,马克思主义才得以迈向人类光明的未来。马克思主义追求的最终目标是实现人自由而全面地发展,而共产主义更在乎的是个体的成长发展,个体的进步发展,青年马克思主义者的进步,为共产主义的实现奠定了基础,当然共产主义社会也为个体的成长进步提供了条件。

青年马克思主义者养成较高的政治素养,坚定正确的政治方向、信仰、共同理想、远大理想。以个人政治方向的选择为基础导向,为青年马克思主义者的发展确定方向。

二、青年马克思主义者的理论把握

习近平指出,青年大学生应勤学,下得苦功夫,求得真学问。在当前时代下应始终不断学习,进行自我提升。青年马克思主义者在丰富自己的理论知识,扩大知识储备的同时形成理论思维,进而转化为行动,将学习当作生活的一部分。

---

① 中共中央马克思恩格斯列宁斯大林著作编译局. 列宁选集：第4卷 [M]. 北京：人民出版社, 2012：292.
② 中共中央文献研究室. 十八大以来重要文献选编：上 [M]. 北京：中央文献出版社, 2014：278.
③ 习近平：做焦裕禄式的县委书记 [M]. 北京：中央文献出版社, 2015：5.

（一）广泛的科学文化知识储备

广泛的科学文化知识储备需要多方面的积累，精通自己所在领域的知识，具备一定的人文社会科学知识和网络信息技术以及掌握网络工具的操作使用。广泛的科学文化知识储备是理论要求。唯有如此，才能做到"扎扎实实干事，踏踏实实做人"。

青年群体思维活跃，求知欲高。青年马克思主义者对自己专业要精通。如青年马克思主义者对自己专业领域的把握，对自己专业的相关书籍有一定涉猎，对专业理论以及专业术语有一定的理论基础。在理论丰富的前提下要进行实践锻炼，把握社会科学知识。随着科技的进步以及社会发展的需要，在改革进一步的要求下很多决策是以理论和信息技术为依据，小到选举权的使用大到国家的发展，都需要科学理论支撑。在此基础上要涉猎部分专业领域之外的学科，提高生存技能和社会技能。青年马克思主义者要积极仿效自然科学的模式，借鉴自然科学的方法分析社会现象，社会科学从多个视角对人类社会现象进行分门别类的研究，通过对浅显表象的研究逐渐深入探究实质。青年马克思主义者的发展过程中经历了学科的综合型素质教育，在国家的教育体制中促进青少年的多方面综合发展，社会科学知识更能使得青年群体迈向更高层次的发展。

另外要掌握网络工具的操作使用。面对现在网络化充斥着生活的局面，要熟练使用网络相关软件。青年马克思主义者对自己本专业领域的软件会熟练地运用，更好地学习自己的专业知识、专业技能。对于一些普及的网络工具要积极地进行学习以及熟练把握。对于非专业领域内的软件，青年马克思主义者要积极地进行学习，增加自己的生存技能以及专业技能，为未来谋得更好的发展。

（二）马克思主义的理论思维

青年马克思主义者要掌握理论思维逻辑。"一个民族要想站在科学的最高峰，就一刻也不能没有理论思维"①，青年马克思主义者认识世界和中国需要理论思维逻辑指导。他们肩负着社会发展的重任，要切实把握相关理论

---

① 王立胜. 晚年毛泽东的艰苦探索［M］. 西安：陕西人民出版社，2008：244.

知识，树立科学的世界观，夯实理论基础，掌握科学的方法，在社会实践中坚持以理论为指导，结合自身思想在实践中不断反思，努力提升自己的理论思维能力，强化对相关经典著作的学习。青年马克思主义者要有与时俱进的精神，运用于实践并进行创新。一方面加强对相关经典著作的学习，加强对经典理论微观问题的研究。马克思主义理论涵盖人的内心动态、追求、行为取向等多方面的内容，我们在进行经典理论研究中对这些方面多多涉猎。宏观上要加强对相关文本的研究。青年马克思主义者要加强马克思、恩格斯、列宁著作的阅读，加强对毛泽东选集、文集的阅读，加强对邓小平、江泽民文选的阅读。对文本的学习从原著开始，从原著本身探究思想的真谛。思维方法上要坚持理论联系实际，在树立马克思主义观时运用马克思主义的思维分析和解决现实的困境，准确把握中国的国情。另一方面要与时俱进地学习理论思维。对理论思维理解与学习要把握三个层次：第一个层次是指与时俱进的理论思维需要把握相关的理论知识，明晰相关概念，运用理论思维逻辑和方法，而不是经典作家在特定的历史条件下提出的以前的理论和结论。第二个层次是对相关理论的进一步丰富发展。坚持科学体系的理论，在坚持的同时要顺应时代潮流的发展，丰富马克思主义，使它在适应社会需要的基础上增加新的内容。第三个层次就是青年马克思主义者要与时俱进，必须以"与时俱进的精神和发展的观点坚持马克思主义，而绝对不能反对马克思主义、放弃马克思主义在我国意识形态领域的指导地位"[①]。深入学习相关的理论知识，掌握理论思维。

青年马克思主义者群体要有创新思维。要认真地学习专家学者的理论并分析研究，不仅要学习理论知识，更要把握理论逻辑。我们要分析专家学者在理论和实践基础上的思维创新。习近平强调："创新是一个民族进步的灵魂，是一个国家兴旺发达的不竭动力，也是中华民族最深沉的民族禀赋。"[②]

（三）信仰马克思主义理论

青年马克思主义者要在信仰的基础上运用马克思主义理论，把握当代中

---

① 王向阳. 青年马克思主义者培养的探索与实践［M］. 合肥：合肥工业大学出版社，2012：152.

② 习近平. 习近平谈治国理政［M］. 北京：外文出版社，2014：59.

国的发展动态，推进社会发展，促进人生价值的实现。

正确把握当代基本国情需要马克思主义理论指导。把握中国国情需要把握三个方面：要正确认识当代中国发展的规划和宏伟目标，预测改革历史进程中的各种风险，明确把握中国面临的世界发展趋势。第一，明确中国发展规划和宏伟目标；运用马克思主义理论，在实现民族复兴现有目标的基础上向新的战略目标迈进，努力实现"两个一百年"目标，实现全面小康。第二，正确认识改革发展中的风险。目前中国的改革进入了关键时期，传统的产业模式已经无法适应新的发展模式，传统的指导方式不能适用于现在。第三，明确中国在世界的发展趋势。国际上逆全球化的趋势，美国领导人特朗普新的逆全球化的策略，都会对中国的经济发展造成冲击。当前国际上各个国家力量悬殊，文化冲击引起了各领域的挑战，我国进入了改革发展的关键时期，矛盾累积爆发。青年马克思主义者运用马克思主义理论分析中国发展中取得的成就和存在的问题，可为探索解决问题的正确路径打下基础。

理论的指导在促进社会发展方面的作用不可忽视，社会的一切进步和发展都需要理论知识和理论思维。在经济建设方面，无论是制度、分配、市场体系发展，都需要相关的马克思主义理论知识的指导，对于中国在当今世界的发展，即便是吸取西方的合理部分，也需要理论的指导，只有科学理论的指导才能促进经济发展。在政治建设方面，上至党中央下至具体民众个人都需要运用科学的理论知识，运用理论知识去制定和实施国家的方针政策。在文化建设方面，需要运用科学的理论知识建设社会主义文化，利用理论知识来促进社会主义核心价值观体系的建设，发展人民喜闻乐见的、人民大众的文化。在社会建设中，社会建设的发展也需要相关理论的指导，不论社会发展的总体目标，还是具体到民生的发展，都需要科学的理论指导，"理论一经掌握群众，也会变成物质力量"①，也要发挥人民群众的力量。生态建设中，针对当前的生态问题，从环境的生态到政治生态、安全生态都需要理论的指导。

理论指导对个人的成长发展是至关重要的。青年马克思主义者这一群体人生价值的实现需要理论知识的指导，要将理论思维同社会的发展相结合，

---

① 中共中央马克思恩格斯列宁斯大林著作编译局. 马克思恩格斯选集：第1卷[M]. 北京：人民出版社，1995：9.

青年马克思主义者的人生价值实现需要坚持党的领导，要在岗位上实现人生价值，要将人生价值的实现同中国事业发展相结合。第一，坚持党的领导。青年马克思主义者要在党领导的基础上，在理想信念的基础上，学习和把握理论知识，为成为社会主义事业接班人而积极努力。第二，岗位价值实现。青年马克思主义者要提高自己学习能力，在岗位上要将理论和实际工作相结合，将效果发挥到极致。第三，将自己的人生价值同社会发展相结合。青年马克思主义者要把个人的价值追求同共同理想完美地结合，自觉地接受科学理论的指导，正确分析当前的现状，基于事实分析的基础上再推进社会发展，实现人生价值。

（四）终身学习的观念

终身学习作为一种教育理念，是在1994年1月由欧洲终身学习促进会提出，并经在意大利罗马举行的"首届世界终身学习会议"上对其内涵做出了界定："终身学习是21世纪的生存概念，终身学习是通过一个不断的支持过程来发挥人类的潜能，它激励并使人们有权利去获取他们的终身所需要的全部知识、价值、技能与理解，并在任何任务、情况和环境中有信心、有创造性和愉快地应用他们。"[1] 面对我们的知识能力和思想素质与社会时代发展要求的差距，必须保持终身学习的能力。"未来社会，教育与劳动将是一种双向循环，教育将伴随人成长发展的全过程，进而在全社会形成终身教育和终身学习的观念。"[2] 要积极地践行理念，对理念的理解包括态度、习惯和能力三个逐渐发展的层次。

学习态度对青年马克思主义者的培养是有基础作用的。青年马克思主义者的学习态度包括学习的注意事项、情绪和意志状态三方面。在学习的注意事项方面，把握学习的情绪即学习的激情，理性地控制情绪。青年马克思主义者把学习作为责任、担当、追求，对待学习要保持高昂的激情、积极上进的学习态度，学习马克思主义理论，学习专业领域的知识，学习社会科学文化知识，增强核心竞争力。青年马克思主义者要在信仰理念和理论知识的基础上，学习大众文化，学习政治和经济相关的理论知识。态度认真是形成习

---

[1] 龚静. 终身学习——21世纪的生存概念 [J]. 继续教育，2005（2）：24.
[2] 黄志坚. 黄志坚青年研究文集（一）[M]. 北京：研究出版社，2012：202.

惯、培养能力的基础，摆正学习的态度，至关重要。

学习习惯的养成是受益终身的。学习环境是学习习惯养成的基础。掌握相关的方法，养成思考的习惯，培养学习的能力。制订计划，为自己的一切事务进行规划。在网络化的时代，青年马克思主义者要选择良好的学习环境，能够避开网络的诱惑、嘈杂的环境，最好选择一个具有良好学习氛围的环境。青年马克思主义者在学习中掌握一定的办法，无论在专业领域还是工作领域务必要善于思考，无论是工作岗位能力的提高和锻炼，还是专业领域某一方面知识的探究，我们都要专心独立认真，提高自己的能力。青年马克思主义者在学习中要有计划、有重点地学习，高效益地进行学习，高效率地学习。习惯的养成是形成优秀能力的基础，长期保持习惯才能锻炼出相关的能力。

学习能力的养成是受益终身的。学习能力即获取信息、收集资料、加工和利用信息的能力，在基本活动中的观察力、记忆力和理解力等，青年马克思主义群体在非正式学习环境中的自我探求知识和做事发展的能力。收集资料、实践中能力发挥和自我求知能力的发展是逐渐发展的过程。青年群体要学会筛选信息，查找重要信息，找出有价值的信息。在实践和工作活动中，要有意识地提高自己各方面的能力，把一切工作当作是能力培养的基础。青年马克思主义者要保持学习态度端正，心情愉悦，认真踏实，养成好的习惯。长期保持学习习惯才能形成能力，终身学习的观念重要的是持之以恒。

三、青年马克思主义者的实践能力

（一）青年马克思主义者艰苦奋斗的实践精神

艰苦奋斗是优良传统美德。习近平同志深刻指出，我们的事业取得成功都是经历过艰苦奋斗的，"需要广大青年锲而不舍、驰而不息的奋斗"[①]。

思想上宣扬艰苦奋斗。中华民族历来是节俭的民族。根据经济实力确定相应的消费层次，把消费控制在承受范围内，当然我们要在事业不断发展的基础上提高人民的生活水平，合理安排生产、消费、再生产，使经济发展日益壮大雄厚。邓小平指出："中国的主要目标是发展，是摆脱落后，使国家

---

① 习近平. 习近平谈治国理政 [M]. 北京：外文出版社，2014：52.

的力量增强起来，人民的生活逐步得到改善。"① 艰苦奋斗的实践对民族和国家都是至关重要的，青年马克思主义群体的成长需要艰苦奋斗精神的磨炼。当代中国青年处于和谐社会，对党的历史和传统缺乏了解，没有机会到艰苦的环境中实践，没有基层工作的经历，因此青年群体更要在改革的关键时期践行艰苦奋斗的优良作风。艰苦奋斗表达的是积极的人生态度，艰苦奋斗不仅仅是战胜困难，更重要的在于相信艰苦奋斗行为带来的美好生活。目前我国改革进入了关键时期、矛盾多发时期，我们面临难得的机遇和前所未有的挑战。建设时期的红旗渠精神，改革开放时期的劳模、工匠精神等，都在思想上给予了我们精神力量。

行动上落实艰苦奋斗。现在有的人淡忘了艰苦创业，追求奢侈浪费，有的人因私欲违法满足自己的扭曲心理，这种行为与民族传统和艰苦奋斗精神是格格不入的。江泽民强调："要在全党全社会大力提倡高尚的社会主义思想道德和发扬中华民族的优良传统，以艰苦奋斗、勤俭朴素为荣，以铺张浪费、奢侈挥霍为耻。对于共产党员和各级干部来说，这也是对政治立场、政治观点、政治鉴别力的一种考验。"② 因此任何时候都必须珍惜国家和人民的财产，发扬艰苦奋斗精神。青年马克思主义者要将这种理想化为行动：从个人方面，青年马克思主义者将艰苦奋斗精神再内化为一种节约、艰苦、朴素的作风，生活上反对浪费，工作学习中不怕困难。从国家建设方面，邓小平强调："在实现四个现代化的进程中，必然会出现许多我们不熟悉的、预想不到的新情况和新问题。尤其是生产关系和上层建筑的改革，不会是一帆风顺的，它涉及的面很广，涉及一大批人的切身利益，一定会出现各种各样的复杂情况和问题，一定会遇到重重障碍……对此我们必须有足够的思想准备。"③ 青年马克思主义者要积极发扬艰苦奋斗精神，实现人生价值。

（二）青年马克思主义者鲜明的实践品格

王兆国认为："马克思主义从诞生之日起，就体现出鲜明的实践品格。真正的马克思主义者，首先是立足客观实际的实践者。"④ 真正的马克思主

---

① 邓小平. 邓小平文选：第3卷 [M]. 北京：人民出版社，1993：244.
② 江泽民. 江泽民文选：第1卷 [M]. 北京：人民出版社，2006：621.
③ 邓小平. 邓小平文选：第2卷 [M]. 北京：人民出版社，1994：152.
④ 王兆国. 努力为党的事业培养一批又一批坚定的青年马克思主义者 [J]. 求是，2011（2）：8.

义者都是在革命与事业的第一线奋斗实践中产生的。青年马克思主义者只有让自己在第一线奋斗，才能完善自己的价值观体系，才能了解社会、熟悉国情，才能检验马克思主义的信仰。互联网基本实现了"全面覆盖""全程融入"，"每日必网""无网不在"① 成为青年大学生基本的生活方式。互联网为学习和生活提供了极大便利，也为青年马克思主义者实践提供了新手段、拓展了新空间。青年马克思主义者鲜明的实践品格表现在对自己的准确定位上，及时更新观念，做好知识储备，树立实践的观念。

青年马克思主义者要形成准确的定位和认识，就要多进行自我反思，结合自身实际情况，多去尝试不同的工作，在不同的尝试中探寻自己的兴趣爱好，了解认知自己的长处是什么，结合专业知识，全面提高自己的各种能力。在了解认知自己特长的基础上，及时地进行反思，要认真地规划自己的职业和对自己未来的定位。这不但有助于未就业的青年马克思主义者可以顺利地进入工作领域，也有助于已经就业的青年马克思主义者在工作中实现自己的人生价值。

青年马克思主义者要树立实践观念。要从观念层面上摆脱传统的思想束缚，明晰新的选拔人才标准，要紧跟时代步伐、经济发展的需要。思想上打破传统意义上的以知识学历为主的人才选拔观，更新为以知识学历为主、实践能力为参考的人才选拔观。青年马克思主义者在学习过程中，在专业理论知识的基础上重视通识教育，提高自身的综合素质和能力，积极参加课外活动和专业实习，培养和锻炼自身的专业实践能力、综合实践能力。

青年马克思主义者要具有反思能力和意识。青年马克思主义群体不仅应具有学习能力，还应具有反思意识。在信息社会我们所面临的信息空前的庞大复杂，知识更新换代异常之快。在这样的状况下青年马克思主义者在很大程度上难以紧跟知识信息的发展速度，因此青年马克思主义者必须改变传统的以知识学习为主的学习方式。青年马克思主义要有主动学习的愿望，接受新的知识和信息，掌握社会和市场发展的现状以免落后于时代和社会。

（三）青年马克思主义者高水平的实践能力特质

能力是马克思主义者开拓创新完成工作的条件。高水平的实践能力指的

---

① 乌斯满江. 对当代大学生思想道德建设再认识［J］. 新疆师范大学学报（哲学社会科学版），2009（2）：50—51.

是在实践过程中具有创新意识,形成创新的自觉性。习近平指出:"创新是民族进步的灵魂,是一个国家兴旺发达的不竭源泉,也是中华民族最深沉的民族禀赋。"① 青年马克思主义者要结合时代发展的新特点,提高创新思维,培养创新能力。

青年马克思主义者要有强烈的创新意识。创新意识在青年群体的发展中起着重要作用,没有创新意识和创新实践,青年马克思主义者很难担当社会主义建设的重任。首先,青年马克思主义者要具有创新意识和思维,一方面是在中国发展的历史进程中要运用理论知识,青年马克思主义者要与时俱进地理解和丰富相关的理论内涵,发展创新马克思主义理论,抛弃对理论一成不变的理解。马克思主义理论是一个开放的体系,而不是千年不变的理论法则。另一方面青年的学术研究也应该具有创新意识,创新是在实践中先形成潜移默化的意识,而不是刻意去培养知识理论创新。其次,青年马克思主义者自觉接受知识培养和社会文化的熏陶,使得他们拥有强大的发展潜力。他们需要在实践中运用理论,走在时代的前列。青年马克思主义者形成实践的创新意识,由于意识的反作用,积极的创新意识能够指导发展,指导实践。青年马克思主义者运用创新意识能够推动和谐社会的构建、社会的进步、个人的成长。

青年马克思主义者要有高超的创新能力。创新在政党发展和经济发展以及文化的传播中都占有一席之地,尤其是在经济发展中的作用更加突出明显,党的历史发展进程就是一部创新的教材。

青年马克思主义者要有自觉的创新实践。青年马克思主义者要自觉地投身于社会、学习和工作中,在实践中自觉地培养创新意识思维,提升能力、增长才干和完善自己。青年马克思主义者始终从实际出发,把理论知识运用到实践中,把创新思维意识运用到实践中。实践锻炼是将教育知识向能力进一步的转化,这样的转化不仅有助于增强青年学习的兴趣,更能够培养青年的探索精神。知识向能力转化的成就感,更能够激发青年的实践能力。青年马克思主义者要跨越书本知识带来的局限性,在学习理论的同时进行跨领域、多学科交叉学习,要开阔自己本身的理论视野,与时俱进地把握社会的动态状况。当前青年马克思主义者应当积极地进行实践,将思想付诸行动。

---

① 习近平. 在同各界优秀青年代表座谈时的讲话[N]. 人民日报,2013-05-05(2).

（四）青年马克思主义者在政治方面的实践能力展现

习近平总书记强调指出："党的高级干部要注重提高政治能力，牢固树立政治理想，正确把握政治方向，坚定站稳政治立场，严格遵守政治纪律，加强政治历练，积累政治经验，自觉把讲政治贯穿于党性锻炼全过程，使自己的政治能力与担任的领导职责相匹配"[①]。这从实践的高度为马克思主义者提供了明确的政治方向。马克思主义者的政治实践表现在对工作政策的落实和政治鉴别的实践上。

青年马克思主义者将工作切实贯彻落实。习近平指出，"要学习掌握认识和实践辩证关系的原理，坚持实践第一的观点，不断推进实践基础上的理论创新。"[②] 青年马克思主义者在日常生活中要注重在政治领域能力的培养。中国共产党遵循的是人民大众的立场，用科学理论武装起来的政党承担着民族复兴的使命，这一属性要求青年马克思主义者始终坚持正确的政治方向、立场。要切实增强政治大局核心意识，将党章内化于心。青年马克思主义者注重落实，若工作、学习不能得到落实，再优越的方针政策也是一场空，再宏伟的目标也不会成为现实。青年马克思主义者只有将理论付诸行动，才能够增强我们国家的政治声望，提高国际地位。

青年马克思主义者的政治鉴别实践能力。当今世界面临着挑战，突发事件和风险增多，我国面临着愈加复杂的国内外环境。怎样在复杂的形势背景下掌握分析国情，首先需要敏锐的政治鉴别力。其次要进行分析，做出科学的判断。青年马克思主义者要把握国际形势的发展变化，了解国内外各种政治动态，从政治上进行鉴别分析判断。政治鉴别的实践能力是一个人在政治方面分清是非的能力。青年马克思主义者政治鉴别能力的高低只有在实践中才能展现、发展和提升。要能够运用马克思主义的立场、观点和方法来观察问题，从人民利益的角度辨别是非，青年马克思主义者要坚定不移地支持正确的观点，明确地反对错误的观点、思想和行为，对大是大非要有辨别能

---

① 习近平. 习近平在省部级主要领导干部学习贯彻十八届六中全会精神专题研讨班开班式上发表重要讲话 以解决突出问题为突破口和主要抓手 推动党的十八届六中全会精神落到实处 [N]. 人民日报，2017-02-14 (1).

② 中共中央宣传部. 习近平总书记系列重要讲话读本（2016年版）[M] 北京：学习出版社，人民出版社，2016：281.

力。青年马克思主义者能够看到事物发展的本质，抓住主要矛盾，果断地进行处置，从根本上避免仅仅从现象和形式上去判断的问题。马克思主义者的政策分析、执行、决策能力最终在贯彻党的路线方针政策中表现出来，马克思主义者要善于运用现代科学的技术方法进行分析，并根据结果科学决策，把决策贯彻到实践中。

青年马克思主义者要全面坚持党的基本路线，考察社会的经济政治和思想文化生活中的现象，坚定自己的态度和行动。社会实践具有真实性、感染力和应用性，有利于马克思主义者能力的提高和能动性的发挥。

四、青年马克思主义者的人格魅力

伟人对后人的影响表现在人格魅力对后人的成长发挥的作用。这里的人格魅力总体概括就是道德。人格魅力细化表现在处事方面的道德修养，青年马克思主义者的道德修养表现在正确的价值观、奉献和服务意识、信任和群众基础。

（一）青年马克思主义者的人格魅力在于优良品德

"德"可具体理解为人的品行，司马光指出，才德全尽谓之圣人，才德兼亡谓之愚人，德胜才谓之君子，才胜德谓之小人。优良品德不仅是青年马克思主义者发展的基础，更是国家兴亡的重要策略。青年马克思主义者优良品德表现为健康心理状态、健全人格和良好行为，这几个方面是有内在逻辑的。情绪、心理状态是基础的，只有具备了健康的心理状态，才能养成健全的人格，进而指导正确的行为。

在健康心理状态方面，当今人们在学习工作和生活中有巨大的压力。压力来源于社会的快速发展以及社会发展的不平衡，所以具备健康的心理素质已经是青年马克思主义者不可缺少的重要条件。心理素质决定了人发挥自己实际能力的程度，客观的社会发展环境也在青年马克思主义者的成长中扮演着重要的角色。青年马克思主义者只有具备了良好的心理素质、健康的心理状态，才能有勇气、毅力克服面临的困难，即便失败，也要处理好被打击后的沮丧情绪，以积极乐观的心态去面对。积极地面对一切发生的或者未发生的事情以及矛盾，充满信心地打理现在，充满信心地期待未来，以乐观向上的姿态展现个人的精神风貌，在新时期的社会主义发展建设中发挥主力军的作用。

在健全的人格方面，健全的人格在人际关系中具体表现为理解、信任他人，日常交往中能与他人团结一致，具有团体协作的能力，在工作中将自己的智慧和能力结合，发挥到极致，能将心理动力内化为行动能力，从而取得成就。健全的人格不仅仅表现在家庭和社会等大的方面，更表现在自己个人的能力和修养上。青年马克思主义者要培养责任感，主动积极承担责任。

在行为模范的带头方面，青年模范的带头作用形象地展现，离不开具体的社会实践，更需要在具体的社会实践中积极践行，久而久之养成良好的习惯。关于青年行为的实践，这里要强调一点：现代青年马克思主义者要有纪律意识，要遵循政治规则，有良好的道德行为，努力做好示范。"踏踏实实修好公德、私德，学会劳动、学会勤俭、学会感恩、学会助人、学会谦让、学会宽容、学会自省、学会自律。"① 青年马克思主义者要做行为示范的榜样、模范。

（二）青年马克思主义者的人格魅力在于群众基础扎实

青年马克思主义者另外的身份是人民群众，要紧密联系和关心人民群众，为人民谋福利，在同人民群众联系中要注意联系的方式方法。

青年马克思主义者立足点是人民群众。当前要根据形势切实把握社会形势以及发展现状，思想意识和价值观念发生了巨大的变化，人民的法制意识和主人翁意识愈来愈强，人民的需求更加的追求人性化和和谐化。深入人民群众，深刻地理解马克思主义的本质，深刻地体会社会主义发展的来之不易，认识社会发展面临的挑战，明确自己的责任。青年马克思主义者要培养正确的群众观念，在明确各自责任的基础上不断丰富理论知识、提高实践能力，为广大青年群体做榜样。加强与人民群众保持联系能够提升马克思主义者的理论素质，促使他们树立群众观点。

青年马克思主义者的行为模范带头作用，对人民群众行为起到指导示范作用。思想引领是根本，青年马克思主义者要积极学习与时俱进的知识，在思想觉悟上起带头作用。实践行为是引领的基础，青年马克思主义者从自身做起，以自己的行为做表率作用，引导群众正确处理错综复杂的利益关系，

---

① 习近平. 习近平谈治国理政 [M]. 北京：外文出版社，2014：173.

引导群众在法律范围内以合法的形式维护权益。人民是党保持先进的源泉，青年马克思主义者要树立人民至上的理念，以历史和人民群众的经验为引领，积极学习历史文化知识丰富自己，学习历史的相关经验，以优秀历史人物为模范，运用到实际的工作学习中。青年马克思主义者引领群众的行为，在思想引导的同时引领行为示范，再加上模范历史人物的引领作用，充分发挥自己的特长在人民群众中的引领作用、示范作用。

只有掌握了群众方法，青年马克思主义者才能更好地开展工作。近年来一些党员干部感觉到做群众工作枯燥乏味，那是由于他们没有掌握群众工作的方法去团结群众。青年马克思主义者只有具备一定的能力，才能赢得群众的认可和信任。青年马克思主义者要掌握扎实有效的群众工作方法，始终与人民群众保持联系，为群众服务，成为群众信赖的人。在新形势下开展工作需要创新方法并将之运用于实践。要认真分析当前新形势下的情况变化，总结成功经验，不断进行改进。要把群众工作当作首要工作，积极为社会成员服务。

（三）青年马克思主义者的人格魅力在于正确的价值观

从宏观的国家角度分析，江泽民指出："一个民族、一个国家，如果没有自己的精神支柱，就等于没有灵魂，就会失去凝聚力和生命力。有没有高昂的民族精神，是衡量一个国家综合国力强弱的一个重要尺度。"① 这里的民族精神将其具体化就是指价值观。江泽民同志多次强调价值观在社会发展中的引领作用，"建设有中国特色社会主义，必须着力提高全民族的思想道德素质和科学文化素质，为经济发展和社会全面进步提供强大的精神动力和智力支持，培育适应社会主义现代化要求的一代又一代有理想、有道德、有文化、有纪律的公民。这是我国文化建设长期而艰巨的任务"②。在市场经济的环境下，青年马克思主义者的价值观受到西方文化的冲击将更加剧烈。

从微观的角度分析价值观对个人的影响。一个人的价值观是行为的缩影，价值观对人的一切行为也具有指导作用。当前有部分青年马克思主义者没有树立正确的价值观。青年马克思主义者的价值观首先体现为独立的人

---

① 中共中央文献研究室. 江泽民论有中国特色社会主义（专题摘编）[M]. 北京：中央文献出版社，2002：395.

② 江泽民. 江泽民论有中国特色社会主义（专题摘编）[M]. 北京：中央文献出版社，2002：389.

格，人格难以独立，更别谈成长发展了。其次，如果青年马克思主义者没有对个人负责的使命感，何谈在建设全面小康社会中的责任感。存在部分青年对信仰不坚定，对社会发展的共同理想没有追求的现象。当前的形势要求我们要加强价值观教育，青年群体的价值观尚未固定，正是塑造其价值观发展的关键时期，苏联的科恩指出："青年期最有价值的心理成果就是发现了自己的内部世界及价值，对于青年来说，这种发现与哥白尼当时的革命同等重要。"[1] 青年马克思主义者开始独自面对生活，面向社会，还要处理个人与社会的关系。青年马克思主义者价值观形成的重要时期，会重新思考和定义个人的成长发展。青年马克思主义者要努力提高自己，要将价值观逐渐由零碎趋向完善型发展，推动自身的超越发展。

（四）青年马克思主义者的人格魅力在于奉献精神和服务意识

奉献精神是一种高尚的品格，青年群体作为国家未来的接班人，更应该积极地践行奉献精神和服务意识，起到表率作用。今天部分人把财富看得至高无上，私利背后即缺少社会责任感，奉献意识淡薄。在社会发展的大转型时期，青年马克思主义者要严格要求自己，在弘扬奉献精神和服务意识方面起带头模范作用。奉献精神和服务意识不仅体现在党和国家、人民上，还体现在生活、工作、学习中。

青年马克思主义者要正确认识奉献精神和服务意识并积极地在日常生活中进行实践。一方面青年马克思主义者要正确认识奉献精神和服务意识。青年马克思主义者要正确理解其内涵以及外延，这里的奉献与服务并不是义务，指的是做事不藏有私心，不具有太强的功利之心。在面对同一个问题时，表现在愿意承担更多的责任，乐意奉献和付出。青年马克思主义者要协调好奉献与索取的关系，在无私奉献精神的指导下处理好个人和国家、集体的关系，多贡献少索取。另一方面青年马克思主义者在日常生活中要有奉献精神和服务意识。在与人交往方面，青年马克思主义者能够与人为善，凡事总是先为别人着想，为事情的整体大局着想，把集体与整体社会放在心中。一个人要公正、诚信、守约，同时尊重他人，才能获得别人的友谊。在心态方面，马克思主义者要正确地看待日常的得失，有失亦必有得。青年马克思

---

[1] 科恩. 自我论[M]. 佟景韩, 花国思, 许宏治, 译. 上海：上海三联书店, 1986：179.

主义者要客观地认识自己的专业，对专业要有清醒正确的认识，客观对未来的职业进行定位，对已经就职的要根据自己的工作角色进行定位，在工作中勇于承担任务，承担责任。青年马克思主义者要对奉献精神和服务意识进行积极的宣传，在校青年马克思主义者要积极营造良好的学习氛围、校园环境，起到模范带头作用。青年马克思主义者要积极将自己培养成全面型的人才，积极地抵制相互扯皮、相互推诿的现象。

　　青年马克思主义者的奉献精神和服务意识表现在对社会的公益服务方面。公益服务作为社会实践活动，吸引了我国广大青年马克思主义者的积极参与，已经成为马克思主义者自身提高综合素质和丰富人生阅历的重要平台。青年马克思主义者在参与社会公益、志愿服务过程中，能够进一步得到实践锻炼，能够让心浮气躁、怕脏怕累的作风减弱甚至消失。社会实践也能够间接地引导马克思主义者对社会现实问题的关注，抵制社会的"功利化"取向。青年马克思主义者要积极地参与社会的公益项目，对志愿者的行为是积极且热衷的。建立的服务意识，有助于青年马克思主义者的成长发展及和谐社会的建设，有助于营造人与人互助、无私奉献的社会风尚，培养德、智、体全面发展的马克思主义者。青年马克思主义者通过将自己所学服务社会、奉献他人，为社会做出贡献。

第四章　高校青年马克思主义者培育原则与方法

青年马克思主义者的培育是一项复杂而系统的工程，其培育效果受多方面因素的影响。因此在青年马克思主义者培育过程中必须遵循一定的原则和方法，才能取得事半功倍的效果；否则，缺乏正确的方法指导和原则保障，只能是事倍功半，甚至导致社会主义事业的失败。

第一节　高校青年马克思主义者培育原则

一、坚持理论水平与实践能力相统一的原则

青年马克思主义者的培育是在具有一定理论基础上开展的相关实践活动。青年马克思主义者的培育将理论的指导置于基础的地位不可撼动，其实质是思想范畴中人的培育。青年马克思主义者最终是要服务社会的，只有在丰富理论的指导下，才能够在实践中充分发挥理论的正确引领作用。在大变革的时代，如何提高青年马克思主义者的知名度，需要充分调查和了解社会的民生实际，将对马克思主义者的培养贯穿社会发展的实际，提升其在青年中的知名度、增加他们的认同感使其做到自觉实践。我国高校教育在长久的实践过程中对于马克思主义理论的思想教育累积了包括教学渠道建设、理论掌握、集中学习等在内的诸多资源。这些资源对理论知识的培育有着非常重要的作用。在理论知识的培育过程中，我国高校对大学生开设了马克思主义相关课程。部分高校还专门设有马克思主义相关专业，系统地培育马克思主义理论研究相关人才。在高等教育考试中马克思主义理论教育也被纳入其

中，与国外不同的是我国对于马克思主义的理论教育已经形成了一定的体系基础。

但从我们近几年对于青年马克思主义者培育的调查数据来看，青年马克思主义者的整体素质并不符合人民的预期。理论的培养存在一定的差距。理论课和理论知识教育十分充足，各种理论体系相对完善，但是，大部分马克思主义理论教育都存在一个相对普遍的现实问题，就是缺少引导，使大多数青年在学习中无法对于马克思主义理论有更深一步的理解，无法做到理论联系实际，立足于实践。

新的理论成果的产生需要在充分地理解并掌握旧的理论基础之后才能实现。培育青年马克思主义者需要让其充分地理解并掌握马克思主义的基本理论知识和各种理论体系以及最新理论成果，使思想得到理论的充分武装，拥有更加明确的信念与坚定的信心，并在学习旧理论的过程中产生新的理论成果，丰富马克思主义中国化理论体系。实践活动是以改造客观世界为目的，主体与客体的关系，从根本上说是认识关系和实践关系。如果说理论是培育青年马克思主义者的基础，那么实践是培育青年马克思主义者的根本。在高校青年马克思主义者的培育中实践是不可缺少的一环，没有实践支撑的理论就同沙漠中的海市蜃楼，虚幻美丽得如同泡沫，只会让人更加盲从。过于理想化，甚至会让人怀疑理论的真实性。因此，青年马克思主义者的培育过程中必须有大量的实践活动，使其把思想上的认知转化为实际中的行动，验证理论的真实性，打破其思想上的禁锢，让其在实践活动中感受到马克思主义理论的魅力与作用，在思想与品质上得到双重的升华。

近年来越来越多的组织与高校在培育青年马克思主义者的过程中注意到了实践在其中发挥的重要作用，在培育内容上更加注重实践的力量，加入大量实践探索精神的例子。例如张恩亮、高军认为，应"把中国特色社会主义理论体系作为学习理论培训的核心内容，把国际国内形势和省情作为学习培训的重要内容，把大庆精神、铁人精神、北大荒精神、大兴安岭精神、闯关东精神等黑龙江特有的精神资源作为学习培训的必修内容"[①]，方便青年马克思主义者在学习理论知识的时候更好地去理解。同时理论的学习，要用

---

① 张恩亮，高军. 论新时期青年马克思主义者培养原则 [J]. 思想政治教育研究，2013（4）：55.

于实践当中,在实践锻炼方面,有规划地组织带领青年学生骨干参加环保志愿者,例如,去社区做清扫、宣传节能减排知识,在校期间参加敬老院、儿童福利院、市图书馆义工等志愿服务活动,在培育方式上更加突出理论教育在实践活动中的应用与实施,使他们更多地接触现实生活,做到从群众中来到群众中去,不只是"两耳不闻窗外事,一心只读圣贤书"。同时可以以课题研究为一个重要渠道,敦促理论知识教育与实践活动锻炼相结合。设立团队,成立课题小组,根据小组成员所学专业、学习能力以及共同兴趣,关注当今社会热点和时事政治并以此为课题进行重点研究,可使青年学生更加及时地了解当今社会发展趋势,自觉地应用马克思主义原理的观点和立场解决社会问题,应对艰难态势,并在一定程度上取得了显著成效。

对高校青年大学生进行有关马克思主义理论思想的教育,对于培育优秀青年马克思主义者和扩大优秀人才队伍具有重大意义。马克思主义理论教育最终要达到的目标就是通过对马克思主义理论的学习更好地引导高校青年大学生理解掌握马克思主义中国化的理论体系,坚定青年学生为实现社会主义现代化的理想而奋斗的信念。加强高校青年大学生对于中国特色社会主义理论成果的学习,对于提升青年大学生解决与分析问题的能力、提升马克思主义理论水平,以及树立正确的"三观"有着重要的作用。中共中央 2004 年发布的《关于进一步加强和改进大学生思想政治教育的意见》指出:"社会实践是大学生思想政治教育的重要环节,对于促进大学生了解社会、了解国情,增长才干、奉献社会、锻炼毅力、培养品格,增强社会责任感具有不可替代的作用。"可以说发展高校青年大学生成为一个坚定的青年马克思主义者,社会的磨炼与实践是必不可少的,也是高校青年马克思主义者培育最关键的一步。要让他们懂得"纸上得来终觉浅,绝知此事要躬行",只有实践,才能解决好问题。因此重视高校青年大学生实践能力的培养,创造更多社会实践机会,不但可以提升青年大学生相应的社会能力,更加有助于促进高校青年大学生内心思想上的成熟,增强其社会责任感、道德感、集体荣誉感以及对社会的奉献精神,坚定对马克思主义理论的信仰。在培育青年马克思主义者的过程中"认知"与"践行"二者缺一不可,相辅相成。不能仅停留在以理论灌输为主的层面,还要注意到实践的重要辅助作用。例如,首先,在如何发挥实践的辅助作用方面,地方政府可以与高校合作,联合开展地方扶贫项目体验的实践活动,让高校青年大学生在扶贫的实践过程中更加立体地感受到国家政策具体实施的情况与方式，以及在这其中所面临的困难等，并以此来巩固和深化青年大学生的理论基础，增加其对中国特色社会主义建设的认同感和归属感。其次，在理论教育的过程中，要将"故事"与理论结合，多用一些经典的实际事例，如雷锋的生平事例等，或者社会关注的时事热点为辅助，激发青年大学生的学习热情，更好地帮助和引导青年大学生理解与掌握马克思主义的基本理论知识。最后，可以组织相关的集体讨论，可以针对高校大学生真实的社会经历与实践等，让他们相互交流想法，提出疑问或见解，激发学习欲望与兴趣。

同时，在高校的教育上，对青年学生具体的教育过程中，更要理论联系实际，注意各项问题，及时纠正，对学生要细致入微，给学生们一个良好的学习环境。具体来说，首先，要避免教育过程中的"本本主义"的出现——只讲究课本上的理论观点，缺少实际案例引用，缺乏说服力。比如，讲生态文明时，不妨在理论的基础上联系一下实际，如我国是如何把塞罕坝重新变成森林的，我国是如何治理黄河泥沙与水土流失的。这样让学生更清晰地理解生态文明到底是如何建设与实施的，它的作用体现在哪里。其次，组织学生参加社会实践活动，在实践活动中，学生可以不断提升自己的思想境界并勇于用实际行动去检验印证理论的真实性与可行性。目前高校缺少的并不是实践的经验，而是"质量"。理论与实践主题不相称无法达到要求、忽视理论教育实践的重要意义，以及缺乏专业指导、实践程度不深、学生对于实践的态度散漫等都是现如今高校实践教育中的一些问题，除了流于表面，捕捉到的内容大多数是浅层次的认知。我们需要采取一定的措施，防止这种形式只为应付考试，学生考完就忘的"应试化"现象的出现。

将理论水平与实践能力相结合的原则，体现的也是一种实践要遵循一般规律的原则。要立足于实践，用现有的理论水平去指导实践。实践能力也是一种对自我的深刻认识。中国一直坚持马克思主义思想的指导地位，马克思主义理论经过中国几代中央领导集体的不断探索与实践，不断地进行创新与发展，形成了具有中国特色的马克思主义理论，包括毛泽东思想与中国特色社会主义理论体系。中国现如今的强大与富强都是在遵循理论与实践相结合的结果下而发展起来的。正是中国共产党的慧眼，能够看清当今世界形势，认清自己的发展水平与立场，同时坚持正确的马克思主义思想理论指导，中国共产党才领导中国人民取得了政治、经济、文化、社会和生态方面的成就。中国的飞速发展不是一蹴而就的,而是经过长期的不断探索,经过了理论和实践的磨炼,而且这种发展绝对不可能是"豆腐渣工程",它能经得住风雨的洗礼与时间的打磨,是十分坚固的。所以理论联系实际是我们所要坚持的,要认清现实,要注重理论水平与实践能力相结合、相统一,任何因素都不能相背离。

二、坚持整体提升与典型培育相统一的原则

习近平总书记指出:"青年一代有理想、有担当,国家就有前途,民族就有希望。"[①] 青年马克思主义者的培育是一项战略性工程,又是系统的,其工作的展开需要一个明确且规范统一的计划。注重整体、把握细节是实现青年马克思主义者培育目标的关键。而其本身所具有的层次性,又决定了每一层次所涵盖的内容和要求完全不同,整体素质要求也不尽相同,所以每一次层次所要求的学习程度或能力是不同的,因此对青年马克思主义者的培育形式也就不尽相同了。最高目标的实现必将是各个阶段有意识的一种相互结合或者说是各类不同层次能力要求同等的目标或仅需要较低的能力的目标实现整合以及逐次递进跨越目标的一种情况。这就确定了青年马克思主义者的培育与发展过程一定是在坚决推进整体的过程中逐步提升的。陆昊同志曾经说过,高校教育人才有"五个层次":一是激发青年学生的学习热情,帮助其扎实理论基础;二是指导青年学生规范地掌握合理且完备的知识框架;三是指引和帮助青年学生形成全方位都达到优秀标准的良好素质;四是支持青年学生养成良好的思想道德品质,促使他们崇尚真、善、美,勇于坚持真理,为国家做出自己的贡献;五是明确青年学生对于马克思主义理论的信仰。以上五个内容是层层递进关系,可以说是不同过程中的不同阶段目标,都起着举足轻重的作用,但相比较而言,第五个显得尤为重要。另外,青年马克思主义者的培育被认定为一项系统工程,且它是党和政府的重要使命,同时也是各省市地方院校以及行政单位和机构的一项艰难且事务繁重的任务,同时还是国家和社会中的各个不同的组织和各社会成员都要承担的任务。综上所述,青年马克思主义者的培育必须在把握整体的条件下,发动和

---

① 中共中央文献研究室. 习近平关于青少年和共青团工作论述摘编[M]. 北京:中央文献出版社,2017:3.

组合各方面的力量并把力量发挥到极致以实现高效的效果，以便整体推进目标的实施与开展，并且最后取得成功。因为青年是一个思维比较活跃的群体，同时思想与行为上反差较大，所以他们所呈现出来的思想特征是比较复杂的，他们都具备自己的特性，对外呈现出各种不同的特征。针对这些各式各样的群体，相差较大，高校在培育目标上要因人而异，要制定不同的培育目标，所以在推进整体培育目标的过程中，会根据这个群体的水平不同而出现不同侧重点的培育内容，也会根据这个群体兴趣的不同而采取不同的教育载体，同时也会根据他们所能接受的程度而采取可行的教育手段。也就是说在促使他们整体进步的同时，还要按照个人的接受程度而使用非常的措施，在整体提升的过程中，需要采取典型教育和典型指导的方式，特殊情况要特殊处理即具体情况具体解决以便提高教育培养推进进程，提高效率，凸显出培育教育的高效快捷。

青年马克思主义者的培育是典型培育，尽管其面向对象十分广泛。有关组织对其划分也非常详细，但实际上只有青年骨干才是其主要培育对象。因此在某种意义上来说，青年马克思主义者培育等同于青年骨干培育，培育形式就是青年骨干的培育形式。例如，许多高校与机关组织会组织一些干部培训班，通过层层选拔与考核，选取一些骨干定期培训，再以这些青年骨干为榜样来带动广大的青年群体，这种以少数带动多数的做法，虽然简单高效，然而这种方法带来的结果可能会使得"青马工程"失去原有的意义，即最终只提高了青年骨干的政治理论素养，然而广大青年群体的政治理论素养却参差不齐，使这一工程失去青年群众的根基。因此，注重整体、把握细节是各大高校与团组织开展"青年马克思主义者培养工程"的关键。注重整体与部分的统一，以整体带动部分，以部分推进整体，既注重对青年骨干的培育，又注重马克思主义思想理论素养培育在广大青年群体中的推进，这样不仅更加有利于青年骨干榜样的树立，也使得马克思主义理论素养在广大青年群体中更加均衡有效地传播，达到事半功倍的效果，最终达到青年马克思主义者培育的目标，实现"青年马克思主义者培养工程"的意义。整体地推进，有助于让马克思主义思想素养得到广泛传播，有利于大家对马克思主义思想的认知感与认同感提升，为广大青年进入青年马克思主义者行列和造就优秀人才打下坚实的根基。但是又由于受每个人生活的环境、接受教育的程度、家庭教育不同等客观因素影响，每个人接受马克思主义思想的能力不同，因此要具体问题具体分析，要进行典型培育，同时重点突出，才能更加高效地推进青年马克思主义者的培育。整体推进和重点突破的有效结合，也就是坚持整体提升与典型培育相统一的原则。

首先，要进行有针对性的学生骨干培育。在大学生中占据少数的各高校的优秀学生、入党积极分子及大学骨干等是"青马工程"的主要目标。面对将青年大学生培育成坚定的马克思主义者的重要任务，"青马工程"在一定程度上也可以说是精英式的骨干培育。通过对青年学生骨干进行系统化的培育，使其坚定社会主义核心价值观，树立正确的"三观"，成为中国特色社会主义现代化建设的坚定拥护者、马克思主义理论的坚定信仰者，积极投身于社会实践当中，讲究实事求是，坚持一切从实际出发，理论来源于实际，不断地促进青年骨干的进步与发展，使其思想与精神得到双重的深化与升华，并通过这种方式使其在广大青年学生中充分地发挥榜样的力量，带动广大青年学生的理论素养整体提升。

其次，要积极促进"青年马克思主义者培养工程"培养目标的整体推进，从整体上加强马克思主义理论教育的学习与传播。高校在"青马工程"的实施过程中，除了注重学生骨干的典型培育，还应该根据实际情况积极促进培育的整体推进以及典型推进的相互统一，吸引青年大学生对于"青马工程"的兴趣，激发青年大学生参与"青马工程"的积极性，为"青马工程"打下扎实的群众基础。为促进青年马克思主义者培育成果的整体提升，需要不断扩大其影响范围：其一，各级相关部门应该放宽"青马工程"的门槛，扩大其培育范围，不只局限在对青年骨干的重点培育上。其二，应该大力宣传"青马工程"。有数据显示，许多数青年群体对"青马工程"并不是非常了解，更有甚者根本不知道"青马工程"，因此无论是政府还是各大高校、团组织，都应加强对"青马工程"的宣传，使更多的青年群体知道"青马工程"并且了解它的具体作用，使越来越多的青年群体积极地加入"青马工程"的培育队伍。

最后，要将整体提升与典型培育相结合，也就是要将骨干培育与整体提升有效结合。在各级党组织和各高校开展的"青年马克思主义者培养工程"进行过程中，将典型培育与整体提升相结合的原则是培育青年马克思主义者的要求，也是发展群众基础的需要。其一，应该充分发挥青年骨干的力量，着重突出重点，为广大青年学生树立优秀榜样。以少数带动多数，以典型带动全体，使广大青年学生在榜样模范的带领下被潜移默化地影响从而达到自觉提升马克思主义理论素养的目的。其二，当代青年大学生普遍拥有乐观的心态、积极向上的精神、不断追求进步的思想以及勇于追求真理的崇高品质。在树立青年骨干优秀榜样的同时，越来越多的青年大学生，会因社会对榜样的广泛宣传，受其影响，也严格要求自己，以此作为自己的奋斗目标，不断促进自己的发展，最终加入"青马工程"的队伍里面来。换句话说，这就是榜样的力量。在这种良性的循环中，最终会加快"青马工程"的建设，也会使得广大青年群体的理论素养最终产生质的飞跃。

  同时，结合整体提升与典型培育相统一的原则，在高校可展开具体的实施方案。这个原则所追求的目的是培育出更多杰出的青年马克思主义者。其一，各高校在开展"青马工程"培育对象选拔等各个流程方面，其各项工作的展开要始终坚持对外开放，使"青马工程"不仅仅是少数人的聚集地，不只是少数骨干培训基地，而是在更加广泛的基础上吸取更多优秀青年加入队伍，使各个领域都有青年骨干的存在，使各个领域的青年群体都拥有属于自己的模范榜样。也就是说，不管做什么事情都要坚持立足于群众，听从群众意见，做到来源于群众，又回到群众中去。在广大的学生中选拔出优秀的人才，将其培育成优秀的青年马克思主义者，对他们的培育做到全面而周详、精炼而稳固，为国家培育出合格的社会栋梁之材。其二，"青马工程"的具体实施者和开展者分别为共青团组织和各大高校。因此二者需要做到紧密结合与沟通，各大高校的领导部门应该积极地支持共青团工作的实施，为我国人才队伍建设培育后备力量，共青团组织也应为这些青年马克思主义者的培育提供更好的平台与机会。当然培育青年马克思主义者，单单只有团组织提供的机会是不够的，这既不利于对青年骨干的培育，也不利于对于"青马工程"的宣传与人才的吸纳。换句话说对于整体与重点的推进都是不利的。因此除却共青团组织，各大高校作为开展者也应该采取一系列的措施，例如对优秀青年骨干的评优评奖，以此来调动广大青年学生的积极性，进一步激发学生的热情，培育出更多优秀的青年马克思主义者。

  青年马克思主义者作为社会主义事业未来的建设者和接班人，在中国特色社会主义道路上占据着非常重要的地位，所以对青年马克思主义者的培育要依据特殊要求进行。不仅如此，在高校举办"青马工程"，作为一个青年马克思主义者，应该具有丰富的理论文化素养、优秀的道德品质、强烈的社会责任感与集体荣誉感以及坚定的信仰。在任何情况下都能辨别错误观念，坚持真理，坚持把实现共产主义理想作为奋斗目标。简而言之，培育青年马克思主义者的特殊要求就是具有坚定的理想信念。在某种程度上来说青年马克思主义者的培育，需要根据青年大学生成长成才的一般规律进行具体的分析，然后进行实地分析解决问题，培育出适合当今社会现状的马克思主义者。一方面，任何培育都需要具体问题具体分析，只有充分了解了大学生成才规律以及特征，对于青年马克思主义者的培育才可以达到实际的效果，摸不清规律与特征，这一切也只是徒劳。如今是一个多元化的开放世界，各种思想百花齐放，这里面有好的有坏的，很容易让人迷失自己，因此加强马克思主义理论的教育尤为重要。增强理论知识的教育，不仅可以使青年大学生意识更加清醒、信仰更加坚定，还可以使其自觉地提升马克思主义理论素养成为坚定的马克思主义者。

马克思指出，人们奋斗的一切都与利益相关。利益也是当今大多数青年的驱动力。不照顾这些特点，就会脱离群众。所以，对于青年所密切关注的与利益相关的内容，也是青年马克思主义者的培育关键，正如邓小平所言："仍然不能不承认各个人在成长过程中所表现出来的才能和品德的差异，并且按照这种差异给以区别对待，尽可能使每个人按不同的条件向社会主义和共产主义的总目标前进。"① 因此，对不同的受教育者，要针对他们具体的特点和性格采取具体的解决办法，这就是所谓的分众化，这对优秀人才的培育十分重要。在实际应用的教育引导中，对青年马克思主义者培育，教育者应做到具体问题具体分析，善于发现和感受不同人群的不同需求。坚持整体提升与典型培育相统一的原则，做到全面的观点与具体问题具体分析。整体推进，是全面的观点，将马克思主义思想理论灌输于青年的脑中，使他们形成正确的人生观、世界观与价值观。典型培育则是体现了具体问题具体分析的观点，着力培育骨干力量，使他们起到一个模范带头作用，以点到面，再以面到点，扩大宣传范围，加大影响力度，更好地宣传马克思主义思想理论，发展壮大优秀的青年马克思主义者队伍，为中国建设培育良好的人才队伍，建设中国美好未来服务。

---

① 邓小平. 邓小平文选：第 2 卷 [M]. 北京：人民出版社，1994：106.

三、坚持目标定位与过程管理相统一的原则

目标定位，是需要长期的培养才能形成的，需要有深刻的认识，这就需要一个深刻严格的过程管理。目标定位与过程管理相辅相成，相互统一。目标定位的坚持与实现需要一个严苛的过程管理。一个能为现实所使用的认识或者观点，它的正确性需要一个长期的磨砺，需要经历物质到精神，再由精神到物质的转化这样一个漫长的过程，反复循环上升，也可以认为实践与认识是辩证统一的，两者之间相互影响，相互转换，同时实践与认识也是在不断地循环往复上升。正确的认识需要实践的检验，正确的实践活动则需要认识的指导。树立坚定的马克思主义信仰是青年马克思主义者培育中最重要的一环，然而这个信仰的树立则需要一个长期的积淀过程，首先要有一个基本的认识，然后经过不断的实践过程，提升自己的认识境界，将马克思主义思想的认识水平提高到更高层次，成为自己的追求且坚持的信仰。不管是多么杰出优秀的人，他们都是经历了思想的不成熟到最后的思想高境界，例如马克思、恩格斯、列宁、毛泽东、周恩来等坚定的马克思主义者，他们也是从最初的对马克思主义零基础，到慢慢地经验总结与深刻的认识，再到最后的思想创新，这都是经历了一个千锤百炼的过程。所以这也表明了青年马克思主义者的锻造过程是一个复杂且繁琐的过程。它是需要不断摸索、不断判断的过程，时刻在变化着的，是个长期性的动态的过程。由于人们短时间不可能对马克思主义产生浓厚的兴趣，即使产生了兴趣，也不可能一蹴而就，一跃成为马克思主义的信仰者。因此，在青年马克思主义者的培育过程中必须要首先确定一个目标，然后根据这个目标进行严格的训练与学习，得到更多的进步。当然，这需要一个漫长和艰难的时期，在这个长期的过程中需要不断进行严格和周密的管理。通过对青年马克思主义者培育对象进行集体性的培训，在这个培训的过程中按照稳定扎实的步骤，分阶段性地展开，增强其对马克思主义中国化最新理论成果理论教育的接受和掌握，使其更加善于应对社会中各种实际问题，更加适应社会实践的需要，得到更大幅度的提升。依据每一个培养对象的成长环境以及教育环境所形成的一般成长规律和其呈现出来的各方面的表现特性，再按照所处的现阶段的时代特征和社会发展需求，做出符合青年实际情况、解决现实问题的培育规划。过程管理仅仅是一个个阶段目标的实现，它总的来说是为最终的总目标服务的，同时也

是培育过程中各个环节所要具备的。而目标的培养以及到最后目标的定位都要求我们要始终坚持高效率的过程管理，并且这个过程管理需要一个长期的磨砺过程，这就需要我们建立一个高效且持久的机制。在这个长期的管理机制当中，对于青年马克思主义者的培育对象，要将他们放置于现实世界中去，更加全方位、多角度地去考察他们。在现今社会中，"青年马克思主义者培养工程"进程中，在校这个时间段的大学生青年骨干的长期管理机制已经相当成熟了，过程管理中的各项培训及培训中的各个方面都取得了非常大的进展，但是大学生骨干在大学时期的研究成果如何与进入社会后培育机制相连接，达到全方位培育目标的实现以及自身培育结果的成熟，这仍然是一个重大且具有挑战的实践课题。如何衔接在校青年骨干的培育机制，也是一个重要的实践课题。这一课题的成功实现需要各级党组织、各级政府机关、各社会组织和各界相关人士，以及社会各界力量共同努力奋斗和共同参与，多方力量协力促进过程管理长期培育机制的设立与健全成长。

青年马克思主义者培育是一个关于人才培育的庞大且系统的工程，涉及的组织与领域非常广泛，但高校是主要实施开展者。[1] 高校一般以项目化的方式来进行对于青年马克思主义者的培育。这样对于青年马克思主义者培育工作的各项工作机制也会非常明确。青年马克思主义者的培育既然作为一个具体的培育项目，肯定存在一个长期且需要坚持执行的目标定位，需要配套的管理方式；否则，只会达到雷声大雨点小的效果。

采取过程管理的办法，对于过程管理要按照计划进行，提前要有一个良好的计划。首先，要明确一个目标。这个目标要包含实施者和培育对象两个方面。从实施者的角度来看，青年马克思主义者的培育是一个长期的工程，俗话说一口吃不成胖子，要一点一点来。因此其工作目标应该分为阶段目标与最终目标。其次，从培育对象的角度来看，实施者有义务参与引导其建立自己的学习计划与目标，培育对象也应该在实施者的指导下结合自身具体情况来树立符合自身要求与培育要求的目标与计划。简而言之，对于高校青年马克思主义者的培育来说，身为实施者的高校与身为培育对象的青年大学生，二者都有着相应的目标与计划。无论哪一方的缺失对于"青马工程"的

---

[1] 兰亚明. 关于青年马克思主义者培养的若干问题研究[M]. 南京：南京大学出版社，2013：158.

实施都有着非常大的影响。因此，两者各司其职，缺一不可。

目标定位与过程管理相互统一，共同发挥作用才能加快青年马克思主义者培育工作的进展。对于马克思主义思想的认识，是要经历一个个阶段来实现的，在不同的环节上是需要经历一个个过程的。这个过程是缓慢的，同时需要有步骤有计划地完成。要想有一个坚定的马克思主义信念，具备良好的马克思主义原理、观点和立场，成为一名优秀的马克思主义者，就要有一个明确的目标定位，树立一个远大的理想。所以我们要知道我们自己所要努力的方向、所要追求的目标，正如我们知道我们要向一名优秀的青年马克思主义者的目标迈进一样。认识是个不断反复且不断提升的过程，在这个过程中，需要我们进行严格的管理。在进行个人严格管理的过程中，我们需要不断地定位自己的目标，提醒自己应该做什么，该怎么做。在对这个世界不断了解的过程中，各高校可开展各类形式的活动，例如，理论知识的学习、思想道德的提升和社会问题的实地调查等多个方面。还可通过各种途径，进一步学习和掌握马克思主义思想理论知识，相信和坚持党的领导，使自己的思想境界得到进一步的提高，以便追求更高的精神境界，促进自身的全面发展，使自己在思想、学习和工作上进一步得到提升，努力使自身牢固掌握马克思主义中国化最新理论成果等重大战略思想，能够成为一名真正意义上的马克思主义者和中国特色社会主义事业的合格建设者。

在对马克思主义理论知识学习的过程中，作为当代青年人更应该深刻体会到进行青年马克思主义教育是由当代社会发展现状决定的，是由马克思主义思想的指导地位决定的，是由当代我们所应承担的责任和义务所决定的。今后的中国特色社会主义事业能否蒸蒸日上，迈着坚定且强有力的步伐走向成功，与当代中国青年能否坚持并持续地学习科学的马克思主义理论观点、坚定马克思主义信仰有直接的联系。要实现"四个全面"、社会主义现代化以及中国梦等等，中国的强大发展及人民生活的全面提高都需要始终坚持马克思列宁主义、毛泽东思想、邓小平理论和"三个代表"重要思想、科学发展观和习近平新时代中国特色社会主义思想的引导。所以我们要在以习近平同志为核心的党中央坚强领导下建设中国，增强中国综合实力，促进中国健康有序发展。青年时期具有十分强的可塑性，往往有许多潜能，只是被自己忽视了，所以过程管理中也有一个认识自我的过程，目标定位确实很重要，但同时也要懂得自我的管理。

在马克思主义理论的认知上,身为新时代的青年人,要想发展成为杰出的马克思主义者,就要明确目标定位,强化过程管理。要清楚地了解到马克思主义思想对新时期人们价值观的塑造、发展和对现今世界的影响,坚持马克思主义在中国各项发展中的指导思想地位,坚定马克思主义思想信仰不动摇。目标的定位就需要青年在不断的学习中摸索前进。因此,青年需要努力学习,扩大学习面,开阔视野,阅读马克思主义经典原作,全方位地认识和学习马克思主义基本原理。用马克思主义的观点和看法去解析现实社会中出现的问题和矛盾,解决事物发展中的各种问题。广大青年在学习的过程中,不能停留于固守成规的学习,而是要懂得变通,随机应变,坚持真理,及时改正。坚决反对各种形式的不利于马克思主义思想的态度。马克思主义理论知识的不断发展与创新必然伴随着理论知识教育工作的开展,创新工作的进一步进展,同时也必须伴随着理论知识的宣传。新时代中国经济的发展突飞猛进,正处于发展的关键时刻,面临各种各样的复杂问题与矛盾,国内外形势也是比较紧张的,需要新一代的青年人去不断应对当今社会各种社会状况,肩负着复兴中国的重大使命。同时要看清社会现实,拨开挡住我们视线的迷雾,坚定自己的使命,不辜负国家赋予的历史使命和责任重担,坚持不懈地用中国特色社会主义理论体系指导中国实践,用马克思主义理论思想不断武装头脑,指导实践,实现实践上的不断创新与发展,促进工作的不断展开与深入,冲破工作上的各种阻力。对自己的目标有深刻的定位和理解,有助于我们不断地深入挖掘和发展,这也是一个长期的过程,需要我们耐心且有计划地准备着。

目标定位,也可以理解为坚定自己的理想信念,而过程管理可理解为实现目标和理想的必要准备。坚定理想信念是培育优秀青年马克思主义者的基本前提。正确的世界观、人生观、价值观定位对青年领袖的成长起着关键作用。首先,当今青年要不断提高自己对重大政治方向问题深刻关注、理性思考、全面分析和把握的能力,在理性认知基础上坚定理想信念。其次,要不断反思自己的世界观、人生观、价值观,深刻体会真、善、美和假、恶、丑,学会明辨是非。最后,要有严格的自律精神,要"吾日三省吾身"。在准备的过程中,则需要广大青年具备各种能力,例如,加强思维的训练、学会学习、善于沟通、加强实践磨砺等等,通过这些准备敦促目标的早日实现。

四、坚持方向引导和自我修正相统一的原则

坚持方向引导和自我修正相统一,可以说坚持教育引导与自我教育相统一是一致的,它们之间是相辅相成、相互影响的。而主客观因素的相互制衡与主体内部矛盾的转化,是影响人的思想品质形成与发展的主要原因。在青年马克思主义者的培育过程中,青年大学生占有主体地位,教育者只是一个辅助作用,青年马克思主义者的培育成功与否关键在于青年自身的接受程度与意愿情况。也就是说人的思想道德素质的形成不仅与主观因素有关,同时也受客观因素的影响,主观与客观因素相互影响,相互作用,共同作用于事物的发展,而客观因素只有通过主观因素才能产生重要作用。在马克思主义思想教育与知识传播和人才培育的过程中,要始终坚持党组织在方向上的正确引导,这也是中国共产党一贯坚持并积极发扬的优良传统。组织是一个系统且严格的集体,在青年马克思主义重点人才教育过程中,要积极利用组织优势对要严格培育的受众人群给予周密且详尽的方向指引,要依据现有目标要求制订严密的培育计划并有序地开展,是培育青年马克思主义者工作顺利进行的一项基本举措。我国著名教育家叶圣陶曾经这样描述:我们开展教育工作就是为了达到不教育,是指受教育者可以不通过他人的教育,也可以通过自己的努力学习,自主学习,严于自律,达到自我教育。因此,对青年马克思主义者的教育在进行社会教育的同时必须注重青年的自我教育,需要社会教育给予自我教育的支持,稳固其基础,青年自我教育的实现需要社会教育力量的推动培育他们自主学习的兴趣和能力,实现社会教育与自我教育的相互结合。要深刻地明白当代青年需求,紧紧地结合他们所处的时代特性,积极地调动他们的积极性,让他们深刻地体会到他们所肩负的当代使命,积极地掌握马克思主义理论知识,及时地应用到社会实践当中去,不断实现自己的价值观,将理论化为实践的力量,使其转化为自身的需求,不断为中华民族伟大复兴而努力。

胡锦涛同志强调指出:"全党都要关注青年、关心青年、关爱青年,倾听青年心声,鼓励青年成长,支持青年创业。"[①] 要时刻关注青年所存在的现实问题,可通过各种途径解决青年所存在的各种现实问题,要把青年所存

---

① 胡锦涛. 在庆祝中国共产党成立 90 周年大会上的讲话 [M]. 北京:人民出版社,2011:29.

在的实际问题放在全党面前，时刻关心，还要引起高度重视，深刻解析青年所要解决的问题以及解决问题所使用的方式。在青年马克思主义者培育过程中，要重视教育者和受教育者这两个主体，两者缺一不可，教育者起到了引导者的作用，受教育者则是进行一个接受的过程，但青年马克思主义者的培育工作重点则是为国家建设培育出优秀的接班人，所以说尤其要重视青年自身的主体地位。当然，重要的就是要重视教育对象即青年本身的需求，这样才能保证教育的高效与适用，促进教育进程以推动青年马克思主义者培育工程进展。

坚持方向引导，就是始终坚持马克思主义理论在中国的指导地位，坚定马克思主义理想信念，坚持马克思主义正确的指导方向。少年强则国家强，少年富则国家富，青年学生的强大就意味着国家的强大，所以促进优秀青年马克思主义者队伍的不断壮大，就是要抓住青年学生这一主体，然而如何实施这一方案，如何敦促青年学生的发展就需要抓好高校教育。所以可以这样认为，高等教育的发展水平是一个国家发展水平和发展潜力的重要标志。教育在实现中华民族伟大复兴中有着不可忽视的地位与作用。在当今这个科技发达、信息化的时代，对知识水平的要求十分严格，文盲已不可能存活于这个世上，没有一个良好的教育就不可能有一个较高的知识水平，所以在这个时代对高等教育的需要比其他任何时代都要更加迫切，对人才的选拔比任何时候都要严苛，对优秀人才的需求比以往都要强烈。提高我国高等教育发展水平，增强国家核心竞争力，世界一流大学和一流学科的战略决策的提出与实施就显得尤为重要。正是因为中国是历经几千年的文明古国，经过几千年的磨炼，中华民族炎黄子孙形成了自己独特的历史、特殊的国情、充满个性的中华民族文化，决定了中国在发展道路、在人才培养方面，所要采取的措施不同，在教育上所坚持的战略性决策也因国家厚重的文化特点而具有民族特色。所以说，中国在坚持中国特色社会主义事业发展的同时，也要坚持走出一条具有中国特色的教育发展道路，坚持稳固地办好中国特色社会主义高校。现在所采取的任何措施，不仅仅是为了当前社会各方面的发展，更多的是为了在促进现今社会发展的同时，能够为未来社会的发展打下一个坚实的基础。因此，我国高等教育的发展既要结合现实目标的要求，又要紧密联系未来的发展，紧跟未来发展步伐，坚持正确的未来发展方向，坚持为人民服务的宗旨、对人民负责的态度，认真学习和坚持治国理政观念，为实现中华民族伟大复兴、实现伟大的中国梦而奋斗终生。同时，我国高等教育所肩负的任务非常重大，要培养国家建设需要的全面发展的有用人才，为实现社会主义现代化建设、加大改革开放力度、培养社会主义建设的接班人发挥其重要作用，在培养国家人才的同时，始终要坚持正确的政治方向。高校有其存在的价值，其价值在于能否为国家培养出优秀的人才，高校与人才是成正比的，只有一流的大学才能够培养出一流的人才，只有一流的人才才能推动一个国家教育事业的发展，从而推动一个国家各方面的强大。要创办好我国高校，创建出世界上数一数二的大学，就要高效率地提高培养人才的能力，严格制定培养机制计划，提高各高校工作效率，在推动人才培养机制实施的过程中也要抓好其他工作的顺利展开。中国共产党作为中国特色社会主义事业的领导核心，我国的高校教育要在中国共产党的领导下开展，要为中国特色社会主义服务，具有中国特色的社会主义特质。要办好中国教育必须自始至终地坚持马克思主义的指导思想地位，长期学习坚持马克思主义理论思想与知识，大力宣传马克思主义科学理论，始终坚持贯彻中国共产党的各种措施与方案，贯彻党的教育指导方针与政策，采取有效且可行的对策培养青年学生坚定的马克思主义信念与信仰，为青年学生树立一生的学习榜样及思想基础。积极引导广大教育者与受教育者树立坚定的社会主义核心价值观，要广泛地进行宣传，弘扬社会主义核心价值观对国家、社会及个人层面的积极影响，使广大师生能够自觉地继承社会主义核心价值观，形成自己先进的价值观，在促进自己发展的同时，还要积极传播核心价值观，成为坚定的社会主义核心价值观继承的信仰者、广泛宣传的弘扬者、良好实践的践行者。和谐稳定的校园环境才能够展开良好的高校教育工作，作为新一代的青年学生要构建一个平和健康的心态，促进健康心理的发展，形成一股清新的文化气息，加强人文关怀和沟通疏导，努力使各高校建设成一个和谐稳定、平静温馨的场所。除此之外，在学校的工作开展中，要标注自己的校训，时刻警醒学生要培育优良作风和良好的学风，使学校各项发展做到坚持有效治理、全方位管理。思想政治工作的开展在一定意义上可以说是对人的价值观的培养，与学生意识形态的发展紧密相连，它必须紧紧围绕学生的各项发展展开各项工作，对学生投入更多的关照，多角度多方面服务学生，不断提高学生的思想境界，提升他们的文化素养，尽量使学生们成为各方面的全能人才。当今世界国内国际形势较为复杂，要正确将学生引向光明的道路，使学生们能够较为明确地认识国内外趋势，厘清自己的思路，想想该如何为中国的发展做出自己应有的贡献。为了让学生们能够更好地为国家奉献出自己的一份力量，则需要激励学生能够更牢固地掌握科学理论知识，坚持正确的实践方法，全身心地积极投入社会实践当中去，不断发展和提高青年学生们的学习和工作水平，树立远大的共产主义理想和社会主义共同理想，用他们自己的激情点燃理想之灯，照亮自身前行的道路。还要让他们能够脚踏实地，坚持从小事做起，珍惜时间，使自己的远大抱负能够落到实处，为自己的青春增光添彩。

自我修正也是自我教育的过程。自我修正的过程也是自我发展、自我成长的过程。人非圣贤，孰能无过？每一个人都会犯错，只有懂得自我反省，并且经常反省自身的行为，才能更早地了解到自己所犯下的错误，明白自己的缺陷，才能够更加及时地纠正自己，这样我们就能够使自己的行为得到改善，向着更好的方向前进，我们的道路也就更加光明。在人生学习与成长过程中，人们反省的机会是有限的，反省的时间是有限的。有的人可能一辈子只反省一次，有的人也可能一年反省一次，有的人则一周或者一天。反省的次数越多，人们就会有更多的机会去改正，达到成功的概率就会更高。马克思主义知识学习的过程，是接受方向引导的过程，是接受教育的过程，同时也是我们不断自我反省、自我修正的过程，也可以说是自我修正、自我批评的过程。

第二节 高校青年马克思主义者培育的方法

一、加强党的领导，增强党的凝聚力

"共产党从诞生之日起，就是同青年学生、知识分子结合在一起的；同样，青年学生、知识分子也只有跟共产党结合在一起，才能走上正确的道路。"[①] 近代以来的青年运动史可以说是一部众多青年在中国共产党领导下的奋勇拼搏的历史，在中国共产党的带领下广大青年坚持不懈，救亡图存，

---

① 中共中央文献研究室. 毛泽东文集：第2卷 [M]. 北京：人民出版社，1993：256.

追求自己的理想与抱负，实现国家复兴，勇于承担自己应履行的社会责任和社会义务。我们党从成立至今取得的所有伟绩都充分说明了只有坚持党的领导，广大青年才可以明确一个良好的目标定位，有个前进的方向，才能有个正确的道路去追寻，才能沿着这个道路前进，促进中国事业的蓬勃发展。青年马克思主义者学习马克思主义理论，坚持马克思主义理论的指导地位，他们的培育工作是在中国共产党的领导下开展的，是中国共产党在各方面的工作支持的。所以青年马克思主义者工作能否顺利展开取决于是否坚持党的领导地位不动摇。作为当代马克思主义者必须在坚持共产党领导的前提下，学会继承和发扬党的优良传统，自觉地投入党的各项事业当中，在党的领导下实现自己的理想，坚持走正确的政治道路，继续推进中国特色社会主义事业的不断发展与进步。

当前国内外形势相对严峻，各高校青年要在党的领导下积极应对，增强党的凝聚力。从国内形势来看，回顾90多年中国所历经的风霜雨雪，全国各民族同胞在中国共产党的带领下，始终坚定自己的信念，破开重重险境，通过艰苦奋斗，取得了最终的胜利，迈向了成功的大道。在当今这个复杂的世界里，由于各种因素的影响导致国内情况也比较复杂，我国进入经济的转型时期、社会矛盾比较凸显的时刻，社会上出现了各种问题。国内外社会的复杂性、意识形态的不断变化等等，导致了青年的思想观念和行为方式的不断变革、青年的思维方式愈加跳跃、利益追求多元化，当他们在追求新鲜事物的同时，自身的思想和观念也较易受到外界环境及周围文化的影响。一个民族，重要的是其文化的传承，文化是一个民族独特的性格，在这个易受影响的时代里，国家应加大对青年的民族文化认同感培育，坚守自己的文化阵地，而作为当代青年，作为教育的主体，更应该提升自己的文化境界，加大自己的思想道德培养，在牢固掌握科学知识的同时，注重自身文化修养，坚定自己的意志不受外界影响，形成自己独特的有利于中国发展的价值观。从国际上看，国外对中国的不利言论始终存在，个别国家始终以中国为对手，针对中国，阻碍中国的发展。而高校青年作为中国社会主义的建设者和接班人，是中国发展的有生力量，所以国外敌对势力总是通过各种途径对中国青年进行文化渗透，妄图煽起"颜色革命"。除此之外，现代社会是个信息化的时代，科技比较发达，各种思想文化混合交融，通过信息革命在促进全球一体化的同时，国外的一些敌对分子通过这个便利之门对我国青年学生施加影响。面对这样的形势，要加大对马克思主义思想的指导力度，加强培育青年马克思主义者。在这个方面，不仅不能减少对青年马克思主义者的培育工作，而且应该进一步加大宣传和培育强度，更好地敦促青年学生形成正确的价值观，为国家做出应有的贡献。

  在当前这个复杂的社会中就是需要发挥中国共产党这个先进领导集体的领导核心作用。在党的带领下坚持贯彻落实中国特色社会主义制度，始终坚持把中国的根本政治制度、基本文化制度同基本经济制度以及各方面体制机制等具体制度有机结合起来，坚持把国家层面民主制度同基层民主制度有机结合起来，坚持把党的领导、人民当家作主、依法治国有机结合起来，这不仅符合我国的基本国情，而且集中体现了中国特色社会主义的巨大优势，是中国社会不断发展的根本制度保障。由于中国历经千年历史，经历各种磨难，所形成的各种制度都是本国的国情、特殊的历史进程所决定的。作为如今世界上最大的社会主义国家，中国自始至终都坚持着马克思主义的思想，其中关于社会与人、与自然的关系，是要和睦相处，我们共同生存于这个地球上，这是我们所拥有的共同家园，大家如果想有一个幸福平和的生活，就要有个和谐的社会，而中国社会主义社会，其本质上是要求一定要建立一个和谐的社会。在人与社会方面的关系，和谐社会就是大家同甘共苦，在国家面临危难时，大家始终能够团结一致共同克服困难，在和平时代也能够居安思危，共同提升道德素质，追求更好的思想境界。在人与自然的关系上也要遵循客观规律，现在由于人类对大自然的无尽索取，大自然已经对人类展开了各种形式的报复，人类在大自然的报复面前苦不堪言，又不可抗拒，遭受了重大的损失，所以要与自然和谐相处。和谐社会就是要保障社会始终充满创造力，百姓生活安定团结，社会井然有序，国家富强康乐。现如今时代的主题依然是和平与发展，中国必须坚持走和平发展道路，这是由中国的国情和发展现状，还有中国的社会性质所决定的。因此中国必须积极地寻找利益共同点，坚持合作共赢的战略决策，与周边国家以及西方各国建立友好合作关系，增大利益共同点，推进世界和平有序的发展。由于中国共产党是中国特色社会主义事业的领导核心，因此必须坚决提高党的执政能力与执政水平，把党能够总揽全局、协调各方力量的领导核心作用充分发挥出来。长久以来党都为提高自己的执政水平做了重大努力，从各方面全力推进党建工作的展开，中国几代中央领导集体都在党建工作上做出了重大贡献。例如，江泽民同志的"三个代表"重要思想,明确提出了党要始终代表先进生产力的发展要求、先进文化的前进方向,以及最广大人民的根本利益。还有习近平同志提出的"四个全面"当中的全面从严治党以及开展的一系列反腐倡廉活动等。所有这些都为提高党的执政能力、保持党的先进性与纯洁性、加强党的领导能力提供了很好的政策指导和实践表率。面对国内外形势的发展现状,我国党建工作仍然面临着重重困境,党的领导能力和执政水平与许多党员的素质对比他们所要承担的时代任务所要求的仍有不小的差距。特别是新的形势下对加强和改善党的建设问题上面临着"四大考验""四种危险"等问题,因此贯彻落实党要管党、从严治党的任务将面临前所未有的挑战。全体党员更要时刻警惕,时刻保持清醒,要不断地加强自身的党性建设,深刻理解自己所承担的责任,紧紧把握住党的总目标和总要求,增强拒腐防变和抵御风险的能力,使我们党始终走在时代的前列,积极应对国内外各种不利于中国的言论和攻击,带领广大中国人民进行积极的发展与创新,成为人民群众的主心骨;带领人民抵御各种风险,坚定地走中国发展道路,在促进中国特色社会主义伟大事业不断发展进步的过程中成为强有力的领导力量。

  青年马克思主义者培育需要加强党的领导。加强党的领导就要加强党的建设,加强马克思主义信念与理想,来增强党的凝聚力。中国共产党成立以来就在探索党的指导思想,俄国"十月革命"一声炮响送来了马克思主义,中国共产党就是在选择、接受了马克思主义,并坚持马克思主义思想的指导后,才有了现在强大的中国。中国共产党成立之后就是首先在青年学生中宣传马克思主义的,促进了中国人民的思想解放,更好地促进了马克思主义思想的传播,培育了一批批革命人才,为中国革命胜利储备了一大群人才。由于青年大学生掌握了较多的知识,思想比较开明,更容易接受一些新的知识,而且更加善于思考,所以更加具备思维性,培育青年马克思主义者更能够为国家建设提供更多的力量。中国共产党的性质决定了它是属于广大中国人民群众的,是从广大人民群众中选拔出来的,所以能够更好地为人民服务。近100年以来,中华优秀儿女前赴后继,英勇奋战,挽救了中国。封建统治阶级性质的洋务运动、资产阶级性质的戊戌变法改良运动、资产阶级革命性质的辛亥革命,全以失败告终,只有中国共产党带领中国人民取得了一次又一次的胜利。中国共产党带领中国人民取得革命的胜利,建立了新中国。后又带领中国人民建设新中国,政策上的先进、道路的正确,这些都促进了新中国的崛起,使中国成了当今世界上最大的社会主义国家和发展中国家。对于青年马克思主义者的培育,坚持党的领导就是坚持了正确前进方向,有助于青年学生明确自己的目标定位,提升共同归属感和责任感,增强凝聚力。坚持党的领导,坚持正确的道路,通过正确的思想引领,以达到为社会带来清明的气息和好的风气的目的,为国家提供更加优秀的人才。中国共产党是学习和研究马克思主义思想的一个政党,她坚持以马克思主义理论为指导。因此可以说,对于青年马克思主义者的培育是党的一项重要任务。而优秀青年马克思主义者是中国共产党成员中的重要组成部分,坚持党的领导就是坚持马克思主义理论的指导地位。任何事情的完成都不可能是一劳永逸的,所以要经过实践的打磨、困难的磨砺、人才的扩充,党才能够尽可能地保持其先进性。在这其中最重要的是不断引进新鲜的血液,以保持党的纯洁性、纯净性、新鲜性与创新性。这就要求一代代的青年学生努力学习马克思主义知识,用马克思列宁主义思想武装头脑,不断传承其优秀思想,顺应时代的发展,充分发挥其示范作用,使当代青年人团结起来凝聚在党的周围。从党的发展历程来看,重视在青年尤其是青年学生中传播马克思主义是党一贯传统。对于青年马克思主义者的培育,党组织开展了"青年马克思主义者培养工程",通过此工程的进行,有利于更好地用马克思主义中国化的最新理论成果武装广大青年学生,从而进一步巩固党的执政地位、扩大党的执政基础。要加强党的领导,就要加强和改进党的建设,这样才能促进党更好地为人民服务,更好地得到大家的认同,加快青年马克思主义者培育的进程。当然这所有的一切都要有个前提,那就是要毫不动摇地把马克思主义作为自己的信仰,坚定不移地坚持"四个自信",高举中国特色社会主义事业的伟大旗帜。

要增强坚持党的领导的信念。怎样才能加强党的领导,增强党的凝聚力呢?这是一个至关重要的问题。首先,加强党的领导和充分发扬民主结合起来。中国共产党是属于人民群众的,中国共产党是由人民经过长期的且慎重的选择而存在的。所以中国共产党自成立以来就与人民群众的利益紧密结合,血肉相连。但如何建立一个清正廉明、为人民服务的政党,就需要加强党内建设,加强党内监督、党内监管,要注重人才的选拔,注重干部人才的培育,建设合理切实可行的干部选拔机制。选拔干部要根据干部的实践活动,以及给人民群众带来了多少利益来评判,同时要着重看党员干部的家风问题，因为家风在一定程度上体现了一个人的道德品质。如果党员干部能够有一个良好的家庭教育，能够注重其科学文化知识与思想道德品质的教育，同时还注重对自己后代的教育，形成一个氛围良好的正气的家庭风气，那么这个社会就会多一些为人民谋利益的好干部，否则只会滋长出更多的社会"苍蝇"，影响整个社会的正常发展。可以说家风即党风，好的家风培育出好的党员干部，那么中国共产党内就会出现更多的对人民负责的党员，人民对党员的认可度就会越高，越能加强党的领导。加强党的领导就要一个值得人信服的作为，要充分发扬人民民主作用，让人民更好地行使自己的权利。要完善各种工作机制，推进各种干部选拔公开，让政府的各项工作、各种决策的实施在广大人民群众的面前开展，也就是在阳光下进行，严格由人民群众把关。确保民主选举、民主监督、民主管理和民主决策顺利在民众眼皮底下进行。其次，坚持人民当家作主。坚持人民当家作主，作为当代坚持和发展中国特色社会主义的基本方略之一，充分彰显了我们党在领导社会主义不断发展的同时，把维护人民群众的利益放在首位。因此既要坚决支持党对政法工作的领导地位不动摇，同时还要改善和提高党对政法工作的领导，不断促进党领导政法工作能力的提高。再次，坚持社会主义法治。中国共产党是中国特色社会主义事业的领导核心力量，它始终处在总揽全局、协调各方力量的地位上。社会主义民主法治的实施必须始终依靠党的领导，同时党领导工作也必须依靠社会主义法治来开展。最后，要坚持党的领导、人民当家作主和依法治国的有机统一，坚持不懈地走中国特色社会主义的法治道路，坚定不移地维护宪法和法律的权威。在增强党的领导的同时，要坚持贯彻习近平讲话精神，贯彻"四个全面"的精神，推进美丽中国梦的实现，推动中华民族伟大复兴的实现。

增强党的凝聚力，大家的力量拧成一股绳，共同推动社会发展。一个国家有了组织形式，还要有组织力量，这个组织力量，就是指增强党的凝聚力。中国近代以来的历史和中国成立以来的历史都证明了，无论是在社会主义革命的过程中，还是在社会主义建设的过程中，中国共产党从成立到现在，用无数的实践经验告诉大家，党的凝聚力，是我们党带领大家取得社会主义事业胜利的关键，是党保持其先进性与纯洁性的重要表现，同时也是党充满战斗力、生命力和创造力的根本保证。一个政党如果丧失了凝聚力，那他也就失去了战斗力，也就没有了生命力可言，最终一定会走向灾难性的毁灭。党的凝聚力表现为党对党员和群众的吸引力和向心力，所以说只有一个为民着想的政党、为群众服务的政党才能得到更多群众的肯定，才能得到更多群众的理解信任。此外，加强党的凝聚力，就是要始终坚持共同思想基础，高举中国特色社会主义的伟大旗帜，拓展中国特色社会主义道路，丰富和完善中国特色社会主义理论体系，不断完善中国特色社会主义制度，坚持弘扬社会主义核心价值体系，为实现共同理想而努力奋斗，使全体党员和人民群众将推进振兴发展变为自觉行动，为实现全面建成小康社会的新胜利、谱写人民美好生活的新篇章而不断奋斗；坚持统一的意志，坚持全面从严治党，使党领导事业发展的领导核心始终为各级党组织，广大党员成为推进发展的模范先锋，始终带领大家开创各项社会主义事业新局面。当代青年马克思主义者必须始终坚持中国共产党的领导，把马克思主义思想作为自己的指导思想，增强凝聚力，学习党的各项党章党规，更好地了解中国共产党，形成认同感、归属感，共同推进党的建设。

二、综创文化传统，增强民族认同感

在对青年干部进行马克思主义理论的教育过程中，传统文化作为一个关键的话题，是理论教育所必须重视的问题与结合点。而在众多传统文化系统中，具有相同因素特点的文化是相结合的关键点。

一般来说，传统文化是中华民族所特有的，以儒家思想文化为基线，涵盖其他各种不同思想文化内容的有机构成体系[①]，是中华各民族在长期的实践活动中保留下来的，以儒家思想为主线，同时包含了道家、法家、墨家、名家、纵横家等思想体系的优秀中华文化的融合，长久以来对于民族心理的构建、风俗习惯的养成以及人的思维能力和行动能力都发挥着重要的作用。中国传统文化经历了上下五千年，在这漫长的历史发展过程中，中国的传统文化是不断地随着时代的变迁改进和提升的，它不是墨守成规的。首先，儒学的发展经历了从原始儒学阶段，到秦汉大一统时期的儒学，再到宋明理学等。春秋时期，儒家学说由孔子创立，讲究三纲五常，讲究仁政，提出性善论、中庸思想等等相关内容，再不断发展到之后的孟子、荀子，直到战国时期，儒家学说的发展达到一定程度，形成比较完整的思想体系。西汉时期，

---

① 张立文. 传统文化与现代[M]. 北京：中国人民大学出版社，1987：85.

董仲舒提出了"罢黜百家，独尊儒术"的思想，将儒家学说的地位提到最高的位置，儒家文化的封建正统地位开始得到最终确立，儒家思想至此也一直成为中国的统治思想，直到今天它仍然影响着人们的思想及生活。隋唐时期，儒家思想虽逐渐走向没落，但在北宋时期，儒、释、道三教融合形成新儒学——宋明理学，在一定程度上促进了儒学的强有力的复兴和崛起。宋明理学一直强调的义理，其实本质上也就是儒学里的伦理道德学说，它包含了儒家所提倡的纲常人伦和其中所内含的"所以然"与"所当然"的道理。马克思主义思想是以物质先于意识而存在的，而儒学则是以服务于天之子而逐渐发展的，一个是唯物，一个是唯心，两者之间存在较大差别，但儒家学说在一定程度上与马克思主义思想有互通之处。其中，儒学中认为"百姓如水，君主如舟，水能载舟亦能覆舟"就与马克思主义理论中人民群众的主体作用有相同之处，都体现了人民群众的作用。还有儒学的中庸思想体现的正是马克思主义思想中的和谐思想，还有一些哲学范畴上的共同之处，例如，宋明理学中的所以然和所当然与马克思主义哲学中遵循客观规律、按客观规律办事有相同之处。所以说以儒家思想为主的传统文化也有其先进性，对于现代社会仍有借鉴意义。我们要取其精华，去其糟粕，促进以儒家文化为主的各种文化形成一个较为严密且完整的文化体系，促进中国传统文化的发展，形成独具特色的民族心理、民族信仰和民族素养。中华传统文化经过长期的发展演变具有独特性，总的来说有以下几种：从经济形态上看，它是农业文化；从社会形态上看，它是封建社会文化；从社会意识形态诸形式在历史上所起的作用上看，它的主体是"内圣外王"的伦理政治文化；从思想文化流派在历史上的地位看，它的正统是儒家文化。① 这较为全面地对中国传统文化的特征有了一个好的阐释。在对这个几千年来受儒家文化思想影响的中华儿女进行马克思主义思想的传播绝非一件易事，因此当今对儒家文化进行更深的研究显得尤为重要。我们纵观儒学发展历程来看，儒学具有较为明显的几种文化特征，一是儒家学说注重人的内在修养，经常强调仁、义、礼、智、信，常常认为人应该修身、齐家、治国、平天下，时刻关注社会现实与人性，但忽略客观规律尤其是自然规律的研究，仅仅凭经验之谈，对自然的认识也停留于自身主观和情感的评判，没有一个准确的把握。二是注重

---

① 王国炎，汤忠钢. 论中国传统文化的基本特征 [J]. 江西社会科学，2003（4）：48.

君权忽视民权，强调义务而忽视权利和人的主体地位，强调君主权力至上，百姓要服从于君主，奴化"人性"，虽然前文中有提到君如舟民如水的思想，但也只是为君主的专制思想而服务的，这与马克思主义人的自由而全面的发展学说相违背。三是崇尚和谐统一，将和谐视为最高准则，强调的是整体统一，它包括人际的和谐、生态的和谐等，在一定意义上也可以说个人价值的实现要与社会整体价值的实现相关联，要有一个整体的统一意识，对于我国建立社会主义和谐社会具有重要意义。作为西方先进文化的马克思主义，它所处的时代和所产生的历史条件与我国传统文化的生成和演变完全不同，而要实现中国化，必须立足文化现实，寻找不同文化之间相通的因素，实现各种文化之间的相互融合，只有这样才能将马克思主义真正地融入青年学生当中去。

中西文化在长期发展过程中，由于受到历史和环境等各种因素的影响，呈现出各具特色的文化样态，即文化特色。要想使马克思主义充分地在中国得到传播，就必须关注中国传统文化的文化样态，寻找二者之间能够相互融合的地方，将我国的传统文化和理论教育相结合，推动理论教育的发展。首先是传统文化现代化与马克思主义中国化的需求。在中国五千年的文化发展历程中，有些文化不免影响现代社会的发展，所以要不断进行传统文化的现代化，进行精简和提炼以适应当前社会的发展，把马克思主义思想和中国共产党的指导思想相联系，指导中国进行各方面的建设。在传统文化的发展过程中，它不断地克服自身的缺陷与不足，更好地来解决社会迫切需要发展的问题。事实上传统文化的现代化发展是在不断进行的，而不只是从现代才开始现代化的。同时它的转换经历了不同的发展阶段。首先，是物质层次上的发展，在经济与政治发展落后的时代，生产力低下，人们的思想比较落后，文明开化的程度较低，精神上的追求比较少，主要是解决物质生产资料各方面问题；其次，是制度层次的改革，随着生产力的发展与变革，上层建筑也不断地进行升级，人口增多，政治制度要适应社会的需要，所以要不断创新以更好地管理国家，推动国家发展；再次，风俗习惯的形成与发展，随着国家治理体系的形成，国家大一统，由于各个地方受周围环境的影响，以及各自民族性格的特点，就有了不同地区风俗习惯的出现和发展；最后，是受到政治、经济和风俗习惯等因素对人们的思想观念和价值观念的形成产生一定的影响，而这种思想价值观念也显现出了一个民族的文化特色和民族性格。

同时，物质、制度、风俗习惯以及思想价值观念会随着时代的变革而不断地变化和创新发展。所以可以说传统文化的现代化是各种因素合力推进的过程，是内外因素相互作用的结果。从内在因素上看，中国传统文化可以通过自身的文化自我扬弃，在社会不断发展进程中，能够及时地抓住时代与时俱进的文化特点，走在时代的前沿，不断剔除肮脏腐朽的文化，增加新的元素，推动传统文化朝着创造性、创新性方向发展。而推进传统文化的现代转型的外在因素主要在于借鉴西方文明，特别是作为我国指导思想的马克思主义理论，我们将这种借鉴称为"现代诠释"①。这并不意味着我们要完全摒弃传统文化，不立足于本国民族文化而去任意地解释和改造传统文化内容，也不是将西方国家的文化模式随意地添加在本国的民族文化发展上，更不是随意地将马克思主义思想毫无原则毫无方法可言地进行马克思主义中国化研究与实践，不尊重本民族文化就是根本不能凸显自己本国的个人价值，失去了民族性，尤其是作为延续了五千多年的中国文化，历史悠久，在世界上属于独树一帜，是任何其他国家都不可比拟的。同时，在借鉴外来文化时，要注意本国的现有条件，不可全部引进，要实事求是。所以说对于本国文化与外来文化的态度是要结合现实，也就是立足于现代社会需要，要立足于中国国情，根据社会主义现代化需要、建设世界强国需要，植根于中国实践，使那些可以适应现代社会发展要求的部分得以发展，使那些并不适应当代社会发展的部分文化能够及时得到改正和创新，通过尽量吸收西方文化中的优秀成果来弥补传统文化的不足，使其发展得更加完善。其中，对马克思主义理论的学习和借鉴十分重要。从我国近代以来，中国共产党对马克思主义思想的借鉴过程中，存在许多成功的例子，也取得了非常大的成就。在中国革命过程中，中国共产党通过学习马克思主义理论，吸取西方文化长处，开展新文化运动，给人们带来了新气象，促进了人们的思想解放，使马克思主义思想得到进一步的传播。通过革命实践，中国共产党摸索出了一条符合中国国情的农村包围城市，最终夺取城市胜利的工农武装割据道路。新中国成立之后，又根据马克思主义理论指导，国家领导集体坚持走改革开放的道路，坚持与世界接轨，坚持走和平发展的道路，实现中国梦，实现中华民族的伟大复兴。马克思主义中国化的过程就是将中国的具体实际与马克思主义基本理

---

① 方君诚. 论马克思主义与中国传统文化的结合［J］. 哲学动态，2007（5）：9.

论相结合的过程，这种具体实际就存于传统文化中。现代文化是传统文化不断发展演变的结果，马克思主义要实现中国化，就要体现中国的民族特性，就必须同中国具体国情相结合，形成中国人民认可的理论，才能在中国的大地上生根发芽，成为中国文化的一部分，成为中国真正的意识形态。传统文化既包含着精华的部分，又包含着糟粕的部分。对于传统文化中的优秀文化，我们要积极汲取其有益成分，同时对传统文化中的糟粕我们要仔细甄别，加以剔除。马克思主义必须与中国优秀的传统文化相结合，才能推动马克思主义中国化的进程。

实现中国传统文化和马克思主义思想相结合的实践路径是存在的。这个实践路径的建构要注重两者是相互统一的，是体现其双向性的，不是单一性的。传统文化的现代性是不断变化与发展的，体现其发展的渐进性。马克思主义中国化是外来文化的借鉴与中国实践相结合的结果，所以要用中国的话语体系去解读马克思主义理论，将它与中国传统文化巧妙地结合。首先在建构马克思主义理论教育的话语体系方面，我们要积极地保留传统文化中的积极因素和内核，其中有很多因素与马克思主义理论有着很强的相通性和一致性，这两种特性既可以弥补与外来文化融合时带来的不利影响，也可以使青年学生用更加全面和开放的思维来认识马克思主义，从而使得用本民族语言和思维方式就能解读马克思主义。所谓中国化的马克思主义，是马克思主义基本原理同我国的具体实际相结合的产物。它吸收了传统文化中合理的部分，使其直接融合在中国传统文化中，使其传统的气息更加浓烈，这种话语体系的建构使青年干部更加直接地理解当代的马克思主义。因此，为国民大众所喜闻乐见的具有中国作风和中国气派的语言文字形式才能使青年干部更好地学习马克思主义理论。具体来讲，这种话语体系的建构关键在内容和形式上。

从内容上讲，必须批判地继承中国传统文化中有价值的思想资源，使之内化为青年干部能够理解的马克思主义。① 在与传统文化结合的过程中，首要发挥的精神就是批判精神，马克思主义主张"在批判的世界中发现新世界"，对于传统文化不能全盘接收，也不是全盘否定，而是在批判的基础上，

---

① 洪建设. 加强青年干部马克思主义理论教育的基本原则 [J]. 湖北第二师范学院学报，2012（6）：51.

找寻其积极的正确的思想运用于马克思主义理论当中，使马克思主义理论和中国的传统文化更加紧密地结合。在注重批判精神的同时，还要时刻关注、不断继承优秀传统文化。中国新时代的指导思想是马克思主义思想，传统文化的精髓起到很大的辅助作用，能够加快对其的理解，更好地应用和掌握马克思主义。张岱年先生指出，中国文化必须进行综合创新，才是中华民族文化复兴的坦途。具体途径如下："首先，中国新文化建设的指导原则：马克思主义理论。中国新文化建设之所以以马克思主义理论为指导，主要原因就是马克思主义是在批判总结全人类文明优秀成果基础上产生的人类有史以来最伟大的思想文化成果。……其次，中国新文化建设的立足点：弘扬民族主体精神。……再次，中国新文化建设之路：走中西融合，综合创新之路。"①

当然这时继承优秀传统文化是能更好地去解释马克思主义思想，以达到为大家所认同和理解。对于思想的继承并不是简单地学习继承，而是要与时俱进，结合现代，为现代社会服务，体现其民族性与时代性。

从形式上讲，必须用本民族的语言来表达马克思主义的内容。马克思主义在中国的传播，是一个"去洋话"，不断承接"中国话"的过程。要始终运用本民族的语言形式，善于用中国的语言去理解和表达马克思主义的思想内涵和当代价值，尽量使得它与中国人民的思维形式和语言模式相一致，使群众喜闻乐见，更加乐于接受。中华民族具有较强的融合性，能够很快地将外来的一些东西融入，使其显示出中华民族的特性。马克思主义传入中国之后，将西方的一些思维方式与各种思想分析方式以中国强大的融合能力高效地相结合，实现语言形式的中国化，使之具有强烈的中国特色。同时，还要顺应时代的要求，促进传统文化现代化。传统文化的发展是在不断地进行着的，不是说传统文化的保留就意味着毫不改变，一直保存，而是在不同的时代要补充新的内容，不断地应用新的形式坚持适应社会现实的优秀文化，不断更新那些糟粕文化，因此，使传统文化现代化是历史发展的必然趋势，是传统文化和新形势下实践相结合的产物，是社会文化期望的必然要求，对当代文化发展必然也起着重要的作用。传统文化向现代化迈进的过程中，首先要经过文化自我扬弃，传统文化中必然存在着不适应时代发展的元素，对于

---

① 赵四学. 论中国文化理论建设的历史演进与时代创新 [J]. 求索, 2012 (9): 206.

这些不符合社会发展需要的因素，不能盲目地减少或者增加，而是要在坚持主流思想的指导下进行发展、自我扬弃，还要学习借鉴部分外来文化，借鉴有利于传统文化不断发展进步的文化，一切符合中国发展需要的西方文化，都有利于推进中国现代化的进程。

任何事情的成功都需要一个循序渐进的过程，传统文化的现代化也是同样的道理，不能够急于求成，它是一个渐变的过程。如果过于激进，传统文化在现代化进程中，就会出现急于创新而过分忽略传统文化的核心内容的现象，造成民族思想上的大混乱，给这个民族的延续性带来极大的灾难。在现代化进程中，要逐渐适应主流意识形态的发展。传统文化现代化，与马克思主义中国化相一致，都是为了中国的现代化建设所服务。要想使马克思主义有更加长远的发展，就必须有与时俱进的精神，加快青年学生对马克思主义理论的学习，使其适应时代的发展，与传统文化现代化发展同向。传统文化只有现代化，与青年不断发展着的思想相契合，才能为青年所接受，才能真正地为青年的理论学习提供丰富的中西文化营养，从而加快青年马克思主义理论教育学习的发展进程。

三、加强理论学习，增强理论战斗能力

马克思主义理论的指导地位在我们国家是坚不可摧的，我们坚决相信马克思主义能使我们国家更强大。我们着重培育一代又一代青年马克思主义接班人，使坚定相信马克思主义的青年人成为像马克思主义经典作家那样有思想和行动的人，把学习理论与学习立场、人格品质有机地统一起来。只有不断深化对马克思主义的认识，坚持深入学习其中的理论才能更好地加深对于马克思主义思想的理解与认知。[①] 在党的成长过程中，党尤其注重在青年学生中传播马克思主义。中国共产党成立以前，在"十月革命"一声炮响的影响下，在李大钊、陈独秀、毛泽东这些伟大的中国马克思主义先驱带领下，以北京大学和《新青年》为阵地，中国逐渐认识了解马克思主义。在马克思主义思想的指导下，开展新文化运动，将马克思主义理论知识更加广泛地宣传到广大青年中去，推动整个社会马克思主义理论知识的掌握。1920

---

① 张忠有，李景山. 毛泽东思想和中国特色社会主义理论体系概论课"全景式"教学法研究[J]. 教学研究，2012（1）：89—90.

年3月,李大钊、高君宇、邓中夏等在北京创办了中国第一个学习和研究马克思主义理论的团体——北京大学马克思学说研究会。1920年秋天,李大钊正式在北大任教后,通过高校的讲坛不断地扩大马克思主义在青年学生当中的影响范围,向青年学生讲授马克思主义的学说。同时陈独秀为实现中国的救亡图存和发展培养宣传社会主义和马克思主义思想,借由广东省教育行政委员会创办了广东宣讲员养成所,由此培育马克思主义优秀成员。在这个过程中,很多高校也纷纷建立以马克思主义为核心的社团,不仅学习研究马克思主义,还组织类似读书会一样的社团来帮助广大师生理解马克思主义。在中国陷于危难时刻,中国积极分子都在通过各种途径拯救中国,当时中国共产党以马克思主义理论为思想武器,扩大宣传范围,加强宣传力度,将它应用到中国的革命中,使更多的青年人能够意识到学习理论的重要性,为马克思主义人才的储备做出了重要贡献。

在建党的同时,党就十分看重青年后备力量的培养,为人才资源的准备工作做了许多努力。革命战争年代,党中央对马恩列思想的认识十分深刻,也非常了解它的重要性,所以在自身坚定马克思主义信仰的同时特别注重对青年人进行理论教育,以此开展这方面的实践活动。抗战时期,曾接受过马克思主义思想教育的大批爱国青年学生都加入了抗战的行列,步入救亡图存的道路,开启了探求真理的大门。党在组织、思想等各个方面进行了广泛的教育,对青年学生要求他们掌握马克思列宁主义,抵制各种外来势力对中国共产党的诽谤,克服原有的一些不利于紧跟时代步伐的思想,教育青年要有纪律、有组织接受马克思主义理论的传播,实现思想上的创新,建立高远目标,反对各种形式的脱离组织管理的行为;教育青年们深入群众,深入基层工作,积累各种工作经验,使他们形成接地气、为工农群众服务的思想。毛泽东曾为陕北公学题词:"要造就一大批人,这些人是革命的先锋队。这些人具有政治远见。这些人充满着斗争精神和牺牲精神。这些人是胸怀坦白的,忠诚的,积极的,与正直的。这些人不谋私利,惟一的为着民族与社会的解放。"① 同时他们不畏惧困难,遇到艰难险阻总是迎难而上、勇往直前的,他们也是脚踏实地的,一步一个脚印,绝不妄下结论,总是能够保持实际精

---

① 中共中央文献研究室. 毛泽东著作专题摘编:下[M]. 北京:中央文献出版社,2013:2100.

神。中国具有这样品质的有志青年的不断扩充，就一定会带来中国的美好未来。毛泽东同志的这一题词显著表达的不仅是他个人对革命成功要具备的人才条件的理解，也显现出了在革命战争时期党赋予先进青年极高的期望。

新中国成立后，党极其重视对青年学生的教育和引导，组织多彩的活动促进青年一代主动学习掌握马克思主义及其中国化的成果。这个工作被作为党在执政过程中的一项重要战略任务。不同历史时期，不同的领导集体都对青年学生学习马克思主义理论采取了不同的措施。毛泽东同志鼓励青年学生要做到"身体好、学习好、工作好"，对于青年学生的发展要做到全面发展，也就是说要做到德智体美劳全方位的发展，最重要的是青年政治观的建立。他要求青年马克思主义者要认真学习研究马克思主义，充分理解马克思主义、树立正确的马克思主义理念，从而能够充满热情地面对生活。改革开放新时期，由于经济体制改革，社会主义市场经济发展下青年大学生思想受到冲击而有些混乱，邓小平同志因时制宜地提出了"有理想、有道德、有文化、有纪律"的"四有新人"的青年培育目标。[①] 江泽民同志坚持人的全面发展的主张，认为要从不同的角度即思想政治教育、理想信念教育、道德风尚教育等方面对青年进行教育，虽然没有人可以完全做到这一点，但是，青年学生应该遵从党的领导，接受马克思主义理论教育，推动整个中国主流意识的发展，更好地创办青年马克思主义工程。到了新世纪新阶段，胡锦涛同志发表新言论："一个有远见的民族，总是把关注的目光投向青年；一个有远见的政党，总是把青年看作是推动历史发展和社会前进的重要力量。"[②] 胡锦涛同志还指出："要从赢得青年、赢得未来的高度，抓好大学生的理论学习，深入推进马克思主义中国化的最新成果进教材、进课堂、进头脑工作，让青年知识分子了解和相信党的理论，在广大青年中培养一大批坚定的马克思主义者。"[③] 与时俱进地对马克思主义理论教育进行传播的观点和举措，有助于我们党从国家和民族事业的角度出发要求青年教育和培育符合时代的新需要，适合现实需求。"推进马克思主义理论研究和建设工程，深入

---

① 邓小平. 邓小平文选：第 3 卷：下 [M]. 北京：中央文献出版社，1993：190.
② 中共中央文献研究室. 十五大以来重要文献选编：上 [M]. 北京：人民出版社，2000：421.
③ 中共中央文献研究室. 十六大以来重要文献选编：下 [M]. 北京：中央文献出版社，2008：685.

回答重大理论和实际问题，就必须要培养和造就一批马克思主义理论家特别是中青年理论家，这也是青年马克思主义者能够成为马克思主义者的最核心要素。"① 在当今社会，青年马克思主义者成为青年中的中流砥柱，在始终坚持自我的情况下，还应当尽自己的力量争当青年的榜样，起到一个良好的表率作用，为中国建设、实现中国梦、实现中华民族的伟大复兴提供强大的人才资源。

党的十七大明确指出，要切实加强学习中国特色社会主义体系理论，用马克思主义最新成果武装自己。在马克思列宁主义、毛泽东思想和中国特色社会主义理论体系之中学习，同时也要把握好我们所倡导学习理论的精髓。中国共产党只有始终如一地学习马克思主义理论，才能坚定不移坚持马克思主义的观点和立场，才能提升自己的精神境界，才能树立高目标，追求更高的梦想。同时，只有不断地充实自己理论知识的涵养，才能够提高自己辨别是非的能力，才能够更加清晰地认识世界，才能够更加坚定对马克思主义的信仰，才能够更加正确地了解和贯彻落实党的基本路线、基本观点和基本理论。加强对马克思主义思想的认识可以促进大家的共同认知感，推动和谐社会的建立，加快社会主义现代化建设的进程，只有这样才能够避免盲目性，避免犯一些政策上的错误，带动整个社会的发展。所以，我们党郑重地提出党员领导干部对于中国特色社会主义理论体系要真学真懂真信真用的必然要求，既需要明白真学真懂真信真用理论体系的基本内容，又要求真学真懂真信真用必须坚持马克思主义的立场、观点及方法。

马克思主义中国化就是中国的社会建设中要用马克思主义的基本原则及方法来解决具体的实践问题。自社会主义革命时期，中国就一直运用马克思主义的观点和立场，以解决中国实际问题为准，结合中国现实问题，取得了中国革命的胜利。新中国成立后，由于我们对马克思主义认识不够深刻，在解决建设新中国问题上出现过一些不足，但我党最终能够认清存在的问题，并及时纠正，巩固了社会主义革命取得的成果，为中国建设社会主义打下了坚实的基础。在改革开放的道路上，中国仍始终信奉马克思主义的立场和观点，并结合中国具体国情，大力推动改革开放和社会主义现代化建设，才有

---

① 王向阳. 青年马克思主义者培养的探索与实践［M］. 合肥：合肥工业大学出版社，2012：62.

中国现在的经济崛起,才能在世界中占有自己的一席之地。据此我们把这称作是以毛泽东同志为主要代表的伟大中国共产党人留给我们的宝贵财富。1938年10月,毛泽东在党的六届六中全会上提出了"马克思主义在中国具体化"。我们在了解学习马克思主义时应该从著作人的生活实际情况和革命经验来总结概括出一系列普遍规律和结论,更应该学习他们对问题的透彻分析和有效解决的方式方法。毛泽东在《改造我们的学习》这篇重要文献资料中,根据当时严重脱离党组织、脱离实事求是的问题,以及教条地运用马克思主义思想去解决当时的社会问题的情况,要求每一个人都要仔细多面研究马克思主义理论,能够有效地用马克思主义的观点立场完美处理问题,会具体问题具体分析。马克思主义中国化,就是马克思主义在中国的具体化,这是毛泽东思想中的重要组成部分,对于正确理解毛泽东思想具有重要的引导意义,同时也是做好各项领导工作的重要指南。

同时,青年马克思主义者的主心骨是中国共产党,中国共产党是中国各项事业发展的核心领导力量。所以中国共产党应该发挥主心骨的作用,多方宣传马克思主义,建立中国特色马克思主义理论体系,从小促进学生产生马克思主义接班人的意识。

四、研读马列经典,坚定共产主义信念

马克思主义理论的各种思想与内容经过时代各种学者的描述与解释,已经抽象化,在不同时代对马克思主义思想的阐述,都是根据时代特点,在政治、经济、文化、社会等各种因素的影响下,再加诸不同领域学者的主观意识,通过各种途径被表现出来,呈现出不同的特征。但是,这些不同形式展现的不同内容却无法完整地将马克思主义的本质思想表现出来,都无法取代拥有的宏大内涵、丰富的启示和对坚定马克思主义信念的无限鼓舞的第一手的经典的马克思主义原著。但由于马克思主义内容的深刻性和复杂性,使广大青年很难深入地了解马克思主义的一些思想,因此当今社会的青年一代里喜欢研究马克思恩格斯经典原著的人较少,甚至在以马克思主义经典原著为学习研究对象的思想政治理论课,也经常对经典原著只浅浅介绍表面,很少深入研究,这种过于忽视原著的现象不只是对世界宝贵财富马克思主义经典原著的浪费,更导致了近年来的一些青年马克思主义者理论水平和分析解决问题能力下降,也导致一些青年人无法很好地利用运用马克思主义的观点和

立场来应对当今社会的发展，解决现实问题。马克思恩格斯的学说和思想传入中国之后，众多的青年共产主义者通过对经典原著的研读，认真分析其中的思想，使其成为教育青年马克思主义者的强大理论武器，培育出了一代又一代的青年马克思主义者立志为共产主义而奋斗，在实际行动中传播马克思主义，使他们为中国的革命事业奋勇斗争。这些经典原著是青年社会主义革命者和社会主义建设者在中国革命时期和建设时期的主要精神支柱。随着经济和科技的发展，我们可以充分利用现有资源，加强对青年学生进行经典原著阅读教育，使青年大学生能认真学习马克思主义思想，坚守马克思主义思想阵地，并加强对其导向和育人的作用。

经过对马克思主义经典原著的阅读，学习马克思主义的理论并掌握其基本原理，有利于青年大学生加深对马克思主义的认知和理解，并在中国共产党的领导下，切身体会思想的波动改变世界，从而要坚定理想信念。重视学习、善于学习始终是我们党一贯坚持的优良传统和政治发展上的优势。正是能够准确理解和把握马克思主义，获取强大指导力量，中国共产党的成立才能日渐稳固，中国革命才能在正确思想指导下取得成功，建立了新中国，取得了世界瞩目的成绩。对马克思主义思想的学习，使中国在各项事业建设时期能够认真看清中国社会的各种矛盾，基于现实条件，进行改革开放，形成了中国独特的社会主义与市场经济相结合的经济体制，走出了具有中国特色的社会主义道路。

全国党校工作会议上习近平总书记表示，我们共产党人的"真经"就是马克思主义，"真经"的取得是必要的，也是一个漫长的探索过程，在取"经"的同时也要注重学"经"，如果仅仅只是总想着"西天取经"，而没有念好"真经"，就要耽误许多事情。中国革命与建设时期，就是因为中国共产党在"西天取经"之后，念好了这本"经"，中国才会取得了革命的胜利，自建设时期起，中国进行改革开放，取得经济上的飞跃。念好"经"也就是了解和熟悉马克思主义基本原理，把握中国特色社会主义理论体系，所以能够将马克思主义理论与中国现实实际紧密结合。20 世纪 80 年代末 90 年代初，东欧剧变、苏联解体，一些人开始产生疑问，认为马克思主义理论已过时，不适应当今社会的发展，这种言论不断在社会中蔓延，严重影响了中国部分青年人对马克思主义理论的态度和情绪。在我们的干部队伍中，一些领导干部开始滋生出一种时代在改变，马克思主义经典著作已经不适应时代的变化了,已经不能解决当今社会发展的错误想法,所以他们开始忽视对马克思主义经典著作的学习,理想信念已经出现一个大漏洞。毛泽东曾提到过两次,他就是1920年学习了陈望道翻译的《共产党宣言》及相关的书后,才坚定选择追求共产主义的道路,坚定奉行马克思主义思想。也只有经常研读马克思主义经典著作,才能抓住经典著作中的主要思想,才能够理解事物发展的一般规律,才能够遵循客观实际,促进事物发展的进程,才能够做到找出一条适合中国经济社会发展的道路,才能做到经典不能丢、共产主义信仰不动摇,始终追求自由全面发展的社会,才能始终如一坚持社会主义道路,不走改旗易帜的邪路。

马列经典原著更加准确地描述了马克思主义的思想与理论。培育青年马克思主义者,就要更多地了解马列经典原著,更加深刻地去解读它们。要完全领会经典著作里的"马克思主义理论的本原和基础",不得不始终坚持完整的、历史的、忠实于经典著作的态度。经典作家进行专著创作,不是为了著作而著作,也不是为了这社会要形成自己的教条式方法,也不是认为自己的思想是一成不变的绝对真理,而是想要从理论上证实工人阶级的历史使命与地位。所以要避免被资本主义制度所造成的两极分化及使人类社会难以良性发展的"异化"问题。如马克思所说:"我们的任务是要揭露旧世界,并为建立一个新世界而积极工作。"① "新思潮的优点又恰恰在于我们不想教条地预期未来,而只是想通过在批判旧世界发现新世界。……所以,我不主张我们竖起任何教条主义的旗帜,而是相反。我们应当设法帮助教条主义者认清他们自己的原理。"② 在这里,切实体会到了经典作家创立理论的重要性:为了帮助工人阶级拥有改造旧世界建立新秩序的理论依据。因而,他们的著作大多都是针对当时面临的社会基本矛盾和思想理论原则问题,从维护工人阶级根本利益的立场出发,经过很多资料查找与现实调查后进行理论概括和总结进而提出社会基本矛盾的性质和产生的根源,还有对人类社会产生的影响与作用,并依据社会发展规律,找出解决社会矛盾的途径与方法。

经典著作不只表现出经典作家对时代的研究与概括,用历史的、辩证思

---

① 中共中央马克思恩格斯列宁斯大林著作编译局. 马克思恩格斯全集:第1卷[M]. 北京:人民出版社,1956:414.
② 中共中央马克思恩格斯列宁斯大林著作编译局. 马克思恩格斯文集:第10卷[M]. 北京:人民出版社,2009:7.

维分析说明社会矛盾,更重要的是能用理论指导和武装工人阶级及其政党。我们举出恩格斯的一段话对这一特征加以说明。恩格斯在《德国农民战争(1870年第二版序言的补充)》中说,根据当时国际状况,德国有其优越性,处于优势地位,令德国工人在工人运动中做了无产阶级斗争的先锋队。恩格斯指出:"形势究竟容许他们把这种光荣地位占据多久,现在还无法预先断言。但是,只要他们还占据着这个地位,我们就希望他们能履行在这个地位所应有的职责。要做到这一点,就必须在斗争和鼓动的各个方面都加倍努力。……社会主义自从成为科学以来,就要求人们把它当做科学来对待,就是说,要求人们去研究它。必须以高度的热情把由此获得的日益明确的意识传播到工人群众中去,必须不断增强党组织和工会组织的团结。"① 在这里不仅体现用理论指导、武装工人阶级及其政党,还启示我们:没有科学理论指导革命实践的工人阶级难以应对多变的形势,更难做到与时俱进,必须提高理论学习的积极性。还因此可以说,只有理论上清醒,政治上才能更加坚定。从而表明,研读经典著作,不能单纯为了学习,只停留于形势,也不能为了研究而研究,只流连于表面,而是要在学习经典著作时掌握到其中的基本理论,提升思维能力。正如习近平总书记所说的:"要原原本本学习和研读经典著作,努力把马克思主义哲学作为自己的看家本领,坚定理想信念,坚持正确政治方向,提高战略思维能力、综合决策能力、驾驭全局能力,团结带领人民不断书写改革开放历史新篇章。"② 在这里,要强调两点:一是马克思主义哲学是科学的世界观和方法论,它深刻地揭示了客观世界的规律特别是人类社会发展的一般规律,在现在仍然有着强大生命力,依旧是指导我们党和国家各项事业发展和前进的强大思想武器,仍然是中国共产党的理论基础。"即使在当今西方社会,马克思主义仍然具有重要影响力。……实践也证明,无论时代如何变迁、科学如何进步,马克思主义依然显示出科学思想的伟力,依然占据着真理和道义的制高点。"③ "坚持以马克思主义为指导,首先要解决真懂真信的问题。"④ 就是说,通过学习和

---

① 中共中央马克思恩格斯列宁斯大林著作编译局. 马克思恩格斯文集:第2卷[M]. 北京:人民出版社,2009:218—219.
② 习近平. 在中央政治局第十一次集体学习时的讲话[N]. 光明日报,2013-12-05(01).
③ 习近平. 在哲学社会科学工作座谈会上的讲话[N]. 光明日报,2016-05-19(01).
④ 习近平. 在哲学社会科学工作座谈会上的讲话[N]. 光明日报,2016-05-19(01).

研读经典著作，更加坚定马克思主义理论的信仰，坚定共产主义目标，牢牢掌握这个强大的思想理论武器。习近平总书记在中央政治局第 26 次集体学习时讲得更为具体，指出"要立根固本"，就是要求我们共产党人要始终保持初心，坚持马克思主义的指导地位，相信马克思主义，坚定共产主义理想与信念，对党和人民群众忠实。

阅读马列经典原著。首先，能够更加直观地接收到信息，信息更加明确，不断地研读分析，不时地补充体系内容，便于加深对中国特色社会主义理论体系的理解，增强对中国特色社会主义道路的信心。当代中国的马克思主义是中国化之后的理论，同时中国特色社会主义理论还是马克思主义经过在中国的不断实践本土化的理论体系。现阶段中国青年主要是通过掌握中国特色社会主义理论，来学习马克思主义。马克思主义的学习是为现在的中国服务的，要把马克思主义应用到中国的社会主义建设中，因此主要学习的内容肯定是和中国特色社会主义理论有关的。马列经典著作是中国特色社会主义理论的理论来源，只有对马克思主义理论深刻理解，才能更加明白中国特色社会主义理论的来源和基础，明白中国特色社会主义理论发展，从而加深理解，应用自如。其次，有助于提升自己的思想涵养，提高马克思主义理论素养。每一位马克思主义者应该具备马克思主义理论素养这一最基本的修养，这同时也是中国共产党领导广大人民所应有的本领和才干，如果缺失马克思主义理论素养，中国共产党将不可能成为一个合格且成熟的执政党，将不能更好地通过中国共产党应用马克思主义理论，创建美好中国。近朱者赤，近墨者黑，越是对伟人深入了解越是能理解伟人的思想，而自己的思想越是接近于那些伟人的思想，就越是能够站在马克思主义立场，掌握马克思主义方法，模仿伟人的精神修养，再通过研究现实和指导实践，提高理论应用和创新能力。把学习理论与学习立场、方法、人格品质统一起来，才能让学生成为像马克思主义经典作家那样有思想和行动力的人。[①] 毛泽东、邓小平、江泽民、胡锦涛和习近平能够成为党的领导人，不仅仅是因为他们具有超强的领导能力和高深的智慧，而且还在于他们都同样具备深厚且扎实的马克思主义理论素养。正因如此，他们才能够把马克思主义中国化、时代

---

① 张忠有，李景山. 毛泽东思想和中国特色社会主义理论体系概论课"全景式"教学法研究[J]. 教学研究，2012（1）：90.

化，转变为毛泽东思想、邓小平理论、"三个代表"重要思想、科学发展观以及习近平新时代中国特色社会主义思想等。再次，马列原著的研读有利于培养科学的思维方式。科学的思维方式对于分析社会问题、提高判断事物的标准具有积极作用。科学的思维方式还有利于领导干部在应对社会问题时，科学判断、决策以及制定行动方案。马列经典都是科学思维方式的产物，同时培育人们科学的思维方式。所以，我们要养成科学的思维方式就要常读、熟读马列经典。最后，有助于提高理论的鉴别能力。在当今这个比较复杂的社会中，存在各种错误的思想与理论，有的自称为马克思主义，但这些理论往往是断章取义、生搬硬套或者随意曲解，如果没有读过马列经典，有深厚的理论功底，就极其容易轻信，无法辨别是非。读马列经典，我们就有了理论的鉴别能力，从而保持理论上乃至政治上的清醒和坚定，就不会被简明读物或第二手资料引导以致偏离轨道。以上几点正是青年马克思主义者培育过程中所应该具备的文化和政治素养，要不断地阅读马列经典原著，以提高自己各方面能力，成为共产主义事业的强大后援团。

五、重视实践体验，增强自身亲证力

马克思曾经指出："人的思维是否具有客观的［gegenständliche］真理性，这不是一个理论的问题，而是一个实践的问题。"① 坚定马克思主义信仰，用马克思主义的理论指导实践，认识到它改造世界的物质力量，并坚定地朝着青年马克思主义者的方向努力。"当代中国青年要有所作为，就必须投身人民的伟大奋斗。"② 青年马克思主义者培育是一个实践的范畴，应注重青年马克思主义者实践舞台的搭建，使青年马克思主义者可以在实践中探索真知、累积经验、创造创新；要带领青年马克思主义者展开研究调查，使青年马克思主义者可以在调查中把问题、性质、细节搞明白和弄精确，切实提高业务工作水平与创新能力。引导青年利用自身所学的知识与技术，对社会问题和国家问题开展各种学术讨论，然后进行各种实践活动，自觉走与实

---

① 中共中央马克思恩格斯列宁斯大林著作编译局. 马克思恩格斯选集：第1卷［M］. 北京：人民出版社，1995：55.
② 中共中央文献研究室. 关于青少年和共青团工作论述摘编［M］. 北京：中央文献出版社，2017：17.

践结合、与人民群众结合的道路。当前我国正处于改革开放和建设的关键时期，要为实现"四个全面"，推进社会现代化建设而努力，为共产主义理想伟大目标的实现而奋勇前进，所以我们必须培育一批又一批青年马克思主义者来推进伟大事业向前发展。在高校接受教育的青年大学生，对他们实践的教育要注重实践教学，激励更多的青年学生投入实际生活中，根据现实问题，加强社会调研，以解决社会现实问题。通过实践教学，组织大学生参加社会实践且经过长时间的大量经验的总结，培育出了一大批大学生骨干力量。经过较长时间的实践教学，其目的性十分明确：一是指导学生深入基层，探索研究社会问题，了解国内外发展现状，了解我们的历史使命，增强我们的爱国意识和社会责任感；二是加强与人民群众之间的血肉联系，培育对党和人民负责的态度、为人民服务的意识，坚持群众路线和群众道路，我们的国家是人民的国家，我们党所做的一切都是为了人民；三是在艰苦奋斗中不断地磨砺自己，提高自己的文化素养，塑造高尚的道德品质，形成优良的作风；四是不断丰富他们的人生阅历，以更好地培养自己适应社会需求的能力和整体素养的形成。同时，在具体教学实践上，还可以利用寒暑假展开各类社会调研和各种志愿性的活动。学生参加的各种社会实践活动，都有利于对青年马克思主义者的培育。所以要重视实践体验，增加更多的实践活动，来增强自身亲证力，养成实事求是、求真的态度。

苏联教育学家马卡连柯曾指出，在人们的信念、知识和行为之间有一个"网眼"，这个"网眼"必须用参加一定种类活动经验来补充。而能用来补充"网眼"的重要形式可以说正是社会实践活动，它将人们的思想认识应用到实际生活中，得到更多的物质力量与新的认识，推动整个社会有序进步。在各高校普及大学生社会实践活动，推动学校各项教学任务的完成，有利于各种社会人才的培育，鼓励科学技术的创新，加快经济、政治、文化及社会的发展，培育德智体美等全面发展的优质青年，为社会主义建设推出新一代新人，使他们更加坚定马克思主义中国化的道路。当今教育事业的发展也在与时俱进，不再是以往的只是理论知识的学习，而进入社会之后由于经验不足失去过多的就业机会，使自己的价值无法得到实现，现如今在教育事业中，则实现了理论与实践相结合，并且这样教育模式所占据的地位越来越重要。大学生对社会实践活动给予了大力支持和高度认可。在对青年马克思主义者进行理论教育时，只有让大家积极投身于实践活动中去，才能真正促进其对理论知识的掌握，才能更好地被青年学生吸收，他们才能够更好地通过实践活动感悟生活和运用到社会中去。因此，对学生的培育不应该只重视理论知识的学习，而是将理论和实践结合起来。高校也应该在实践中培育新一批的青年马克思主义者，通过大家对实践活动的感悟等，潜移默化地吸收理论知识。学生大部分时间都在学校，还没有步入社会，社会实践不仅可以让学生贴近社会，在社会实践中感受书本上没有的知识，而且还有助于使学生将在学校学习的理论知识运用到社会实践中，在实践中促进青年学生的社会化。在大社会中，大学生可借助社会的力量来磨炼自己，使自己在学习书本知识的同时接受这个大社会的教育，这样不仅有利于自身的基础性知识的完善和专业课知识的巩固，而且还能够随时检测他们本身知识结构和内容的合理性与否，不断纠正他们自身的偏差与失误，规范自身的价值观，以更好地适应社会、适应生存，使他们认识到团体力量的重要性以及和谐人际关系的处理对自身发展及以后工作的重要意义，最终为走上社会提前做好准备。同时能直接与社会上各界人士打交道，向各界人士学习，取长补短，不断提高自己，完善自己，向一个真正的社会人士靠拢。

六、树立学习典范，增强榜样影响力

为了利用马克思主义理论培育一批优秀的青年马克思主义者，使其成为社会主义伟大事业的继承者和接班人，全国范围开始大力推进当代青年马克思主义者的培训工程。

每一位青年马克思主义者都应该具有坚定的理想和信念，即共产主义理想和社会主义信念，用马克思主义武装头脑，系统地掌握马克思主义中国化的相关的优秀理论成果，使理论与实际相结合，创造性地开展工作。优秀的品格和素质是作为一名合格的马克思主义者应该具备的必要条件。首先，马克思主义思想始终是我们党开展工作的指导思想，在它的指导下，建设中国特色社会主义，所以要实现中国梦，建设中国，必须树立社会主义坚定信念和共产主义远大理想。其次，要理解和把握马克思主义理论的相关内容，学习马克思列宁主义、毛泽东思想、邓小平理论、"三个代表"重要思想、科学发展观、习近平新时代中国特色社会主义思想。再次，坚持奉行全心全意为人服务的根本原因。最后，要具备深厚的文化修养和科学文化基础，具备坚强的意志，能够在任何艰难的环境中经受各种考验。青年马克思主义者具有鲜明的时代特征和内涵。青年马克思主义者的培育是一个发展的过程，而不是一个静止的、僵化的过程。目前，高校青年马克思主义者也具有其所处时代的特征和个性。其一是坚持社会主义核心价值观体系，根据其最新的内容解释不断完善自己的价值观，在信仰、践行马克思主义的同时要不断提升培育自己的政治鉴别能力；其二是增强自身的实践能力，在当今社会里只有理论知识已完全不能够生存，还要有广泛的实践经验，不断地进行创新，适应社会主义市场经济，具备克服困难险境的坚强意志力。

要想成为一个优秀的青年马克思主义者，就要学习榜样，不断地激励自己努力奋斗，加入优秀青年马克思主义者行列中。例如，雷锋精神一直是我们所要继承的优良美德，对于培育青年马克思主义者具有重要意义。雷锋精神所包含的各种价值取向与信仰是和当代大学生青年马克思主义者所要求具备的鲜明时代特征相统一的。雷锋精神蕴含了坚定的共产主义理想信念，共产主义社会是继社会主义社会之后的人类最向往的社会，因为其自始至终都把最广大人民群众的利益放在首位，这也是长期以来我们党和先进分子所坚持的理想和抱负。共产主义理想信念在党的事业建设中始终起到了一个精神支撑的作用，它所带来的精神力量一直推动着历史进程。还有雷锋精神所蕴含的勤学苦练、无私奉献、热心公益等实践品质与当代青年马克思主义者的实践能力相统一。雷锋的生命尽管短暂，但他的精神永存，在属于他自己的岗位上始终发挥着艰苦奋斗的精神，在每一件事情上都锐意进取，对于自己的工作勇于探索，始终以积极的态度应对人生各阶段面临的难题，全身心投入社会主义事业中去。在实践基础上的雷锋精神，随着时代的变化而不断地变化，不断展现出新时代特征，赋予其新的时代内涵，与时俱进。新时期青年马克思主义者的培育要紧密结合新时代的特征进行严格的培育，只有过硬的政治素养或者强大的实践能力已不能全面培育优秀国家建设人才，只有两者相互统一与互补，才能够保证理论与实践的统一。一名优秀的青年马克思主义者必须积极面对现实，不断提高自身发展，既要掌握先进的科学文化知识，不断提升自己的精神境界追求，又要与时俱进，坚持贯彻"四个全面"内容与精神，走出一条中华民族复兴之路，为早日实现全面建成小康社会的目标积攒力量。全心全意为人民服务的奉献精神是雷锋精神中最为大众所认知的，这与大学生青年马克思主义者的道德品质的培育相一致。雷锋的一生被认为是不断奉献自己生命的一生，他所追求的一直是能够更好地用自己的实际行动为人民大众服务，为人民群众办实事，解决人民困难，将自己的人生价值与人民利益紧紧相连，总是将自己的利益置身事外，服从于国家利益。因此，新时期的大学生青年马克思主义者要在这变化不定的国内外发展形势下，在当前复杂的环境中，在思想多元的前提下，坚定共产党的政治信仰、观点和立场，站在人民的立场上，树立为人民服务的人生观，把为人民谋利益作为一切行动的宗旨，深入践行社会主义荣辱观，为社会主义现代化建设而奋发学习、拼搏进取。

除此之外，毛泽东的一生充满了传奇与精彩。他正是通过一步步不断的努力，从一介平民成长为伟大的思想家、政治家、革命家。在这个过程中，毛泽东正是通过对马克思主义理论的不断加深认知，他的思想才逐步走向成熟。早在少年时期的毛泽东就具有忧国忧民的情怀、探索真理的追求。他从很早就立志要救亡图存，认为真正的立志是以真理为前提的，只要沿着正确的道路探索，运用正确的方法去做事情，那么这个事情就一定会走向成功。在谈到对真理的态度时，他认为只要有利于国家的发展，哪怕粉身碎骨，也要坚持真理。正是由于对真理的不懈追求，当俄国"十月革命"爆发后，毛泽东等一些仁人志士，找到了马克思主义救国救民的真理，并建立了社会主义新中国。梁启超在《少年中国说》中指出：少年智则国智，少年富则国富；少年强则国强，少年独立则国独立；少年自由则国自由；少年进步则国进步。他强调少年在国家发展中的重要地位。马克思主义者的培育就要坚持从青年抓起，时刻准备着，时刻为国家做贡献，实现自己的人生价值。机会总是留给有准备的人，只有做了充分的准备，才能抓住机遇，一展自己的雄心壮志。

青年马克思主义者，不仅要树立自己的榜样，同时也要更好地做好表率作用。高校青年大学生党员是青年马克思主义者培养的重点对象。随着高等教育在组织和发展人才等方面的不断发展、教育水平的不断提高、教育范围的不断扩大、教育内容的不断丰富，各高校在培育青年学生党员的人数上呈增长趋势，而且增长速度已经远远超出了社会其他群体中党员人数的增长速度。并且学生党员在新的时期呈现出的特征越来越鲜明，更加年轻化；学生党员在校期间就已经发展成为一名优秀的党员，学生党员更加有知识；由于当今社会的复杂性、国内外形势的不断变化，信息化导致信息量巨大，新一代的青年马克思主义者需要不断地紧跟着时代步伐，及时有效地把握不断更新的信息；青年学生专业化更加明显，社会竞争压力不断上升。新生代的青年人需要掌握一种可超越他人的竞争力，这就需要他们所学东西的专业化，以获得社会认可度的提高。在这些新时期的青年人当中，有一大部分人将在完成学业并经过一段时间的实习锻炼后成为社会各行业的骨干力量，在党的领导下不断创造中国奇迹。要在"青年马克思主义者培养工程"中充分发挥学生党员干部的模范带头作用，必须在政治思想、道德品质、学习生活、工作实践等各个方面比较突出，并能引领其他人的发展。一是在政治思想上要紧跟党的步伐，坚持党的领导，积极学习马克思主义理论，时时关注国家时事政治，了解国内外形势，努力践行社会主义核心价值观；二是配合学校开展工作，带头遵守学校纪律和规则，在创建精神文明活动和校风校纪建设中发挥引领作用，为广大学生群体服务，在广大同学中起到模范带头作用；三是乐于助人，努力为班集体做贡献，与同学合作，共同处理好班级的各项事务；四是在理论知识的学习、实践活动中以及全面发展方面，学生党员同样要起到导向和示范作用，学好科学文化知识，不断提升自身的文化素质修养。学生党员是高校青年马克思主义者培育的重点对象群体，由于他们自身思想上较为先进，所以要充分发挥其在青年马克思主义者培育过程中的引领示范作用。首先，完善优秀学生的推优与党员组织发展机制。这个机制的建立能够为国家培育更多的优秀人才，为中国特色社会主义事业培育高质量的接班人。对于青年大学生的培育要坚持事物发展的一般规律，教育出高质量的优秀学子，给优秀大学生更多的政策辅助，把更多的优秀大学生吸引到组织里去，为我们党不断注入新鲜血液，更好地推进党建工作的实施，这是高校党建的一项重要工作，同时也为马克思主义者的培育打下了坚实的理论基础和对象培育基础。其次，青年大学生党员的继续教育和培训，是提高学生党员素质、强化党员先进性、增强党性修养的关键环节。现实生活中，有一部分同学在入党前十分积极，入党之后却开始放松了，在党的各项工作开展的过程中不配合工作的开展，思想懒惰，不作为，或者说只是表面工作做得很彻底，这是完全违背党的思想的。针对以上这些情况，建立健全党员教育学习机制很有必要，要教导青年学生及时地学习更多的有关中国共产党宣传的一些思想与内容，严格执行党的思想路线，有效开展党的各项工作，使他们养成良好的工作作风，提升"青年马克思主义者培养工程"的实施质量。最后，党员模范带头作用要与青年马克思主义者培育在实践中相结合，在实践活动中更好地体现两者的作用。对于青年马克思主义者的培育、实践活动的开展都需要充分发挥学生党员的带头示范作用。学生党员身为学生代表中的优秀分子，作为青年马克思主义者的重要部分，要时刻加强学生党员的管理和考核，增强他们为大家服务的意识。对于青年马克思主义者培育对象的学生党员，可以选拔其中政治觉悟较高、日常工作能力与组织协调能力较强、专业知识成绩优异的学生党员，担任学生辅导员、助教及其他岗位工作等，使他们直接参与到学生的思想政治教育、日常管理等工作中，在具体实践中锻炼他们的思想观念、政治修养、奉献精神、道德意识与责任意识，以及提高他们运用马克思主义来分析和解决问题的能力，进一步丰富和发展青年马克思主义者培育的实践环节。通过以上这些过程与举措可以有效地发挥党员的示范作用。

通过以上对青年马克思主义者的培育方法和原则的具体分析可知，在面对当今社会形势复杂、国际斗争形势严峻的环境下，我国通过开展"青年马克思主义者培养工程"，为国家培育优秀人才，实现中华民族伟大复兴的中国梦提供了重要人才保障。作为新时代青年大学生，不仅要学习先进的科学文化，学习马克思主义理论，把握几代党中央领导集体提出的各种适应时代的政策，还要有更高的思想境界追求，坚定马克思主义信仰，积极为加快建设中国特色社会主义事业，走向社会主义现代化贡献力量。

第五章 高校青年马克思主义者的培育路径

青年马克思主义者的健康成长也要遵循事物发展的客观规律，需要进行系统的培育，需要调动多方资源，动员多方力量，共同施策，同心协力，建立健全科学的培育机制，构建切实可行的培育路径，才能培育出坚定的青年马克思主义者。

第一节 有效强化组织引领

一、高校党委应提供组织保障

中国共产党作为中国特色社会主义各项事业坚强的领导核心，在青年马克思主义培育过程中有领导、组织、引领作用。青年马克思主义者的健康成长也是各级党组织义不容辞的责任，必须发挥党组织在青年马克思主义者培育中思想政治方向上的引领作用。因此，高校的各级党组织（尤其是各级党委）应为青年马克思主义者培育提供组织保障。具体来说，学校可以成立以学校党委书记为组长、校党委副书记为副组长的"青年马克思主义者培养工程"领导小组，统揽全校青年马克思主义者培养工程的组织实施，马克思主义学院党委书记及组织部、校团委、宣传部、学工部等相关职能部门负责人为领导小组主要成员，领导小组办公室可以设在马克思主义学院。

二、基层党组织应发挥政治引领作用

充分发挥基层党组织的战斗堡垒作用，强化基层党组织在"青马工程"中的思想政治引领作用。由于青年马克思主义者往往生活在基层一线，基层

党支部是青年马克思主义者生活的"家",是直接接触党的组织,更是吸引、引导、强化青年马克思主义者思想政治的可靠保障。为此,作为高校基层党组织,首先要组织党员深入学习《中国共产党章程》,深入理解、领会党章的精神。作为一名共产党员,对党的宗旨、性质,党员的权利义务等基本理论要了然于胸,如果理论根基不牢固,就不能帮助青年马克思主义者健康成长。因此,党组织不仅要组织党员开展日常组织生活,还要组织党员深入开展对党的新思想、新理念、新理论的研究与学习;否则,将无法在青年马克思主义者的"三观"建构过程中给予足够的理论支持。马克思主义理论对他们缺乏吸引力,各级党组织要充分认识到理论学习的重要性,要把对党的理论学习融入青年大学生的日常学习中,融入党组织活动中,如在开展"三会一课""主题党日"等组织活动中融入理论学习,切实提高党员的马克思主义理论水平。

第二节　切实提升理论学习

一、用马克思主义经典理论武装青年马克思主义者

实践证明,"没有革命的理论,就不会有革命的运动"。[①] 理论的科学是确保正确政治方向和政治坚定的前提。作为青年马克思主义者,必须有扎实的马克思主义理论功底。青年马克思主义者要用马克思主义经典理论武装自己,马克思主义经典著作凝结着马克思主义经典作家丰富的思想成果,是马克思主义经典理论的载体,每一部经典著作都是马克思主义者在解决重大时代课题时理论与实践相结合的理论精华,可以说每一部经典著作在马克思主义的发展史上都有着特殊的理论和现实意义。因此,青年马克思主义者要在研读马克思主义经典著作上下功夫。

研读经典要回归文本,所谓回归文本就是回归原著,原著是马克思主义经典作家经典理论的原始记载,这就要求青年马克思主义者逐字逐句逐段地研读原著,把原著的本真意思理解透彻,只有这样才能把经典文献的理论背

---

① 中共中央马克思恩格斯列宁斯大林著作编译局. 列宁选集:第1卷[M]. 北京:人民出版社,1995:153.

景、理论渊源、理论价值搞清楚，以便于从宏观和微观两个方面把握其旨义。

研读经典要回归现实，所谓回归现实，就是要求我们带着问题读经典，研读经典本身不是目的而是手段，目的是要解决现实生活中遇到的问题，从经典著作理论中找答案。每一部经典著作是对特定时代问题的理论回答，它是特定时代的产物，具有时代局限性。因此，在经典理论中找答案，不是说经典著作理论会提供现成的答案，而是用经典理论的基本原理指导我们解决现实生活与工作中遇到的具体问题。

经典著作要反复思考讨论。马克思主义理论博大精深，尤其是青年马克思主义者对马克思主义经典文献的研读是有一定难度的，不可能一个人闭门读一两次就能领悟其思想精髓，每个人研读的效果是不一样的。故此，我们可以"研讨会"的形式进行经典文献的研读，在如此循环往复的研读中思考、在思考中研读。这种形式可以相互交流思想，更有利于提高研读效果。

除此之外，高校作为培养高级知识分子的机构，可以利用高校思想政治理论课为青年马克思主义者传授马克思主义经典理论，而高校思想政治理论课正是对大学生进行马克思主义意识形态教育的主渠道、主战场和主阵地，同时也是对青年马克思主义者进行马克思主义经典理论教育的主渠道。正如列宁所说，人的正确思想是不会自发产生的，"这种意识只能从外面灌输进去……而社会主义学说则是从有产阶级的有教养的人即知识分子创造的哲学理论、历史理论和经济理论中发展起来的"[①]。所谓"灌输"，具体而言，就是将马克思主义经典著作理论融入思想政治理论课的课程教学中。

二、思想政治理论课教师需要提升马克思主义理论素养

思想政治理论课教师要努力提升自身马克思主义理论素养，尤其是对马克思主义经典著作的研读。经典著作的经典理论是马克思主义的精髓，掌握了经典著作的理论就掌握了马克思主义基本原理，就能以不变应万变，就能运用马克思主义理论解释生活、理解世界。如果只对所教授的课程熟悉，

---

① 中共中央马克思恩格斯列宁斯大林著作编译局. 列宁选集：第1卷 [M]. 北京：人民出版社，2012：317-318.

就只能是照本宣科式的泛泛而谈，学生当然不满意，也不感兴趣。因此，思想政治理论课教师要在研读马克思主义经典著作理论上下"笨功夫""苦功夫"和"死功夫"。

目前，一些教师在课堂教学中教学方法和形式普遍单一，弱化了青年马克思主义者培育效果。具体而言，主要存在以下问题：

一是个别思想政治理论课教师教学方法单一枯燥。部分老教师形成了满堂灌的传统教学习惯，又不接受时代发展对教学理念和方法的新要求，"一套课件走天下"，几年甚至十几年不变，总是沉迷于一味阐述表层的理论，而全然不管时代发展变化对知识的新要求，更不顾及课堂中学生对知识的兴趣和内化，只是一味"陶醉于"自我感觉良好，滔滔不绝道出了一堆"老皇历"，喋喋不休讲了一大堆废话。对教材内容的理解流于表面，对知识的理解浮于表层，对学生的沟通停留于陈旧的思维，课堂管理"等级制"色彩浓重，把大学生当中小学生教等形式，这种课堂教师看似讲授得很认真，其实学生一点都不感兴趣，部分学生甚至做与课堂内容无关的事情，如有的低头玩手机，有的背英语单词等。

二是个别教师过于注重"形式""方法"而忽视课程内容本身。马克思主义唯物辩证法告诉我们，内容决定形式，形式是为内容服务的，而不能为了形式而形式，个别教师整堂课讲段子、笑话，播放视频、流行音乐，课堂看似丰富多彩、形式多样，学生笑声不断、掌声不断，参与度高，其本质是搞"花架子"，走形式。有的人认为课堂教学要坚持以学生为中心，但是，以学生为中心并不是以学生的喜好为中心，因为学生的喜好还有一个正确与否的问题。以学生为中心，即以学生的成长成才为中心，就是以学生对知识的学习、思维的培养、人格的塑造等为中心。因此，对思政课课堂效果好坏与否的评价，要坚持思想性、价值性、理论性、娱乐性相统一。其实，课后部分学生反映并不好，认为不能将思政课当成"娱乐课"，没有达到教学目的，根本在于教与学的严重脱节。因此，应积极探索案例教学法，用案例解析抽象的政治理论，积极探索问题链教学法，以理论的视野把握时代发展的脉搏。

三是个别学生认识有偏差，部分学生受误导，将上大学的目的片面理解为毕业后能找个"好工作"，导致重视专业课的学习，而忽视对自身政治修养的提升。其实，思想政治素养是大学生为什么学的根本。一个人在社会立足，不仅要靠专业知识，思想政治素质决定他能够走多远以及人生达到的高度。

四是尚未形成"大思政"的育人机制。人的思想政治素质的形成是受社会综合环境影响的结果，特别是高校青年大学生，不仅仅受思政课课堂单一因素的影响，学校其他因素，如日常管理、其他课程等对其世界观、人生观、价值观的形成也至关重要。因此要建立以"课程思政"为主渠道，以"学科思政""日常思政"为阵地的培根育魂"共同体"。所谓"日常思政"就是在学校党委的统一领导下，各行政、党、群、社部门紧密配合、协作的学生教育培育机制。具体而言，把学生的思想政治教育工作融入学校的日常管理与日常教育，教师在课堂教学再好，如果学生在学校直接感受与教师课堂讲授相左，也会消解思想政治教育效果。所谓"学科思政"，就是将各类课程教学与思政课的价值引领对接，"打通两类课程之间的关系，使非思政课与思政课程同向同行，形成互促互进的协同效应"[①]。

三、创建经典阅读型家庭，培养健康和谐家风

从家庭教育层面来看，家庭是社会的细胞，是青年马克思主义者成长的摇篮，是人生的第一所学校，积极向上的家风对青年马克思主义者的价值取向产生重要而积极的作用。正如习近平所说："无论时代如何变化，无论经济社会如何发展，对一个社会来说，家庭的生活依托都不可替代，家庭的社会功能都不可替代，家庭的文明作用都不可替代。无论过去、现在还是将来，绝大多数人都生活在家庭之中。我们要重视家庭文明建设，努力使千千万万个家庭成为国家发展、民族进步、社会和谐的重要基点，成为人们梦想启航的地方。"[②] 因此，有效培育青年马克思主义者，就必须从家庭层面着手。

然而，改革开放以来，我国经济社会发展迅速，但西方资本主义的腐朽思想流毒也对我们造成影响，典型的如社会出现的拜权主义、拜金主义、享乐主义、极端个人主义等思潮。另外，在重智轻德的社会背景下，部分家庭对小孩的教育更多关注的是考试分数，而对孩子的社会责任、理想信念、公民意识等政治素养不够重视，导致部分孩子"一心只读圣贤书，两耳不闻窗外事"，只关心自己的私利，社会责任意识欠缺，这样的家风不利于青年

---

① 徐晓明. 构建"大思政"育人格局［N］. 人民日报，2019-10-08（05）.
② 习近平. 习近平谈治国理政：第 2 卷［M］. 北京：外文出版社，2017：353.

马克思主义者的健康成长。

家风好坏，父母是第一责任人，营造积极健康和谐的家风，父母应充当正能量的传播者和践行者、家庭传统美德的弘扬者。因此，父母应注重自身修养，注意自己的言谈举止，要以实际行动做表率和模范，身教重于言传，使得青年马克思主义者在父母等长辈的言传身教下，在优良家风润物细无声的熏陶下，塑造青年马克思主义者崇德向善、人格高尚、以解放全人类为己任的共产主义远大理想。

要创建经典阅读型家庭。家庭是一个人除学校之外的主要学习场所，家庭学习氛围浓厚与否，对人的一生发展影响深远。作为青年马克思主义者的家长要有不断学习、充电的意识，不断提升自身素质，带头学习中国化马克思主义理论的最新成果，并经常与孩子交流学习心得、体会。

第三节　科学运用信息技术载体

一、信息时代推动思想政治工作离不开信息技术

自20世纪90年代中国接入互联网以来，不到30年的发展历程，以互联网为核心（移动终端技术、大数据、云计算）的现代信息技术发展迅猛，现代信息革命改变了人们的生活，也改变了人们的交流方式和场域。网络已成为人们思想、文化交流的新场域。可以说，信息技术革命既为我们的生活带来了极大的便利，同时也对人们的思想产生了深刻的影响。在经济全球化、信息一体化的今天，互联网无疑已经成为国与国之间软实力争夺的新的制高点。在"人人都拥有麦克风"的今天，每个人既是信息的接受者，也是信息的发布者，信息不再由单一的官方机构提供。由此，给以"权威式"说教的传统思想政治教育带来了严峻的挑战。我们要因势利导，将以互联网为核心的信息技术运用于思想政治教育，正如习近平总书记2016年12月7日在全国高校思想政治工作会上所强调："要运用新媒体新技术使工作活起来，推动思想政治工作传统优势同信息技术高度融合，增强时代感和吸引力。"①

---

① 习近平. 习近平谈治国理政：第2卷 [M]. 北京：外文出版社，2017：378.

以互联网为核心的信息技术具有及时化、媒体化、智能化、虚拟化等特点，基于此，可以将思想政治教育的内容通过信息技术的转化，使教育内容更加生动、具体、形象，更加贴近生活、贴近实际，便于接受和理解。还可以利用云计算、大数据技术优势分析受众者的接受度，为实施精准教育提供技术支持。因此，在信息时代运用以互联网为核心的信息技术推进思想政治教育工作具有十分重要的现实意义。

二、信息技术在思想政治理论教学运用中的具体形式

传统的马克思经典著作理论学习主要是通过老师在课堂的讲授、灌输，学生根据教师课堂设计被动地接受所教知识。这种方式，既有优点，也有缺点，优点就是教师能与受众者面对面地交流，能有效实现信息对流，而其缺点就在于形式单一，受众者容易形成"学习疲劳"。那么在信息化时代的今天，我们完全可以将信息技术运用于思想政治教育领域，通过科技手段将枯燥的思想政治理论教育与信息技术有机融合，使枯燥的理论活起来。具体而言，建立"马克思主义经典理论研读"网站，不是在网站中发布信息即可，而是通过现代信息技术让经典穿越时空、还原理论背景，并赋予其情感，让理论"动"起来、"活"起来，青年马克思主义者可以通过互联网的海量信息，搜索到他需要的知识。培育老师还可以开通个人的博客、建立微信群、QQ群等网络交流工具，向其中充入"经典理论"，让他们共同参与、融入学习教育活动中，这就要求我们不断更新、丰富教学内容。我们可以借助互联网的开放性、共享性特征，及时交流，发现问题及时纠正，切实提高教育的针对性和有效性。

第四节 注重强化社会实践

一、思想政治教育离不开社会实践

马克思主义唯物辩证法告诉我们，"全部社会生活在本质上是实践

的"①，实践出真知，实践长才干，理论来自实践，是实践经验的抽象概括，理论正确与否，必须在实践中检验证明。青年马克思主义者不是独坐书斋只懂马克思主义理论的"学者"，而是要将所学理论运用到实践中去解决实际问题。正如习近平总书记在纪念马克思诞辰200周年大会上的讲话中指出，马克思主义是人民的理论，第一次创立了人民实现自身解放的思想体系。习近平指出：马克思主义博大精深，归根到底就是一句话，为人类求解放。在马克思之前，社会上占主导地位的理论都是为统治阶级服务的。马克思主义第一次站在人民的立场探求人类自由解放的道路，以科学的理论为最终建立一个没有压迫、没有剥削、人人平等、人人自由的理想社会指明了方向。马克思主义之所以具有跨越国度、跨越时代的影响力，就是因为它植根人民之中，指明了依靠人民推动历史前进的人间正道。② 青年马克思主义者培育工作必须植根于人民、落地于人民群众中的日常生活，只有深入田间地头，只有深入城乡工厂，只有将"不忘初心、牢记使命"与"全面建成小康社会"联系起来，才能深刻领悟中国化马克思主义理论的丰富内涵，也才能感知真实的民心民情，涵育与人民之间的情怀。

现在的青年一代，大部分是独生子女，在家里是父母、爷爷奶奶、外公外婆的"掌上明珠"，过着"饭来张口、衣来伸手"的生活，从幼儿园一直读到大学，基本是在学校度过。很多青少年即使是在寒暑假也在补习文化课。可以说，有的学生缺乏基本的生活常识，成了"一心只读圣贤书，两耳不闻窗外事"的"书呆子"，对社会缺乏应有了解。因此，作为肩负崇高历史使命的青年马克思主义者，必须接受生活的锤炼。

二、党在社会主义革命和建设中的实践探索

可以开展形式多样的社会实践，比如深入田间地头参与对社会主义新农村建设、红色文化、红色精神的调查。在革命战争年代，面对敌强我弱的不利形势，在一个以农民为主体的半殖民地半封建的国家进行革命，按照欧洲资本主义国家无产阶级革命斗争经历，特别是俄国"十月革命"成功的道

---

① 中共中央马克思恩格斯列宁斯大林著作编译局. 路德维希·费尔巴哈和德国古典哲学的终结 [M]. 北京：人民出版社，1997：54.
② 习近平. 在纪念马克思诞辰200周年大会上的讲话 [N]. 光明日报，2018-05-05（01）.

路——以城市为革命中心、以工人阶级为革命斗争的主要力量,和平时期在城市进行合法斗争;在革命时机成熟时,在城市中举行工人起义,先占领城市,后进攻乡村,还是走符合具体国情的农村包围城市的道路,这是摆在中国共产党人面前必须解答的重大课题,在这攸关革命前途的重大历史抉择十字路口,以毛泽东同志为主要代表的中国共产党人制定了"农村包围城市,武装夺取政权"的科学战略。

第一,近代中国是一个长期受"三座大山"压迫的半殖民地半封建国家。帝国主义列强将中国"瓜分"。在这种现实情况下,中国的无产阶级革命不能"照搬本本",即按照德国、法国等资本主义国家那样,先从城市经过长期、公开、合法的斗争,然后再组织武装斗争来夺取政权,取得全国的胜利。中国的无产阶级要革命,要同压在我们头上的"三座大山"做殊死的斗争,就只能先从农村建立革命根据地,因为农村是反动派统治的薄弱环节,易于弱小的无产阶级政权生存,只有这样才能使无产阶级逐渐壮大,也只有这样才能使"星星之火可以燎原",最后实现从农村包围城市、以革命的武装消灭反革命的武装,最终取得革命的胜利。

第二,近代中国是一个封建的、以小农经济为主的、自给自足的自然经济国家。由于当时军阀割据,再加上帝国主义列强在中国享有特权,因此,中国只是形式上的统一,实质上属于半统一状态,这就使得全国各地区的政治、经济发展极不平衡,不可能形成统一的资本主义经济。"他们这种全国范围的、包括一切地方的、先争取群众后建立政权的理论,是于中国革命的实情不适合的。他们的这种理论的来源,主要是没有把中国是一个许多帝国主义国家互相争夺的半殖民地这件事情认清楚。如果认清了中国是一个许多帝国主义国家互相争夺的半殖民地,则一,就会明白全世界何以只有中国有这种统治阶级内部互相长期混战的怪事,而且何以混战一天激烈一天,一天扩大一天,何以始终不能有一个统一的政权。二,就会明白农民问题的严重性,因之,也就会明白农村起义何以有现在这样的全国规模的发展。三,就会明白工农民主政权这个口号的正确。四,就会明白相应于全世界只有中国有统治阶级内部长期混战的一件怪事而产生出来的另一件怪事,即红军和游击队的存在和发展,以及伴随着红军和游击队而来的,成长于四围白色政权中的小块红色区域的存在和发展(中国以外无此怪事)。五,也就会明白红军、游击队和红色区域的建立和发展,是半殖民地中国在无产阶级领导之下的农民斗争的最高形式,和半殖民地农民斗争发展的必然结果;并且无疑义地是促进全国革命高潮的最重要因素。"① 毛泽东认为,这些原因和条件,为中国革命走农村包围城市、武装夺取政权的道路提供了可能性。

第三,近代中国农民人口占全国人口比例的绝大多数,农民受帝国主义、封建主义、官僚资本主义三座大山的压迫,农民没有土地。因此,只有实行土地革命,彻底解决农民的土地问题,才能够把农民的革命积极性充分发动起来,摧毁反动统治的基础。所以,当时中国特殊的社情、国情决定了无产阶级要想夺取政权,就必须深入农村。

第四,近代中国革命走农村包围城市、武装夺取政权的革命道路,必须处理好土地革命、武装斗争、农村革命根据地建设三者之间的关系。土地革命是民主革命的基本内容;武装斗争是中国革命的主要形式,是农村革命根据地建设和土地革命的强有力保证;农村革命根据地是中国革命的战略阵地,是进行武装斗争和开展土地革命的依托。要在中国共产党的领导下,实现土地革命、武装斗争、农村革命根据地建设三者之间的密切结合和有机统一。

培育青年马克思主义者首先要让他们充分了解中国化的马克思主义,就要认真学习和掌握近代中国国情以及新民主主义革命理论。马克思主义中国化的内涵,具体来说,就是把马克思主义基本原理同中国革命、建设和改革的实践结合起来;就是把中国革命、建设和改革的实践经验和历史经验上升为马克思主义理论;就是同中国的优秀历史传统和优秀文化结合起来,既坚持马克思主义又发展马克思主义。

群众路线是中国共产党的生命线和根本工作路线,在革命战争年代产生,凝结着以毛泽东为主要代表的党的集体智慧。对于这一路线,青年马克思主义者必须精确把握和具体实践。事实上,毛泽东同志根据马克思列宁主义的历史观和群众观,结合中国革命的实际,提出了一整套党的群众路线理论,在《毛泽东选集》这本书中就有很多关于党的群众路线的经典论述,在此和大家一起学习。

毛泽东同志1933年8月在江西南部十七县经济建设工作会议上所做的演说《必须注意经济工作》一文中,谈到"动员群众的方式"时,有这么一

---

① 毛泽东. 毛泽东选集:第1卷[M]. 北京:人民出版社,1991:97—98.

段话:"官僚主义的表现,一种是不理不睬或敷衍塞责的怠工现象。我们要同这种现象作严厉的斗争。另一种是命令主义。命令主义者表面上不怠工,好像在那里努力干。实际上,……命令主义地推销公债,不管群众了解不了解,买不买得那样多,只是蛮横地要照自己的数目字去派,结果是群众不喜欢,公债不能好好地推销。"① 这段话是关于反对官僚主义的论断,不仅贴合官僚主义实际,而且一针见血地指出了官僚主义的实质。习近平同志提出的党的群众路线教育实践活动的总要求,把反对官僚主义之风明确排在反对"四风"的第二位,可见,密切党群干群关系必须坚决摒弃官僚主义,躬下身子,深入群众,让我们的工作方式、方法为群众所欢迎、所真心实意地接受。

毛泽东同志搞了多次调查研究,进一步深化了对党的领导方式和工作方法问题的认识,集中反映在《关心群众生活,注意工作方法》等文章中。《关心群众生活,注意工作方法》这篇文章是毛泽东同志1934年1月在江西瑞金召集的第二次全国工农代表大会上所作结论的一部分,其中谈道:"要得到群众的拥护吗?要群众拿出他们的全力放到战线上去吗?那末,就得和群众在一起,就得去发动群众的积极性,就得关心群众的痛痒,就得真心实意地为群众谋利益,解决群众的生产和生活的问题,盐的问题,米的问题,房子的问题,衣的问题,生小孩子的问题,解决群众的一切问题。"② 语言非常朴实,十分契合目前"站在群众立场思考问题"这种提法。党的基本领导方法,即"从群众中来,到群众中去"。在《关于领导方法的若干问题》一文中有所体现,毛泽东同志说:"在我党的一切实际工作中,凡属正确的领导,必须是从群众中来,到群众中去。这就是说,将群众的意见(分散的无系统的意见)集中起来(经过研究,化为集中的系统的意见),又到群众中去作宣传解释,化为群众的意见,使群众坚持下去,见之于行动,并在群众行动中考验这些意见是否正确。然后再从群众中集中起来,再到群众中坚持下去。如此无限循环,一次比一次地更正确、更生动、更丰富。这就是马克思主义的认识论。"③

---

① 毛泽东. 毛泽东选集:第1卷[M]. 北京:人民出版社,1991:124-125.
② 毛泽东. 毛泽东选集:第1卷[M]. 北京:人民出版社,1991:138-139.
③ 毛泽东. 毛泽东选集:第3卷[M]. 北京:人民出版社,1991:899.

在继承毛泽东思想的基础上，青年马克思主义者必须认识到，邓小平理论是在改革开放和社会主义现代化建设中，被实践证明了的正确的理论，因而在建设中国特色社会主义，实现中华民族伟大复兴的征途中必须坚持邓小平理论，并在新的实践中不断对它丰富和发展并赋予新的内涵。

其一，坚持、发展了毛泽东确立的实事求是的思想路线。1992年邓小平在南行谈话中说："我读的书并不多，就是一条，相信毛主席讲的实事求是。过去我们打仗靠这个，现在搞建设、搞改革也靠这个。"① 他在不同场合多次强调："过去搞民主革命，要适合中国情况，走毛泽东同志开辟的农村包围城市的道路。现在搞建设，也要适合中国情况，走出一条中国式的现代化道路。"② 并对实事求是作了完整的表述：一切从实际出发，理论联系实际，实事求是，实践是检验真理的唯一标准，这就是实事求是思想路线的基本内容和基本要求。

其二，指明中国正处于并将长期处于社会主义初级阶段。在新的历史时期，随着对我国国情认识的进一步深化，他在总结新中国成立以来建设和改革开放所取得的经验教训的基础上，做出了"中国正处于并将长期处于社会主义初级阶段"的科学论断。

其三，提出物质文明与精神文明相协调的发展战略。邓小平基于国际国内正反两方面的经验教训，在1992年南方谈话时提出："广东二十年赶上亚洲'四小龙'，不仅经济要上去，社会秩序、社会风气也要搞好，两个文明建设都要超过他们，这才是有中国特色的社会主义。"③ 邓小平强调我们要建设的中国特色的社会主义，不但要有高度的物质文明，而且要有高度的精神文明。他说："所谓精神文明，不但是指教育、科学、文化（这是完全必要的），而且是指共产主义的思想、理想、信念、道德、纪律，革命的立场和原则，人与人的同志式关系，等等。"④ 建设中国特色社会主义，离不开强大的物质基础作保障。改革开放以来，我们扭住经济建设为中心这个龙头不放松，促进了生产力的极大发展，综合国力显著提升。改革开放40年来，我国经济持续稳定增长，进入中等收入国家行列，已成为仅次于美国的世界

---

① 邓小平. 邓小平文选：第3卷 [M]. 北京：人民出版社，1993年：382.
② 邓小平. 邓小平文选：第2卷 [M]. 北京：人民出版社，1994年：163.
③ 邓小平. 邓小平文选：第3卷 [M]. 北京：人民出版社，1993：378.
④ 邓小平. 邓小平文选：第2卷 [M]，北京：人民出版社，1994：367.

第二大经济体。

改革开放 40 年来，我国经济发展举世瞩目、成就巨大。但也要清醒地认识到，建设强大的有中国特色的社会主义现代化国家，实现中华民族伟大复兴的中国梦，一定要有思想与文化的引领和支撑。著名的美国民权运动领袖马丁·路德·金曾经说过，一个国家的繁荣，不取决于它的国库的殷实，不取决于它的城堡之坚固，也不取决于它的公共设施之华丽，而在于它的公民的文明素养，即在于人们所受的教育、人们的远见卓识和品格的高下。这才是真正的利害所在、真正的力量所在。社会主义物质文明为精神文明提供雄厚的物质基础，社会主义精神文明为物质文明提供强大的精神动力、智力支持和思想保证，只有物质文明和精神文明相互促进，相得益彰。只有物质文明和精神文明都增强，人民的物质生活和精神生活都得到改善，中华民族伟大复兴中国梦才能实现。此外，他还提出了改革和完善政治体制、发展社会主义民主和创立了"一国两制"、实现祖国统一的科学构想。

胡锦涛同志在纪念党的十一届三中全会召开 30 周年大会上的讲话中指出："必须把坚持马克思主义基本原理同推进马克思主义中国化结合起来，解放思想、实事求是、与时俱进，以实践基础上的理论创新为改革开放提供理论指导。"① 用马克思主义理论培育青年人，让更多的人成为青年马克思主义者，其实就是用中国化马克思主义理论培养和塑造青年人。党的十八大以来，习近平同志站在发展中国特色社会主义事业全局的高度，探索和把握中国特色社会主义规律的新发展，把马克思主义中国化提高到了新境界。2015 年 12 月 12 日，习近平同志在全国党校工作会议上的讲话中指出："党校是我们党对领导干部进行马克思主义理论教育的主阵地，必须引导和促使学员努力学习和掌握辩证唯物主义和历史唯物主义基本原理和方法论，特别是要把马克思主义中国化最新成果作为理论教育中心内容，提高战略思维能力、辩证思维能力、综合决策能力、驾驭全局能力。"② 这一重大论述，为新形势下不断推进马克思主义中国化，加强党的思想理论建设和干部队伍建设，为实现"两个一百年"奋斗目标和中华民族伟大复兴的中国梦提供了有力保证。

---

① 胡锦涛. 胡锦涛文选：第 3 卷 [M]. 北京：人民出版社，2016：156-157.
② 习近平：在全国党校工作会议上的讲话 [M]. 北京：人民出版社，2016：15.

当前，在全球化推动下，全球文化交往交流交融更加频繁，各种社会思潮交织，转型期出现的社会矛盾经过自媒体的放大效应和西方敌对势力刻意进行的意识形态的输送，引发了一些人对马克思主义信仰的怀疑，从而利用各种手段和平台宣泄不满，鼓吹西方所谓的民主理念和价值观念，扰乱了部分人的思想。因此，在这种形势下，我们必须紧密结合不断变化的世情、国情、党情和民情，进一步强化对马克思主义的深刻认识，特别是青年马克思主义者，要认真学习马克思主义理论特别是马克思主义经典著作，掌握贯穿于经典著作中的马克思主义立场观点方法，深化对马克思主义理论的理解，坚定对马克思主义的信仰，做到"真信""真学""真懂""真用"，以理论上的清醒和政治上的坚定补足精神之"钙"，增强理论自信、道路自信、制度自信、文化自信。

马克思主义最大的理论品质在于与时俱进，这也是马克思主义理论生命力之强大的重要原因。作为马克思主义理论的发展和创新，马克思主义中国化的理论成果必须坚持与时俱进。马克思主义的强大生命力一方面来自理论的科学性，另一方面来自其与时俱进的理论品质。我们知道，马克思主义一路走来，自始至终都在强调与时俱进。回顾90多年我党的历史实践，我们可以清楚地看到，党始终坚持马克思主义与时俱进的理论品质，根据时代的变化和发展提出了新的创新理念，创造性地发展了马克思列宁主义，形成了毛泽东思想、邓小平理论、"三个代表"重要思想、科学发展观和习近平新时代中国特色社会主义思想，在实践中彰显了马克思主义与时俱进的理论品质，赋予马克思主义中国化新的内涵和时代特征，我们只有坚持把马克思主义基本原理同中国革命具体实际和时代特征相结合，正确处理坚持和发展、一脉相承和与时俱进的辩证统一关系，不断推进马克思主义中国化、时代化、大众化，才能真正实现党的指导思想和基本理论的与时俱进。当前，我们要深入学习习近平总书记系列重要讲话精神，准确把握重大理论观点，努力实现思想上的与时俱进，做到活学活用，运用马克思主义立场、观点、方法对重大理论问题和实践问题不断作出新的理论概括，充分认识新时期面临的新形势新任务，开创用马克思主义中国化最新成果武装全党和教育人民的新局面。

实践证明，马克思主义在成功地中国化以后，为中华民族的繁荣与发展提供了强大的精神支撑和思想动力。当前，我们面临许多难以预见的风险与挑战。要破解当下的"中国问题",仍然离不开马克思主义的立场、观点、方法。这就要求我们必须不断汲取中国共产党人科学对待马克思主义的历史经验,掌握和运用马克思主义立场、观点、方法,特别是要学深学透习近平系列重要讲话精神,这样才能在纷繁复杂的形势下坚持科学的指导思想和正确的前进方向,才能立足时代前沿、体现时代要求、回答时代课题、应对时代挑战。

作为中国特色社会主义理论体系的重要组成部分之一,"三个代表"重要思想的内容主要为"我们党要始终代表中国先进生产力的发展要求,我们党要始终代表中国先进文化的前进方向,我们党要始终代表中国最广大人民的根本利益"①。这一思想科学回答了"建设什么样的共产党、如何建设共产党的问题",揭示的是共产党的执政规律,是共产党的治党论。治国必先治党。党强,则社会主义兴;党弱,则社会主义亡。党立,国才立。因此,要实现建设有中国特色社会主义的伟大目标,巩固共产党的执政地位,就要永远保持党的先进性,努力加强和改进党的建设。江泽民同志提出了实现党的建设的"三大目标":在世界形势深刻变化的历史进程中始终走在时代前列,在应对国内外各种风险考验的历史进程中始终成为全国人民的主心骨,在建设有中国特色社会主义的历史进程中始终成为坚强的领导核心。"三大目标"中,始终走在时代前列、保持党的先进性是首要目标。先进性是党的生命所在、党的力量所在。但是,先进性是发展的,先进与落后是相对的。过去是先进的现在未必先进,现在是先进的将来未必先进。党只有紧跟时代发展进步的潮流,始终站在时代前列,才能永远保持先进性。所以,"三个代表"包含三个层次,第一是能不能代表,第二是能不能代表先进,第三是能不能始终代表先进。"三个代表"关键在"代表",核心在"先进",重点在"始终"。只有深刻把握了"三个代表"重要思想的科学内涵,才能正确运用"三个代表"思想解决实际问题,才能服务于人民大众,真正实现立党为公,执政为民。

尤其是20世纪80年代末到90年代初的"东欧剧变"和"苏联解体"事件,是20世纪人类历史的重大事件,国际共产主义运动遭受了严重的挫

---

① 中共中央文献研究室. 江泽民论有中国特色社会主义(专题摘编)[M]. 北京:中央文献出版社,2002:702.

折，也对中国社会的发展造成了严重影响。

面对新的形势和新的时代问题，中国共产党在发展中提出了科学发展观，在党的十七大上，胡锦涛同志在《高举中国特色社会主义伟大旗帜　为夺取全面建设小康社会新胜利而奋斗》的报告中提出，科学发展观第一要义是发展，核心是以人为本，基本要求是全面协调可持续性，根本方法是统筹兼顾。

面对当时我国出现的一系列经济社会问题，怎么解决？关键靠发展，毕竟发展中的问题要靠发展来解决。由于我国处于并将长期处于社会主义初级阶段的国情决定了当前乃至今后必须坚持把发展作为党执政兴国的第一要义。尤其是要牢牢抓住经济建设这个中心不动摇，聚精会神搞建设、一心一意谋发展，不断解放和发展社会生产力。发展不仅是"量"的绝对增加，更重要的是要有"质"的提高，要着力把握发展规律、转变发展方式、创新发展理念、破解发展难题，提高发展质量和效益，实现又好又快发展。发展不是为了发展本身，终极目标是"以人为本"，为了我们生活得更加幸福，即促进人的自由而全面发展，做到发展为了人民、发展依靠人民、发展成果由人民共享。发展不是阶段性的，而必须是全面协调可持续发展。为此必须全面推进经济建设、政治建设、文化建设、社会建设等各个层面和环节的协调发展，形成生产力与生产关系、经济基础与上层建筑相协调一致。在发展过程中必须统筹平衡，即统筹局部利益和整体利益、当前利益和长远利益，统筹个人利益和集体利益，充分调动一切积极因素，将不利因素变为有利因素。

因此，科学发展观的实质和核心在于解决我国现代化进程中出现的一系列问题——什么是发展，如何发展，发展为了谁。

第一，发展的终极目标：坚持以人为本，明确了现代化进程中人与物的辩证关系。发展为了谁？从人类社会现代化的进程来考察，发达国家和发展中国家在现代化建设初期的较长一段时间内，都要面对一个问题：如何处理人与物之间的关系，因此都曾出现过拜物倾向，过分重视财富增长、物质积累，而忽视了人的需要。西方发达国家，比如英国就出现过类似的问题。英国 20 世纪 60 年代之前，伦敦被世人称为"雾都"，到处被烟雾笼罩，能见度很差，不足 10 米。20 世纪 80 年代初，我党的工作重心实现了向"以经济建设为中心"的转移。我国正处于并将长期处于社会主义初级阶段，在这一阶段国内的主要矛盾是要解决人民群众日益增长的物质文化需求与落后的社会生产之间的矛盾。由于我国是在商品经济不发达、生产力落后的条件下进行现代化建设，首要的问题就是解决物质匮乏，就出现了过分重物特别是以"GDP 增长"为中心的倾向，而忽视了人的心理感受倾向。

以人为本的发展理念提出把发展的视角从以"物"为中心转向以"人"为旨归，转向满足人的物质和精神需求基础上的全面发展，因此，科学发展观发展的科学性就是促进人的现代化。经济社会发展本身并不是简单的物质财富量的增加，而是为了让全体人民共同分享发展成果，这是社会主义的应有之义，为中国社会主义现代化指明了方向，目标也更加明确。构建社会主义和谐社会，解决现代化过程中人与人的关系，为中国的现代化进程提供稳定的社会环境。

随着改革开放持续深入推进，我国经济保持了较快增长，根据 2019 年 10 月 1 日腾讯财经网《世界看中国：经济增长贡献率第一，人均可支配收入 70 年增长近 60 倍》资料显示，2018 年中国国内生产总值首破 90 万亿元，以不变价计算较 1952 年增长了 174 倍，年均增速 8.1%。人均 GDP 从 119 元提高到 6.46 万元，实际增长 70 倍。中国经济已成为世界经济增长的主要动力，连续 6 年对世界经济增长的贡献率保持在 30% 左右，位居世界第一。经济总量已超越日本成为仅次于美国的世界第二大经济体。与此同时，人与人之间的关系却愈发紧张，社会矛盾日益尖锐。因此，如何处理好人与人之间的关系是摆在当前的关键问题。当然，这也是大多数西方国家在现代化初期，尤其人均国内生产总值突破一千美元之后都曾面临过的问题：矛盾的多发期、突发期和尖锐性。胡锦涛同志在党的十八大报告中强调："社会和谐是中国特色社会主义的本质属性。要把保障和改善民生放在更加突出的位置，加强和创新社会管理，正确处理改革发展稳定关系，团结一切可以团结的力量，最大限度增加和谐因素，增强社会创造活力，确保人民安居乐业、社会安定有序、国家长治久安。"[①] 科学发展观首先强调的就是要构建和谐社会，通过发展经济不断改善人民物质文化生活，又要通过制度供给保障社会公平正义、不断促进社会和谐。以"民主法治、公平正义、诚信

---

① 中共中央文献研究室. 十八大以来重要文献选编：上 [M]. 北京：中央文献出版社，2014：12.

友爱、充满活力、安定有序、人与自然和谐相处"为原则,以"着力解决好人民最关心最直接最现实的利益问题"①为着力点,努力形成"全体人民各尽其能、各得其所而又和谐相处的局面"②,为科学发展奠定良好的社会环境。

第二,科学发展观是解决中国现代化可持续发展的道路。改革开放以来,中国经济保持了快速发展,举世瞩目,有目共睹,但我们的发展质量还比较低,在很大程度上还是靠高耗能、高污染、低收益的发展模式。不能以牺牲环境为代价来发展经济,不能走西方先污染、先破坏后治理的路子。党的十七大报告指出:"坚持生产发展、生活富裕、生态良好的文明发展道路,建设资源节约型、环境友好型社会,实现速度和结构质量效益相统一、经济发展与人口资源环境相协调,使人民在良好生态环境中生产生活,实现经济社会永续发展。"③要求把经济建设与环境保护,经济增速与质量效益、人口资源有机结合,实现又好又快的可持续发展。

第三,推动建设和谐世界,解决中国与世界的关系,使中国的现代化进程沿着和平发展的道路前进。在历史上,一个不争的事实是新兴大国在崛起过程中大多靠对外扩张和侵略战争,但中国的崛起绝不靠对他国的巧取豪夺、把自己的幸福建立在他国的痛苦上,绝不走国强必霸的路。针对国际上一些别有用心的人渲染"中国威胁论",习近平同志于2015年11月7日在新加坡国立大学发表演讲时指出:"和平发展思想是中华文化的内在基因,讲信修睦、协和万邦是中国周边外交的基本内涵。近代以来,外敌入侵、内部战乱曾给中国人民带来巨大灾难。中国人民深知和平的宝贵,绝不会放弃维护和平的决心和愿望,绝不会因自身曾经遭遇的苦难强加于他人。中国繁荣昌盛是趋势所在,但国强必霸不是历史定律。中国自古倡导'强不执弱,富不侮贫',深知'国虽大,好战必亡'的道理。"④中国始终把实现自己的现代化与世界的发展共荣融为一体。2017年1月18日习近平同志在瑞士日内瓦出席"共商共筑人类命运共同体"高级别会议,并发表题为《共同构建

---

① 习近平. 习近平谈治国理政:第2卷[M]. 北京:外文出版社,2017:144.
② 江泽民. 江泽民文选:第3卷[M]. 北京:人民出版社,2006:540.
③ 胡锦涛. 胡锦涛文选:第2卷[M]. 北京:人民出版社,2016:624.
④ 习近平. 深化合作伙伴关系 共建亚洲美好家园:在新加坡国立大学的演讲[M]. 北京:人民出版社,2015:5-6.

人类命运共同体》的主旨演讲，他说："中国人始终认为，世界好，中国才能好；中国好，世界才更好。面向未来……中国维护世界和平的决心不会改变。……中国从一个积贫积弱的国家发展成为世界第二大经济体，靠的不是对外军事扩张和殖民掠夺，而是人民勤劳、维护和平。中国将始终不渝走和平发展道路，无论中国发展到哪一步，中国永不称霸、永不扩张、永不谋求势力范围。……中国促进共同发展的决心不会改变。……中国发展得益于国际社会，中国也为全球发展作出了贡献。"① 中国旗帜鲜明地提出中国的发展是和平的发展、开放的发展、合作的发展、共赢的发展。中国的发展离不开世界的发展，世界的繁荣也需要中国。中国的发展模式全然不同于西方资产阶级剥削式、侵略式的发展模式，中国发展是一种和平式的发展，是一种互利共赢的发展，是为更好地维护和促进世界和平与发展。中国的这种发展模式能更好地促进世界的和平与繁荣。对于这种理念，青年马克思主义者必须清楚，并要做到积极宣传。

第四，建设社会主义新农村，解决现代化过程中的城乡关系，使中国的现代化走上工业化、城镇化、信息化、农村现代化同步发展的道路。"建设社会主义新农村，……坚持以经济建设为中心，协调推进农村社会主义经济建设、政治建设、文化建设、社会建设和党的建设，推动农村走上生产发展、生活富裕、生态良好的文明发展道路。生产发展、生活宽裕、乡风文明、村容整洁、管理民主。"② 胡锦涛在党的十七大报告中指出："解决好农业、农村、农民问题，事关全面建设小康社会大局，必须始终作为全党工作的重中之重。要加强农业基础地位，走中国特色农业现代化道路，建立以工促农、以城带乡长效机制，形成城乡经济社会发展一体化新格局。"③ 现代世界发展史表明，任何国家或地区的现代化建设就是一个工业化建设的过程，同时也是城市化建设的过程。

中国作为农村地域辽阔，农民占总人口大多数的农业大国，促进农业增收、农民增效、农业提质的"三农"问题是制约我国能否由发展中大国逐步成长为现代化强国的根本。2015年12月31日，《中共中央国务院关于推进

---

① 习近平. 习近平谈治国理政：第2卷［M］. 北京：外文出版社，2017：545-546.
② 胡锦涛. 胡锦涛文选：第2卷［M］. 北京：人民出版社，2016：412.
③ 胡锦涛. 胡锦涛文选：第2卷［M］. 北京：人民出版社，2016：630.

社会主义新农村建设的若干意见》认为："建设社会主义新农村是我国现代化进程中的重大历史任务。全面建设小康社会，最艰巨最繁重的任务在农村。加速推进现代化，必须妥善处理工农城乡关系。构建社会主义和谐社会，必须促进农村经济社会全面进步。农村人口众多是我国的国情，只有发展好农村经济，建设好农民的家园，让农民过上宽裕的生活，才能保障全体人民共享经济社会发展成果，才能不断扩大内需和促进国民经济持续发展。"[①] 扎实稳妥推进城镇化和社会主义新农村建设的双轮驱动，从而逐步实现城乡一体化，走出一条城镇化和农业现代化同步发展、相辅相成的新路子。这条路子不仅切切实实地促进了中国经济社会的高速发展，而且也对我国青年是一本真真实实的良好教材，折射了社会主义制度的优越性、社会主义国家的生命力。作为青年马克思主义者，不仅要抓好国家发展带来的机会，而且要讲好中国故事，积极宣扬好中国的发展成果。

对于上述问题的认识，不仅是青年马克思主义者必须具备的，而且也是必须落实到位的，理论的认知毕竟是为实践的具体落实做指导和铺垫的。因此，青年马克思主义者必须有这种认识和自觉，切实提高自我理论修养和实践能力，为中国特色社会主义现代化建设事业夯实坚实基础。

三、高校应创造形式多样内容丰富的实践形式

中国在社会主义革命和社会主义现代化建设取得的一个又一个成功表明，对中国情况的了解不能仅靠书本，而要实实在在地深入具体的革命实践中、社会主义现代化建设之中，并真正结合国情、党情，结合国家和民族发展实际，以人民群众的切身利益为中心，开展党的工作并不断进行理论创新，并进一步指导实践。高校青年大学生应该结合自身的实践情况，充分利用现有的各种资源，开展内容丰富、形式多样的实践活动。高校大学生可以利用空闲时间和寒暑假时间，深入田间地头、工厂学校、社区、农村去历练、磨炼、摔打，让高校大学生把所学的专业知识、专业技能应用到具体实践中，从而加深对理论的认识和理解，从而提高自己的专业素养和马克思主义理论素养，做一个真正德才兼备的社会主义建设者与接班人。

---

① 中共中央国务院关于推进社会主义新农村建设的若干意见[M]. 北京：人民出版社，2006：2.

第五节 利用"红色资源"滋养青年马克思主义者

发挥"红色资源"的教育熏陶作用,"红色资源"是革命英雄文化的载体,展现了中国共产党带领全国各族人民推翻"三座大山"进行艰苦卓绝的斗争史,是伟大革命精神的再现,运用"红色资源"对青年马克思主义者的培育具有内在的一致性,能在潜移默化中教育和引导青年马克思主义者的健康成长成才。因此,要积极发挥"红色资源"的教育熏陶作用,切实为提高青年马克思主义者的成长成才发挥应有作用。

一、"红色资源"的内涵及功能

"红色资源"是中国共产党人、人民军队、一切先进分子带领和团结全国各族人民在推翻"三座大山"的革命斗争、社会主义革命、建设和改革开放的过程中形成的物质资源和精神资源。"红色资源"承载的是一种勇于牺牲、自强不息和团结奋进的民族精神文化。它是优秀传统文化与社会主义革命、建设和改革开放伟大实践相结合的产物。"红色文化"内蕴的价值元素是青年马克思主义者健康成长不可或缺的精神营养。

"红色资源"承载的是为解放全人类和实现共产主义理想的精神文化,有利于在青年马克思主义者培育中发挥红色文化的教育熏陶作用。我们培育的青年马克思主义者不是一般的普通青年,而是有坚定的解放全人类的远大理想的共产主义接班人。而"红色资源"所承载的文化精神正是反映了无数青年志士仁人对共产主义远大理想不懈追求的崇高信念,可为青年马克思主义者健康成长提供价值指引和精神鼓舞。

"红色资源"承载的是全心全意为人民服务的精神文化。红色文化的根本属性就是人民性,即体现了无产阶级革命志士仁人视人民的利益高于一切的革命文化。邓小平同志指出:"为了国家和集体的利益,为了人民大众的利益,一切有革命觉悟的先进分子必要时都应牺牲自己的利益。"[1] "红色资源"以各种形式反映了以人民利益为中心的全心全意为人民服务的红色精

---

[1] 邓小平. 邓小平文选:第 2 卷 [M],北京:人民出版社,1994:337.

神，对祖国浓烈挚爱的高尚品格和伟大情操，是引导青年马克思主义者树立高尚人生观、正确价值观的鲜活教材。

红色资源承载的是严于律己、严于修身、保持节操的精神文化。中国是拥有五千年悠久历史的文明古国，在四大文明古国中，只有中国的文明是没有间断的，重要的原因之一就是有无数严于律己、严于修身的志士仁人。

"红色资源"作为中国共产党带领全国各族人民在长期的革命斗争、改革开放、社会主义建设中所形成的听党指挥、服务人民、英勇善战的先进文化，是将马克思主义基本原理与中国优秀传统文化在革命中的升华和质的飞跃；是作为无产阶级的青年马克思主义者加强党性锤炼、坚定马克思主义科学信仰的鲜活教材。"红色资源"内在的这种价值对青年马克思主义者教育意义重大。因此，我们一定要利用好"红色资源"在育人中的独特优势。

二、"红色资源"与青年马克思主义者健康成长的内在关系

"红色资源"所承载的红色文化是中华优秀传统历史文化在革命、建设、改革的各阶段中时代精神的精髓。在不同的历史时期也形成了不同历史时期的红色文化元素，如"根据地文化""长征文化""抗日文化""解放区文化""抗美援朝文化"等。这些红色元素体现了老一辈无产阶级革命家在青年时代的拳拳爱国心、殷殷报国情的崇高精神，是中华民族宝贵的精神财富，具有超越时空的生命力和感召力。因此，红色文化元素所积淀、蕴含的革命道德、崇高人生目标、坚定的理想信念是青年马克思主义者成长的宝贵精神营养。红色文化蕴含着无产阶级大无畏的政治立场和坚定的政治信仰，为解放全人类的理想和献身共产主义事业的品格。这种精神、品格会使青年马克思主义者在潜移默化中受到他们崇高精神风范的浸润和人格力量的熏陶，从而在浸润、熏陶中得到思想境界和道德情操的升华。这些红色文化引领着青年马克思主义者的价值取向，是青年马克思主义者了解中国革命史的金钥匙。

在革命、改革和现代化建设史上，共产党人不仅创造了辉煌的历史，也孕育了魅力无穷的革命精神，产生了多种鼓舞人心的革命精神。每一种精神的产生，都记载了一段难忘的历史，都有着极其丰富的时代内涵和特定的社会背景。特别是在艰苦卓绝的革命斗争中，老一辈革命家培育出了自强不息、解放思想、与时俱进的开拓精神，廉洁自律、自力更生、艰苦奋斗的创业精神，政治坚定、实事求是、一切从实际出发的求实精神，面向群众、不

怕牺牲、全心全意为人民服务的奉献精神。让青年马克思主义者切实领会这种文化，并在内化基础上继续发挥这种精神，意义是十分重大的。

"红色资源"还蕴含着中国共产党人的政治理想、爱国情怀、思想观念和道德追求等宝贵精神，彰显了中国共产党人的崇高精神和优良传统，是中华民族宝贵的精神财富，是新形势下加强共产党员先进性教育和人民群众理想信念教育的优秀资源。在当今多元文化的碰撞中，"红色文化"愈发凸显其作为主流价值的突出地位，成为中华民族发展强大的持续精神动力和软实力，并承担着引领大众文化健康发展的责任与使命。如井冈山精神、长征精神、延安精神、抗日精神、西柏坡精神、"两弹一星"精神、铁人精神、北大荒精神、雷锋精神等，这些精神组成了我们取之不尽、用之不竭的精神宝库，共同构成了"红色文化资源"，影响和鼓舞着一代又一代人勇敢前进，是我们共产主义的接班人——青年马克思主义者健康成长的宝贵精神财富。

三、将"红色资源"融入思想政治理论课课堂教学

高校思想政治理论课课堂教学是传播马克思主义理论的主渠道、主战场。"红色资源"多样的载体特征不仅可以坚持和完善传统的课堂讲授式教学，还可以与问题链式教学、论辩式教学等方式相互配合。如在讲授《思想道德修养与法律基础》第二章《坚定理想信念》时，可以运用现代多媒体、数字技术将"红色内容"综合运用语言文字、音乐影像、实物实景等作为教学媒介，制作声情并茂的多媒体影像、课件，模拟具有视觉冲击力的历史片段，演示情景交融、激人奋进的感人细节，让教育者可以从感性与理性、内容与形式、讲授与体验并重的原则出发，将崇高的理想信念、厚重的先进文化、丰富的革命精神、高尚的人格魅力等融入教育教学实践之中，将历史还原为现实、史料转化为课程，把"看、听、思、悟、行"等融为一体，实现知、信、行相统一，并体现出直观、生动、形象、感染力强等教育特点。而且，可以将情景模拟、实物展示、现场体验、社会实践等教学方法结合起来，突出教育对象的主体地位。运用众多内容，不仅能有效提升思想政治理论课课堂教学效果的实效性，而且对青年马克思主义者的培育有着更好的效果。

四、成立青年马克思主义者"红色"研究会

成立青年马克思主义者"红色"研究会的目的是明确的，即以提高广大进步青年大学生红色思想理论水平和实践能力为基本目标，可以通过唱"红歌"、读"红诗词"、开展"红色"知识竞赛、研究"红色"经典著作等形式展开。作为青年马克思主义者研读马列经典著作是提升马克思主义理论素养的主要方式，因此，要将研读马列经典著作作为提升其理论素养活动的重要途径。马克思主义经典著作蕴含和集中体现着马克思主义基本原理，是马克思主义理论的本源和基础。中国特色社会主义理论体系是对马克思列宁主义、毛泽东思想的继承和发展，这一理论体系在中国特色社会主义一系列重大问题上形成的创造性理论观点，都可以从马克思列宁主义、毛泽东思想中找到理论渊源，显示出一脉相承又与时俱进的内在联系。因此，只有认真学习马克思主义经典著作，系统准确地掌握马克思主义基础理论，才能深刻理解中国特色社会主义理论体系，才能创造性地运用马克思主义去分析和解决我们面临的实际问题。

马克思主义经典著作，还体现着经典作家坚定的政治立场和政治信仰、解放全人类的理想和献身共产主义事业的品格，阅读他们的著作，会使我们在潜移默化中受到他们崇高精神风范的浸润和人格力量的熏陶，从而实现自己思想境界和道德情操的升华。毛泽东同志是学习马克思主义经典著作的典范，也一直大力倡导和推动全党学习马克思主义经典著作。1939年底，他对一位进入马列学院学习的同志说："马列主义的书要经常读，当然不必要一律都精读，而是遇到实际问题，就去请教马列主义，时常翻阅，从理论上进行分析。"① 延安整风时期，为了使大家认清教条主义的危害，树立对马克思主义的科学态度，毛泽东同志要求高级干部学习《共产党宣言》等6本书。1945年党的七大，毛泽东同志提出读5本马列著作，并说这5本书"如果有五千人到一万人读过了，并且有大体的了解，那就很好，很有益处"②。在1949年党的七届二中全会上，毛泽东同志又提出干部必读的12本马列著作，他说："对宣传马克思主义，提高我们的马克思主义水平，应

---

① 陈晋. 毛泽东读书笔记解析 [M]. 广州：广东人民出版社，1996：242.
② 中共中央文献研究室. 毛泽东文集：第3卷 [M]. 北京：人民出版社，1996：417.

当有共同的认识。……如果在今后三年之内,有三万人读完这十二本书,有三千人读通这十二本书,那就很好。"① 在1985年党的全国代表会议上,邓小平同志就明确提出:"我希望党中央能作出切实可行的决定,使全党的各级干部,首先是领导干部,在繁忙的工作中,仍然有一定的时间学习,熟悉马克思主义的基本理论,从而加强我们工作中的原则性、系统性、预见性和创造性。"② 江泽民同志主持中央工作以后,反复强调领导干部要加强学习马克思主义经典著作,他在1996年1月全国宣传部部长会议上指出:希望党的高级干部多读读《马克思恩格斯选集》《列宁选集》《毛泽东选集》和《邓小平文选》等马克思主义著作,"熟悉和掌握马克思主义基本原理,善于运用马克思主义的立场、观点、方法分析实际情况、指导工作"③。胡锦涛同志、习近平同志同样很重视领导干部对马克思主义经典著作的学习,多次要求党的领导干部必须认真研读邓小平同志著作、江泽民同志著作,同时要有计划地选读马列著作和毛泽东同志的著作,以加深对马克思主义理论的掌握和运用。

五、定期开展"弘扬红色精神"主题旅游活动

借助旅游活动,在各大红色旅游景点对高校青年马克思主义者进行教育,能切实让高校青年马克思主义者感受到内在的价值,从而提升其坚定的信仰。尤其是高校,可以利用寒暑假或者思政课实践教学环节到革命老区的纪念馆、革命遗址、烈士陵园等革命教育基地,开展以"弘扬红色精神·传承红色记忆"为主题的红色旅游活动。对于加强青年马克思主义者的革命传统教育,弘扬和培育民族精神,可以充分发挥参与体验和现场感悟的优势,引导他们亲身去感受、主动去思考,使受教育者多层次、全方位地受到感染和冲击,从而构建寓教于思、寓教于悟、寓教于行的新型教育模式。同时,有的高校受条件限制,不能开展实地旅游,还有的"红色基地"在展览方式上存在枯燥、生硬的地方,正在失去众多的青年人资源。很多图片和文字过于晦涩,更因年代久远而与当代大学生的欣赏习惯相去甚远。在展览形式

---

① 中共中央文献研究室. 毛泽东文集:第5卷[M]. 北京:人民出版社,1996:216.
② 邓小平. 邓小平文选:第3卷[M]. 北京:人民出版社,1996:147.
③ 江泽民. 江泽民文选:第1卷[M]. 北京:人民出版社,2006:579.

上，往往是橱窗加镜框，设备陈旧、技术落后，缺乏内在的感染力和外在的吸引力。因此，应该借助现代网络数字技术让"红色资源"基地"动起来"，寓教于乐，让思想教育更加深入，更容易被青年学生接受，从而使高校青年大学生对"红色资源"基地产生认同感。

六、积极营造和谐共生的社会氛围

良好的社会氛围对青年马克思主义者的培育至关重要，而公平正义是良好社会氛围的重要体现之一，因为公平正义是人类社会永恒的追求，正如正义理论集大成者约翰·罗尔斯（John Rawls）在《正义论》中说："正义是社会制度的第一美德，正如真理是知识的第一美德一样。"公平正义的制度环境有利于调动广大人民群众的主动性、创造性和凝聚力。2010年3月14日，温家宝同志在接受《新加坡联合早报》记者提问时强调：我们国家的发展不仅是要搞好经济建设，而且要推进社会的公平正义，促进人的全面和自由的发展，这三者不可偏废。集中精力发展生产，其根本目的是满足人们日益增长的物质文化需求。而社会公平正义，是社会稳定的基础。我认为，公平正义比太阳还要有光辉。因此，只有起点公平、过程公正，才会实现真正的结果公平，才能充分调动广大劳动者的积极性，最大限度地激发人们的聪明才智潜能，培育人人奋发向上而又公平竞争的社会风气，为构建社会主义和谐社会，最终实现共产主义社会注入源源不竭的动力。如果社会风气不正，歪风邪气、潜规则盛行，依靠拉关系、走后门来获取本来不属于自己的机会，必定会挫伤、打击社会有为青年的积极性，也会影响甚至动摇青年马克思主义者的理想信念的塑造和具体言行的落实。

（一）以建构公正社会为基石，让青年马克思主义者感知社会主义制度优势

所谓分配公平正义，就是人民创造的财富要由全体人民共同分享，把共同建设、共同分享贯穿于社会主义建设的全过程。共建成果是否共同享有是检验无产阶级政党是否真正属于人民的试金石，是建设社会主义和谐社会，最终实现共同富裕目标的根本方式。马克思恩格斯在《共产党宣言》中就明确指出："过去的一切运动都是少数人的或者为少数人谋利益的运动。无产

阶级的运动是绝大多数人的、为绝大多数人谋利益的独立的运动。"①习近平总书记多次强调:"在整个发展过程中,都要注重民生、保障民生、改善民生,让改革发展成果更多更公平惠及广大人民群众,使人民群众在共建共享发展中有更多获得感。"②

自古以来中国就有"不患寡而患不均"的思想。应该说,社会主义制度在新中国的确立,为实现分配正义奠定了制度基础。新中国成立后的一段时间,我国实行计划经济条件下趋于绝对的平均主义单一按劳分配制度,干好干坏一个样,出工不出力,人们之间收入差距很小,这种分配方式严重影响了人们的劳动积极性。党的十一届三中全会后,确立了以按劳分配为主体、多种分配方式并存的分配制度。事实证明,这一分配制度适合我国社会主义初级阶段的基本国情,极大地激发了社会财富的创造活力。

同时也要看到,随着社会财富大幅增加,人们收入水平普遍提高,也出现了一些分配不公、贫富差距越来越大、两极分化愈发严重的现象,人民群众对此反映强烈。因此,建构公平正义的利益分配机制,对人们建设中国特色的社会主义,最终实现共产主义具有十分重要的意义。对此,在建构公平正义社会过程中,要切实注重再次分配的公平,加大社会保障力度,倡导社会慈善事业的发展,通过税收控制高收入者的收入,这些措施的落实能有效促进再次分配过程中公平正义的实现。

(二)以民主法治建设为抓手,为青年马克思主义者成长提供清明的社会环境

民主、法治是社会公平正义的基石。由于受封建社会"人治"遗毒的影响,在过去很长的一个时期内,在党和国家政治生活中,存在一些极不正常的现象,如官僚主义、家长制、权力过分集中、干部领导职务终身制等现象,极易导致权力滥用,对党和人民的事业造成了很大的危害。党的十一届三中全会以来,我们党在推进依法治国的进程中虽然取得了一些成绩,但是,仍然有个别领导干部法治观念淡薄,以身试法,依然存在着有法不依、

---

① 中共中央马克思恩格斯列宁斯大林著作编译局. 马克思恩格斯选集:第1卷[M]. 北京:人民出版社,1995:283.
② 中共中央文献研究室. 习近平关于全面建成小康社会论述摘编[M]. 北京:中央文献出版社,2016:157.

执法不严等现象，严重损害了党和国家在人民群众中的威信和形象，也必然影响甚至动摇青年马克思主义者对理想信念的坚定追求。

因此，优化利于青年马克思主义者成长的社会环境，前提是全面推进依法治国，建设法治政府，特别是各级政府部门及其公职人员要依法行政。法治政府建设为我们实现最高理想和党的最高目标和最终目标提供制度保障。如此，才能有效确保清明的政治环境，才能为青年马克思主义者的成长成才奠定良好的政治氛围。

（三）以校园文化建设为重点，为青年马克思主义者成长营造美好的校园文化

高校作为优秀青年知识分子的培育场所是培育青年马克思主义者的最集中平台，以社会主义核心价值观引领校园文化建设，将社会主义核心价值观融入校园文化建设中，对于培育青年马克思主义者树立崇高的理想信念，塑造自立自强的人格品质具有十分重要的意义。

第一，加强师德师风建设。师德师风也是校园文化重要的组成部分之一，教师的一言一行更是对学生的健康成长有重要影响。在中国传统观念中教师是集优良传统美德和社会道德风尚模范的典范，作为肩负培养社会主义接班人历史使命的大学教师，首先必"正其身"。子曰："其身正，不令而行；其身不正，虽令不从。"教师的一言一行不经意间会成为学生模仿的重要对象之一，对青年大学生价值观的形成具有潜移默化的影响。因此，青年大学生对师德师风的认可与否，直接影响他们对社会主义核心价值观的认同。

第二，加强先进典型的发掘、培育和宣传。加强对发生在青年大学生身边的先进典型的发掘、培育和宣传力度，可以通过校园广播、报纸、宣传栏、社团等载体宣传，还可以邀请先进"典型"现身说法，营造积极向上的校园文化氛围，进而促进社会主义核心价值观的培育和践行，对促进青年马克思主义者的健康成长意义重大。

第三，注重弘扬民族优良传统文化。优秀校园文化是高校在自身发展过程中形成的一种悠久历史人文精神的积淀，是中华优秀传统文化的继承和升华，是青年大学生践行社会主义核心价值观的文化引领。我国的传统文化源远流长，博大精深，校园文化建设应该继承和弘扬优秀民族文化基因，用内涵丰富的优良传统文化和校园文化来丰富大学生的思想，提升其精神境界，

改变不良风气，有利于营造和谐的校园氛围，也有利于社会主义核心价值观在青年马克思主义者群体中的培育。

（四）严格依法、依规治校，维护师生正当权益

依法治校已成为高校现代治理的基本方式，影响和改变着师生的行为和思维方式。例如，个别学校存在个别同学平时学习不认真，上课经常迟到早退，考试通过作弊却能得到比较高的分数，老师表扬、家长高兴，还能获得奖学金的现象。可见，加大依法治校力度，对于构建诚信校园、和谐校园有着根本性、长远性的效果，能从根本上维护师生的正当权益。

（五）以净化网络环境为契机，为青年马克思主义者成长提供清朗的虚拟空间

据中国互联网络信息中心（CNNIC）2019年2月28日发布的第43次《中国互联网络发展状况统计报告》称："截至2018年12月，我国网民规模达8.29亿，普及率达59.6%，较2017年底提升3.8个百分点。"互联网凭借其信息传播速度快、不受空间限制、使用成本低和个性化发展等优点，已经快速发展成为人数最多、联网区域最广的网络服务平台，成为人们日常生活中不可或缺的一部分，极大地丰富了人们的活动方式，推动了经济社会的快速发展。网络和其他任何事物一样也具有"两面性"，在给我们带来了诸多便利的同时，也给经济社会的发展带来了一些负面影响和挑战，如网络安全、网络犯罪、真伪难辨的虚假信息泛滥等。

青年马克思主义者生活在互联网时代，网络构成的虚拟空间已经成为他们工作、生活、学习等不可或缺的一部分，因此，营造积极向上的网络环境，能有效促进青年马克思主义者的健康成长。

鉴于目前网络机制不健全、相关法律法规不完善、网民素质良莠不齐等，网络文化的发展给社会建设、经济发展、政治安全和国民素质的提高带来了一些负面影响。如一些低俗信息、广告的传播，危害人们尤其是青少年的身心健康。如今，网络犯罪已经成为阻碍社会发展的一大障碍。比如，防不胜防的网络诈骗之类的犯罪越来越多，究其原因就是一些不法网站将公民的个人信息当作商品随意售卖，犯罪分子只要通过这些网站就能获得公民个人的电话号码、职业、家庭状况等信息资料，再利用他们所得到的信息进行诈骗。因此，国家只有完善相关法律法规，政府相关职能部门加大对互联网

的监管力度,才能促进互联网的健康发展,营造良好的有利于青年马克思主义者健康成长的良性网络环境。

一些不法分子在网上散播危害党和国家的不实言论,真假难辨,严重危害国家社会的和谐与稳定,对青年马克思主义者的培育产生了很大的负面影响,必须加以管制。

如何应对互联网带来的挑战?首先,政府和学校相关职能部门应加强对青年马克思主义者进行网络道德教育、普及网络知识,以增强他们辨别是非真假的能力,做理智合格的网民。其次,学校和政府相关部门应切实加强对网络的监管,努力为培育青年马克思主义者营造文明健康、积极向上的网络环境,如此才能有效利用好虚拟空间这一重要载体对培育青年马克思主义者的积极作用。

(六)以交流研讨为动力,为青年马克思主义者成长提供动力支撑

建立健全交流研讨机制,学员可以定期开展交流研讨学习心得体会。由于每个人的独特性,存在个体差异,在理论学习和社会实践中的体会是不同的,个体也存在一定的局限性。因此,通过交流研讨可以起到查漏补缺、弥补个人自学和社会实践中的不足。只有在充分的交流讨论中,理论的真理性才能被证实。"迫使一个意见不能发表的特殊罪恶乃在它是对整个人类的掠夺,对后代和对现存的一代都是一样,对不同意于那个意见的人比对抱持那个意见的人甚至更甚。假如那意见是对的,那么他们是被剥夺了以错误换真理的机会;假如那意见是错的,那么他们是失掉了一个差不多同样大的利益,那就是从真理与错误冲突中产生出来的对于真理的更加清楚的认识和更加生动的印象"①。杨振宁先生表示,他在物理学方面的兴趣主要是在大学期间培养的,几乎每天都和同学黄昆、张守廉三人"坐而论道",讨论物理学理论。据先生回忆,有一次三个人争论量子力学中"测量"的准确定义,结果从开始喝茶一直辩论到晚上宿舍关灯,辩论仍然没有停止。"我现在已经记不得那天晚上争论的确切细节了,也不记得谁持什么观点。但我清楚地记得,我们三人最后都从床上爬起来,点亮了蜡烛,翻看海森堡量子理论的物理原理来调解我们的辩论。"(杨振宁寄语国科大学子:你们蹚到了千载难

---

① 穆勒.论自由[M].严复,译.南京:译林出版社,2014:19—20.

逢的机会,中国科学院大学新闻网,2019-05-02)在交流讨论中不仅能够产生新的思想、观点,还能激发深入学习兴趣。马克思主义理论是一个宏大的科学理论体系,青年马克思主义者要深入领会其精髓,必须通过个人自学、独立思考、交互式的研讨才能循序渐进地进步。青年马克思主义者交流研讨会不是一般的理论研讨,而是肩负着实现中华民族伟大复兴和解放全人类的特殊历史使命。因此,青年马克思主义者交流研讨会应以提升青年马克思主义者政治素养为目标,提升能力为遵循,将理论学习融入研讨交流中,将自我提升融入团队建设中,学员以谈感想、分享心得体会等开展全方位、形式多样的交流模式,有效促进青年马克思主义者政治理论功力和驾驭复杂局面能力的提升。

(七)以反馈机制为平台,为青年马克思主义者成长提供持续保障

青年马克思主义者培育是一个过程,是一个理论学习、独立思考、模范引导、交流研讨等一系列的过程培育,并不是有了这些过程培育,他们就一定能成为一名合格的马克思主义者。青年马克思主义者作为青年中的特殊群体,也具有一般青年人的特点,如正处于身心成长期思想活跃,但是由于社会阅历浅,对事物本质的认识容易形成偏差。换句话说,就是缺乏通过现象看清事物本质的能力,思想不够稳定,这时就需要及时发现并予以纠正、帮助。因此,构建科学的青年马克思主义者培育反馈机制,可以及时发现培育过程中出现的不足和问题,并及时给予纠正,以防偏离健康成长轨道。具体来讲,可以通过党、团组织不定期谈心及时了解他们的学习情况、思想状况、生活需求等,加强跟踪辅导。主要承担培育的单位,根据每一位学员建立培育动态状况档案,及时总结发现存在的问题并予以处理。同时可以由马克思主义学院、校团委、党委、学工等系统从事马克思主义研究的青年教师与他们结对子,因为这些青年教师年龄和思想上与青年马克思主义者更接近,易于交流沟通。有了青年教师的模范示范,青年马克思主义者也更容易模仿,相互之间可以实现信息零距离交流,只有信息对称才能起到传、帮、带、疏、堵并举的作用。

第六章　高校青年马克思主义者培育体系与机制

青年马克思主义者的培育是一个有目的、有体系的过程。培育什么样的人，用什么方式去培育，是青年马克思主义者培育机制的重要前提，其目的在于使青年马克思主义者通过理论学习、实践，不断提高自身的思想政治素质。同时，建立健全完善的青年马克思主义者的培育机制，有利于实现青年马克思主义者培育的长效化、系统化和制度化。

第一节　高校青年马克思主义者培育体系

立足新的时代，我们需要从高校广大青年中培育一批用马克思主义中国化的最新成果武装的马克思主义者。这批青年马克思主义者通过理论学习、实践，不断提高自身的思想政治素质，使其热爱祖国，拥有民族自尊心、自信心，具有自立自强、团结友善、言行一致、信守承诺等鲜明的时代特征。

始终把对马克思主义科学真理的坚定信念作为培育高校青年马克思主义者的核心，坚持以育人为本，以道德建设为根本任务，坚持把理想信念教育和社会主义核心价值观教育纳入青年马克思主义者培育的全过程，突出高校青年大学生的马克思主义世界观、人生观和价值观教育，是高校青年马克思主义者培育的重点内容。新时期贯彻落实习近平的新时代中国特色社会主义思想，是对当代中国马克思主义的全面系统的诠释，青年马克思主义者要把马克思主义经典著作作为自己的生活习惯和精神追求，不断汲取科学智慧和理论力量。青年马克思主义者的重点培育对象是大学生骨干，目标是使大学生骨干准确把握时代发展的脉搏，增强走中国特色社会主义道路的理想信念，成为中国特色社会主义的合格建设者和接班人，实现中华民族的伟大复兴。

一、健全高校青年马克思主义者培育理论体系

培育高校青年马克思主义者，其首要任务是构建理论学习体系。运用先进的理论体系武装青年马克思主义者的头脑，是青年马克思主义者成为中国特色社会主义建设事业优秀人才的思想保障。理论学习，特别重要的是注重课内学习和课外学习相结合、理论学习与社会实践相结合，以增强思想政治修养为统领，着力提升青年大学生的马克思主义理论功底和应用分析能力，强化他们的理论学习意识、学习热情和学习能力，引领青年大学生坚定跟党走，坚定走中国特色社会主义道路的理想信念。增强青年们理论学习的实效性和针对性，将理论研究与人才培养相结合，将学术创新与实践创新相结合，推动用马克思主义基本理论及其中国化的最新成果教育武装青年马克思主义者，使青年马克思主义者与马克思主义理论创新实现有机统一。

（一）学习马克思主义经典著作，打好培育理论基础

马克思主义的经典著作是马克思主义理论的基础，也是马克思主义的本源，其中蕴含了马克思主义的基本原理。学习马克思主义经典著作是了解马克思主义基本理论、树立马克思主义信仰的重要途径。而研读马克思主义经典著作一直是我们党学习马克思主义理论的优良传统。

习近平总书记多次强调指出，高校"要坚持不懈地传播马克思主义科学理论，抓好马克思主义理论教育"。[①] 高校是中国共产党领导的具有中国特色社会主义的高校，要办好高校，就必须坚持以马克思主义理论为指导，全面贯彻党的教育方针，长期不懈地传播马克思主义科学理论，为高校大学生一生成长奠定科学的思想基础。与此同时，还要坚持不懈地对高校大学生进行培育和弘扬社会主义核心价值观教育，引导广大师生做社会主义核心价值观的坚定信仰者、积极传播者、模范践行者。

（二）学习了解马克思主义经典著作的重要意义

2016年5月1日，习近平在全国党校工作会议上的讲话中指出：

---

① 习近平. 把思想政治工作贯穿教育教学全过程 开创我国高等教育事业发展新局面[N]. 光明日报，2016-12-09 (1).

"马克思主义就是我们共产党人的'真经','真经'没念好,总想着'西天取经',就要贻误大事!不了解、不熟悉马克思主义基本原理,就不可能真正了解和掌握中国特色社会主义理论体系。"①

学习马克思主义经典著作对于高校青年马克思主义者有着重要意义。

首先,马克思主义理论作为我国立党立国的根本指导思想,当代青年要加强对马克思主义理论的学习研究。中国共产党人灵活运用马克思主义基本原理,认识和解决了中国革命、建设和改革中的诸多具体问题。因此,引导高校青年大学生学习马克思主义经典著作,进而使其对马克思主义理论能够学而信之、学而用之、学而行之,用科学理论武装头脑、指导实践、推动学习和工作,使青年马克思主义者达到道路自信、理论自信、制度自信、文化自信。

其次,马克思主义自19世纪末传入中国,通过报纸以及中国先进分子得以广泛传播,最终成了中国共产党人的必然选择,同时也成为青年革命者和建设者的重要精神支柱,成为他们确立共产主义伟大理想信念的思想武器。正如恩格斯在告诉青年如何学习《资本论》时曾经说过的,"对于那些希望真正理解它的人来说,最重要的却正好是原著本身"②。

因此,高校在对青年马克思主义者开展理论教育的时候,要多让青年们与马克思主义经典著作"亲密接触",多运用读原著教学法,这样可以使他们更好地理解马克思主义的立场、观点和方法,从而更加坚定新时代中国特色社会主义理想信念。

(三)学习了解马克思主义哪些经典著作

马克思主义的经典著作,是人类思想发展史上的一座高峰。"马克思主义经典名著蕴含和集中体现着马克思主义基本原理,是马克思主义理论的本源和基础。"③"马克思主义经典名著包含着经典作家所汲取的人类探索真理

---

① 习近平. 在全国党校工作会议上的讲话 [M]. 北京:人民出版社,2016:15.
② 中共中央马克思恩格斯列宁斯大林著作编译局. 马克思恩格斯文集:第7卷 [M]. 北京:人民出版社,2009:1005.
③ 习近平. 认真学习马克思主义经典名著 不断推进中国特色社会主义事业 [N]. 人民日报,2011-05-14 (3).

的丰富思想成果，体现着经典作家攀登科学理论高峰的不懈追求和艰辛历程。"① 马克思主义经典著作既指马克思主义创始人的经典著作，也涵盖了马克思主义中国化的经典文献。

马克思主义经典文献成果丰富，如马克思的《资本论》《关于费尔巴哈的提纲》《哥达纲领批判》《法兰西阶级斗争》《法兰西内战》，恩格斯的《自然辩证法》《家庭、私有制和国家的起源》《反杜林论》《路德维希·费尔巴哈和德国古典哲学的终结》《在马克思墓前的讲话》，以及还有马克思、恩格斯合著的《共产党宣言》《德意志意识形态》，列宁的《唯物主义和经验批判主义》《马克思主义的三个来源和三个组成部分》《哲学笔记》《国家与革命》，毛泽东的《论人民民主专政》《矛盾论》《实践论》《人的正确思想是从哪里来的？》《关于正确处理人民内部矛盾的问题》，等等。以上的名著均是马克思主义奠基人和后继者，为解决当时重大现实问题和理论问题进行科学研究而取得的成果，这些成果适应了时代发展的要求，是对马克思主义理论理解和运用的鲜活范本，是学习马克思主义理论最生动最直接的教材，青年马克思主义者应该多读这些原著，提升自身的马克思主义理论素养。

（四）学习了解马克思主义经典著作的具体途径和方法

马克思主义理论是一个庞大的体系，马克思主义经典著作中所包含的原理博大精深。学习和研读马克思主义经典著作是深入理解、掌握马克思主义基本原理的前提条件和重要途径。青年马克思主义者要想学好并充分掌握马克思主义一定要厘清方法和途径。首先，只有回归经典原著，并以实事求是的态度来仔细研读马克思主义经典著作，才能真正理解马克思主义的深刻内涵，厘清其中的理论逻辑关系，从中感受到马克思主义的生命力与科学性。其次，要有攻坚克难的大无畏精神。大多数人在刚开始阅读马克思主义经典著作时，都感觉晦涩难懂，甚至会产生害怕阅读马克思主义经典著作的想法。要解决这个问题，只能克服畏难心理，下苦功夫，反复研读。再次，还要分析这些经典著作的历史背景，用历史的思维去阅读。研读马列经典著作，就是要从源头上把握马克思主义理论，了解其产生的历史背景，并结合

---

① 习近平. 认真学习马克思主义经典名著 不断推进中国特色社会主义事业 [N]. 人民日报，2011-05-14 (3).

中国和世界不断变化的实际问题进行分析学习，大胆地进行理论探索，力争用新的思想、观点来丰富和发展马克思主义理论。列宁要求人们对马克思主义的每一个原理都要同具体的历史经验联系起来加以考察。恩格斯曾经说过："马克思的整个世界观不是教义，而是方法。它提供的不是现成的教条，而是进一步研究的出发点和供这种研究使用的方法。"① "新形势下，坚持马克思主义，最重要的是坚持马克思主义基本原理和贯穿其中的立场、观点、方法。这是马克思主义的精髓和活的灵魂。"② 毛泽东同志在学习马克思主义理论方面，为我们青年人树立了很好的榜样。他曾说过："《共产党宣言》我看了不下一百遍，遇到问题，我就翻阅马克思的《共产党宣言》，有时只读一两段，有时全篇都读，每阅读一次，我都有新的启发。"③ 由此可见，学习马克思主义经典著作必须完整、扎实、反复地学。只有这样，青年马克思主义者才能深入理解马克思主义经典著作的思想精髓，掌握马克思主义的精神实质，才能够拨开迷雾看清实质。同时，青年马克思主义者还需要把学习和思考结合起来，融会贯通地掌握马克思主义的理论和观点，才能真正懂得马克思主义具有的持久生命力。④

马克思主义作为一种世界观和方法论，是人类精神文明的结晶和升华。引导青年大学生认真研读马克思主义经典著作能使其明"理"晓"情"，并将其中蕴含的精神、灵魂转化为正确的世界观、价值观和方法论，进而树立和巩固青年大学生的新时代中国特色社会主义理想信念。

一定程度地了解国际共产主义运动经验和教训，对于培养高校青年马克思主义者具有积极的意义。

19世纪40年代，人类历史上发生了具有划时代意义的大事：马克思主义的诞生和国际共产主义运动的兴起。科学共产主义理论的创始人、全世界无产阶级的革命导师马克思和恩格斯，运用他们所建立的辩证唯物主义和历史唯物主义，分析资本主义经济的发展规律，指出资本主义社会经过无产阶级的革命斗争，经过无产阶级专政，必然转变为生产资料公有、消灭剥削、

---

① 中共中央马克思恩格斯列宁斯大林著作编译局. 马克思恩格斯选集：第4卷 [M]. 北京：人民出版社，1995：742-743.
② 习近平. 在哲学社会科学工作座谈会上的讲话 [N]. 光明日报，2016-05-19 (01).
③ 《缅怀毛泽东》编辑组. 缅怀毛泽东 [M]. 北京：中央文献出版社，1993：400.
④ 楚国良. 学习马克思主义经典著作要真学真懂真用 [J]. 学习月刊，2012 (8)：18-19.

按劳分配的社会主义社会。他们还指出,社会主义社会经过生产力的巨大发展和政治、文化的巨大进步,最后必然发展为消灭一切阶级差别,实现各尽所能、各取所需的共产主义社会。

科学共产主义同工人运动的初步结合,共产主义者同盟的建立,揭开了国际共产主义运动的历史篇章。从此,全世界无产阶级和被压迫人民为了谋求解放,在科学共产主义理论指引下,在共产主义政党领导下,前赴后继,向旧世界发起一次又一次的革命冲击。

19 世纪 60 年代,随着无产阶级反对资产阶级斗争的发展,第一个国际性的无产阶级团结战斗的组织——国际工人协会(即第一国际)诞生了。共产主义运动由西欧扩张到东欧、北美十几个国家。1871 年,巴黎无产阶级发动武装起义,进行了打碎资产阶级国家机器、建立无产阶级政权的伟大尝试,为无产阶级的解放斗争提供了丰富的经验教训。

在 19 世纪的最后 30 年,科学共产主义广泛地传播开来,共产主义运动由欧洲、北美扩展到亚洲、大洋洲、拉丁美洲和南非。无产阶级的社会主义政党在二十几个国家内建立起来。在此基础上,成立了第二国际。

在第一国际时期和以后的年代中,马克思主义经过同工人运动中其他社会主义流派多次反复的斗争,获得了决定性的胜利,在工人运动中确立了自己的领导地位。马克思主义在理论上的胜利,逼使它的敌人装扮成马克思主义者。1895 年恩格斯逝世后,出现了披着马克思主义外衣,攻击、篡改和"修正"马克思主义的逆流。

20 世纪初,列宁在同第二国际修正主义的斗争中,在领导俄国和国际无产阶级解放斗争的实践中,继承、捍卫和发展了马克思主义。列宁指出,资本主义已经发展到帝国主义阶段,无产阶级的解放斗争应当同世界被压迫民族的解放斗争联合起来,社会主义在帝国主义统治的薄弱环节有可能首先取得胜利。1917 年,以列宁为首的布尔什维克党领导俄国无产阶级和劳动人民,取得了"十月革命"的伟大胜利,建立了世界上第一个无产阶级专政的社会主义国家。

在"十月革命"的影响和推动下,欧亚革命运动空前高涨,形成了从西方无产者到东方被压迫民族的反对世界帝国主义的革命战线。1919 年建立了共产国际,即第三国际,共产主义运动发展成为遍及全球五大洲、具有世界规模的运动。

科学社会主义自诞生以来，世界社会主义共产运动出现过两次大分裂。一次是19世纪、20世纪之交社会民主党分化及共产党和社会民主党的分裂，最终导致第二国际破产；另一次是20世纪、21世纪之交由于共产党与社会主义阵营的分化而导致苏联解体、东欧剧变。对这两次世界社会主义运动低潮的比较分析可以从中得到一些有益的启示。

当人类即将告别20世纪、进入21世纪的时候所进行的反对修正主义的斗争，起初是以理论斗争的形式出现的，其后则侧重于策略斗争。这两次的大分裂都与反对修正主义的斗争有着直接的关系，第一次反对的是修正主义，第二次反对的是现代修正主义。这两次反对修正主义的斗争以及由此所导致的世界社会主义共产主义的大分裂，在相当大程度上影响甚至决定了世界社会主义共产主义运动的进程及特点。

世界社会主义共产主义运动的发展过程，就是马克思主义—修正主义—反对修正主义的发展过程。

高校青年马克思主义者学习了解国际共产主义运动史，就是要学习马克思主义如何与各国的革命实际相结合，从而推进了革命事业，并且丰富和发展了革命理论，以便完整地、准确地领会和掌握马克思主义的基本原理，增强运用马克思主义的立场、观点和方法分析问题和解决问题的能力。同时学习各国无产阶级夺取政权和巩固政权，进行社会主义革命和社会主义建设的历史经验，以历史为借鉴，有分析地吸取外国好的经验，汲取反面的教训，以便巩固无产阶级专政，发扬社会主义民主，坚持社会主义道路，推进无产阶级的解放事业。

那么，这两次大分裂带给我们哪些经验教训和启示呢？被压迫民族和被压迫人民进行无产阶级革命，推翻资产阶级统治，坚持无产阶级专政，大力发展生产力，消灭阶级和阶级差别，才能在全世界实现社会主义和共产主义。所以，国际共产主义运动史着重研究科学共产主义理论同各国革命实践相结合的历史经验，研究各国共产主义政党的发展和领导人民进行解放斗争的历史经验，研究无产阶级革命和无产阶级专政如何实现的历史经验，研究社会主义建设和向共产主义过渡的历史经验。

首先，必须坚定不移地坚持马克思主义，旗帜鲜明地反对各种非马克思主义思潮。学习国际共产主义运动史，遵循辩证唯物主义和历史唯物主义的原理。高校青年马克思主义者要尊重历史事实，从历史实际出发，具体问题具体分析。不要歪曲历史和随意剪裁历史，要总结历史经验，从中找出规律性的东西，以利于指导现实斗争。既不要脱离现实斗争去学习历史经验，也不要乱搬历史经验来比附现实斗争。

其次，马克思主义是建立在对资本主义发展进行严密的、科学的考察之上的，是对客观规律和历史实践的概括与总结。运用马克思主义要贯彻理论联系实际的方针，青年马克思主义者要把马克思列宁主义运用于本国革命的实际，既不生搬硬套，又不违背马克思列宁主义的基本原理，依据时代的形势和本国的国情灵活地运用和发展马克思主义。

要尊重客观规律，实事求是，解放思想，运用马克思列宁主义的基本原理来研究新情况，解决新问题，使理论学习不断适应社会主义现代化建设事业发展的需要。

最后，通过学习国际共产主义运动史，提高政治思想觉悟，坚持科学性和党性相一致的原则。坚持马克思列宁主义的科学体系，批判资产阶级学者和机会主义者对国际共产主义运动史的歪曲、篡改及其散布的各种谬论，拨乱反正，正本清源，恢复历史本来面目。

当今世界正处在一个大发展、大变革的时代。世界在曲折中发展，科学技术日新月异，经济全球化，多种思潮相互激荡。青年马克思主义者只有通过对历史作出冷静的分析与思考，保持清醒的头脑，才能在失败中寻找教训，从历史中寻求启示。青年马克思主义者需要有开阔的国际视野，深刻洞察时代趋势，才能完成马克思主义中国化和建设中国特色社会主义的历史任务，为社会主义由低谷走向高潮，直至最终取得胜利作出自己的不懈努力。

（五）坚定用习近平新时代中国特色社会主义思想指导学习实践与成长成才

中国特色社会主义理论体系，包括邓小平理论、"三个代表"重要思想以及科学发展观、习近平新时代中国特色社会主义思想等重大战略思想。这个理论体系，坚持和发展了马克思列宁主义、毛泽东思想，凝结了几代中国共产党人带领人民不懈探索的智慧和心血，是马克思主义中国化最新成果，是中国共产党最宝贵的政治和精神财富，是全国各族人民团结奋斗的共同思想基础。在当代中国，坚持中国特色社会主义理论体系，就是真正坚持马克思主义。

党的十九大通过的党章修正案把习近平新时代中国特色社会主义思想确

立为我们党的行动指南，实现了党的指导思想的又一次与时俱进。这是党的十九大的一个重大历史贡献。深入学习贯彻习近平新时代中国特色社会主义思想，对于凝聚全党全国各族人民的思想共识和智慧力量，决胜全面建成小康社会，夺取新时代中国特色社会主义伟大胜利，实现中华民族伟大复兴的中国梦，具有重大现实意义和深远历史意义。

习近平同志在十九大报告中指出："经过长期努力，中国特色社会主义进入了新时代，这是我国发展新的历史方位。中国特色社会主义进入新时代，意味着近代以来久经磨难的中华民族迎来了从站起来、富起来到强起来的伟大飞跃，迎来了实现中华民族伟大复兴的光明前景。……这个新时代是承前启后、继往开来、在新的历史条件下继续夺取中国特色社会主义伟大胜利的时代，是决胜全面建成小康社会、进而全面建设社会主义现代化强国的时代，是全国各族人民团结奋斗、不断创造美好生活、逐步实现全体人民共同富裕的时代，是全体中华儿女勠力同心、奋力实现中华民族伟大复兴中国梦的时代，是我国日益走近世界舞台中央、不断为人类作出更大贡献的时代。"①

习近平新时代中国特色社会主义思想的提出，对我国未来的发展，起着塑造、指导和引领的巨大作用。

1. 习近平新时代中国特色社会主义思想的时代背景和历史贡献

中国特色社会主义进入了新时代，是我国发展新的历史方位，也是习近平新时代中国特色社会主义思想产生的时代背景。这个新时代，既与改革开放四十年来的发展一脉相承，又面临许多新情况新变化：党的十八大以来，党和国家的事业发生了历史性变革，我国发展站在新的历史起点上。我们党执政面临的社会环境和现实条件发生了深刻变化，发展理念和方式有了重大转变，发展水平和要求更高；世界进入大变革大调整时期，面临千年未有之大变局，如何在乱局中保持定力、在变局中抓住机遇，对我们统筹国际国内两个大局提出了更高要求，开启全面建设社会主义现代化国家新征程。

这些新情况新变化，给我们党提出了一个重大课题，就是必须从理论和实践结合上系统回答在新的时代条件下坚持和发展什么样的中国特色社会主

---

① 习近平. 决胜全面建成小康社会 夺取新时代中国特色社会主义伟大胜利——在中国共产党第十九次全国代表大会的报告 [M]. 北京：人民出版社，2017：10—11.

义、怎样坚持和发展中国特色社会主义。正是围绕回答这一重大理论和实践问题，形成了习近平新时代中国特色社会主义思想。可以说，党的十八大以来国内外形势深刻变化和我国各项事业快速发展催生了习近平新时代中国特色社会主义思想，习近平新时代中国特色社会主义思想回答了实践和时代提出的新课题。①

2. 习近平新时代中国特色社会主义思想对于中国特色社会主义的理论贡献

习近平新时代中国特色社会主义思想与马克思主义是一脉相承的，是对马克思列宁主义、毛泽东思想、邓小平理论、"三个代表"重要思想、科学发展观的继承和发展，是马克思主义与中国实际结合的又一次历史性飞跃；是马克思主义中国化最新成果，是党和人民实践经验和集体智慧的结晶，是中国特色社会主义理论体系的重要组成部分，是全党全国人民为实现中华民族伟大复兴而奋斗的行动指南。

习近平新时代中国特色社会主义思想，是在几代中国共产党人带领人民不懈探索基础上的又一次重大理论创新，是对十八大以来我们党理论创新成果的最新概括和表述，把我们党对中国特色社会主义的认识水平提到了一个新高度。这一思想的主要创立者是习近平同志，该思想运用历史唯物主义和辩证唯物主义的思想方法分析问题、解决问题。通过原创理论，在总结历史经验的基础上，结合新的实际科学回答了新时代坚持和发展中国特色社会主义的一系列基本问题。

3. 习近平新时代中国特色社会主义思想对于中国特色社会主义的实践指导

习近平新时代中国特色社会主义思想源于实践又指导实践，为新时代坚持和发展中国特色社会主义、推进党和国家事业提供了基本遵循，为发展21世纪马克思主义、当代中国马克思主义作出了历史性贡献。理论创新每前进一步，理论武装就要跟进一步。新时代新任务新实践需要新的思想来指引。实现新时代党的历史使命，统揽伟大斗争、伟大工程、伟大事业、伟大梦想，决胜全面建成小康社会、夺取新时代中国特色社会主义伟大胜利，必

---

① 刘云山. 深入学习贯彻习近平新时代中国特色社会主义思想[N]. 人民日报，2017-11-06（02）.

须用党的最新理论成果武装全党、指导实践、推动工作。

4. 习近平新时代中国特色社会主义思想对青年大学生学习成才的指导

青年兴则国家兴，青年强则国家强。青年一代有理想、有本领、有担当，国家就有前途，民族就有希望。青年大学生是中国特色社会主义的建设者和接班人，肩负着人民的重托、历史的重任，承载着中华民族复兴的伟大使命。

青年马克思主义者应自觉用习近平新时代中国特色社会主义思想武装头脑、指导实践，拥护党的政治路线，坚定中国特色社会主义的共同理想和共产主义的远大理想。

2013年，习近平在同各界优秀青年代表座谈时指出："青年人正处于学习的黄金时期，应该把学习作为首要任务，作为一种责任、一种精神追求、一种生活方式，树立梦想从学习开始、事业靠本领成就的观念，让勤奋学习成为青春远航的动力，让增长本领成为青春搏击的能量。"① 个人本领、技能是青年马克思主义者服务社会的能力基础，培育青年马克思主义者需要理论实践两手抓，在理论学习基础上增加理论储存，在服务社会的过程中实现知识价值，在促进社会发展过程中实现个人价值。

二、完善高校青年马克思主义者培育的分类强化体系

高校青年马克思主义者的培育，核心是以青年大学生为本，这就要求高校教师在开展马克思主义教育、培育青年马克思主义者的过程中，坚持做到以学生为本，必须充分尊重青年大学生的主体地位，必须充分结合当代青年大学生思想的特点来开展工作。高校"青年马克思主义者培养工程"的开展实施，首先，在培育深度上，积极推进马克思主义理论学科建设，对教学内容进行科学的顶层设计，编写有针对性的教学大纲。重点放在处理专业能力培育与思想政治教育之间的关系、课堂教学与第二课堂的关系，理论学习与实践教育的关系等。在设计培育课程体系、培育方案等各环节，结合我国丰富的红色资源，创设红色文化情境教学，将马克思主义最新理论成果融入理想信念教育和红色文化教育之中，使青年马克思主义者培育内容不断地扩充和丰富。其次，培养青年学生的问题意识，引导他们用当代中国马克思主义

---

① 习近平. 在同各界优秀青年代表座谈时的讲话[N]. 人民日报，2013-05-05(01).

研究解决问题。各高校在实施过程中，要求学生善于从经济社会发展中寻找实际案例作为理论研究的支撑。再次，要引导青年学生进行学习规划和职业规划，将新时代中国特色社会主义的理想信念与个人学习、实践、成长有机地结合起来，合理规划大学学习，在马克思主义理论修养、政治思想素质、专业能力提高、道德品质养成，社会调研及实践、身心健康以及职业发展等方面，制订符合自身特点的人生规划，并坚持不懈地付诸努力。

通过以上措施，打造契合青年特点的培育体系，既从理论上进行指引，也从实践上给予提升，既要培育青年马克思主义者的视野，也要提升他们为社会服务的真才实干，采用多种途径、建构完善分类强化培育体系来提升其综合素养，是提高青年马克思主义者培育质量的重要因素。

（一）培育青年马克思主义者成为理论人才

组建大学生青年马克思主义者培育学校是一项社会系统工程，可依托高校党委组织部、学工部、团委和马克思主义学院等部门，选拔优秀的大学生青年马克思主义者，针对不同的层次开展多种形式的培训，学习马克思主义理论知识，开展相关的社会实践，多角度、全方位、有计划、有步骤地强化实施大学生"青年马克思主义者培养工程"。

依托高校构建并完善三级团校培训体系，让"青年马克思主义者"的概念深入人心。

首先，基于团支部，以学生党员、团员先进分子为骨干组织开展主题性强、时事性新的小组活动，紧握时代脉搏，融合理论与实践，通过读书会、拍摄微电影、理论宣讲、知识竞赛等形式，传播马克思主义理论知识，让更多的青年大学生加入青年马克思主义者的队伍中来。通过对党的先进理论及政策方针的学习，尤其是对习近平新时代中国特色社会主义思想的学习，让青年大学生对党的先进理论、方针政策从熟悉到认同；了解、分析党和国家的时事重点，为更高层次的理论学习打下基础。

其次，在各部、各学院或年级的层面上，开展较大规模的大学生青年马克思主义者的教学、宣讲活动，充分发挥大学生骨干的参与意识和积极性，调动大学生骨干形成辐射作用，达到以思想影响人、以行动感染人的效果，从而不断巩固和加强青年大学生课余理论学习的效果，进一步选拔和锻炼青年马克思主义者。

再次，在各学部（学院）理论研究会良好运转的前提下，选择成立学校理论研究会。开展"青年马克思主义者培训班"，配备专门的指导教师，指导大学生骨干通过组织、开展专题专项理论学习，如开展小组讨论、读书分享会、时事沙龙、红歌会以及读书笔记展评等特色活动，进行集中时间的理论学习，不断推进大学生青年马克思主义者培育工作的开展。

1. 引导青年马克思主义者正确处理"碎片化"阅读与"深呼吸"阅读之间的平衡

互联网，特别是移动互联网给学习按下了快进键。快节奏时代下，青年中越来越流行一种新型的阅读方式——"碎片化"阅读。"碎片化"阅读是利用短而不连续的时间片段进行简短而少量的文本阅读，这些文本是信息的高度浓缩，通过大量的阅读量得以高度传播。"碎片化"阅读有利于提高阅读的普及率，且使阅读变得简易、轻松。它最大的优势是在较短的阅读时间内克服读者与创作者在时间和空间上的距离感。然而碎片化阅读的最大弊端则是不利于学术研究，难以构建精神高地，且碎片化阅读容易让人产生惰性思维。高校要引导青年马克思主义者正确处理"碎片化"阅读与"深呼吸"阅读之间的平衡。青年马克思主义者一方面以微信、微博的互联网阅读方式扩大知识信息量，同时高校应积极向青年马克思主义者推荐优秀阅读书目，鼓励青年马克思主义者对经典著作进行"深呼吸"阅读，深度挖掘经典著作中的内涵，"以此增加对历史纵深的认知厚度，拓宽分析问题和观察问题的历史视角，形成科学的方法论"[①]。

2. 引导青年马克思主义者正确处理理论联系实践之间的关系

理论联系实际，是学习马克思主义的基本原则。实践是检验理论正确与否的唯一标准，只有通过实践检验的理论才是真正正确的理论；但也不能否定理论也可以检验实践，不能否定理论检验实践的可能性和必要性。习近平同志先后十余次与青年座谈、给青年群体回信，以亲身经历指出劳动实践是宝贵的人生财富，引导青年"通过劳动播种希望、收获果实，也通过劳动磨炼意志、锻炼自己"[②]，并提出，"我们的学习应该是全面的、系统的、富有

---

① 赵婀娜，章正王，舒嫒. 大学生阅读，应做"深呼吸" [N]. 人民日报，2014-04-24 (18).
② 中共中央文献研究室. 习近平关于青少年和共青团工作论述摘编 [M]. 北京：中央文献出版社，2017：89.

探索精神的。……既要向书本学习,也要向实践学习"①。让青年马克思主义者高度关注当前社会中的现实问题,坚持理论联系实际,真正学会运用马克思主义的立场、观点、方法来认清当前形势,分析和解决现实问题。

党的十八大以后,青年的实践形式不断发展。随着中国国际地位的不断提升,举办的各种国际活动、会议也越来越多,青年在各种国际活动、会议等重大活动中都发挥了积极作用。部分优秀青年大学生组团到祖国西部地区、革命老区和边疆民族地区,为当地社会发展提供人才支撑;部分优秀青年大学生到农村担任大学生村干部,为农村经济发展提供智力服务。随着实践形式的不断丰富,青年马克思主义者在正确处理理论联系实践的关系时,会有更深刻的理解。

(二)以实践锻炼为切入点,多平台拓展青年马克思主义者综合素质

在青年马克思主义理论课教学过程中,要坚决避免出现脱离改革开放和社会主义现代化实际、脱离社会生活、孤立研究马克思主义理论的现象,更要善于发现搜集青年马克思主义者感兴趣的社会现实问题,带着这些问题去寻找答案。现实问题包括时事新闻、国际政治事件、中国共产党的理论创新、坚持和发展中国特色社会主义的新政策新举措、高校贯彻党的教育方针的情况、青年马克思主义者学习和生活中的实际问题等。

1. 以高校为基础,校园活动为载体,创建提升青年马克思主义者素质平台

高校是实施"青年马克思主义者培养工程"的主阵地,培养大学生青年马克思主义者是一项系统工程,必须精心规划、周密实施,多渠道构建保障体系。

实践证明,广大青年大学生通过参加社会调查、智力咨询、科技服务、结对联系帮扶、生产实践基地等活动,不仅促进了自己对专业知识的学习,也体现了自身的社会价值,思想素质和政治素质均得到了成长和提高,培养了作为社会主义事业接班人的责任感和为共产主义奋斗的使命感。

首先,组织内容丰富、形式多样的校园文体活动,构建社团文化平台,特别是以特色鲜明的各类社团文化节和各类专业赛事为载体,积极搭建第

---

① 习近平.在中央党校建校80周年庆祝大会上的讲话[N].人民日报,2013-03-08(01).

二、第三课堂平台，培养青年马克思主义者的文体专长和自我组织管理能力。

其次，把培育青年马克思主义者的调查研究能力和解决问题能力作为重点，依托大学生各类科技协会，积极组织开展学生课外科技学术活动，参加各种科技赛事，培育青年大学生的科学精神和创新能力，构建研究性学习平台。

最后，要构建各类社会实践平台，组织和引导青年马克思主义者积极参加各种志愿服务活动，开展社会公益服务，形成长效机制，提高青年志愿者的服务能力与水平，深化青年志愿者发展计划，做到在为周边地区社会经济发展做出积极贡献的同时获得自身的成长。

2. 引导青年大学生对个人正当利益的追求，提升青年大学生的就业技能

当今世界和当代中国都处于大变革之中，这种变革反映到人们的思想观念中，自然会产生多种多样的思想理论和价值理念。面对世界范围内各种思想文化交流交融交锋的新形势，面对整个社会思想价值观念呈现多元多样、复杂多变的新特点，高等学校培育青年马克思主义者如何做到国家和个人的利益共赢成了重大问题。

青年大学生对自己未来生活的追求和向往，不能脱离当代中国的社会现实。"得其大者可以兼其小"，"为民"是大，"为己"是小，一个人确立了服务人民、奉献社会的人生追求，才能清楚地把握人的生命历程和奋斗目标，深刻理解人为了什么而活、应走什么样的人生之路等道理。青年个人只有自觉把个人之"小我"融入社会之"大我"，不为狭隘私心所扰，不为浮华名利所累，不为低俗物欲所惑，才能够在推动社会进步中创造不朽的业绩，才能最终成就一番事业。

每个青年应当在为人民服务的成就中"得大"而"兼小"。无国则无家，离开祖国的繁荣昌盛，何来青年个人的幸福安康？青年立则国立。高校应积极引导青年马克思主义者珍惜韶华、奋发有为，勇于追求个人理想，在实现社会理想的过程中努力实现个人理想，实现国家与个人利益共赢，成为新时期社会主义发展的脊梁。

衡量人生价值的标准，最重要的就是看一个人是否用自己的劳动和聪明才智为国家和社会真诚奉献，为人民群众尽心尽力服务。高校在引导青年

马克思主义者全心全意为人民服务的基础上，也要客观、公正、准确地评价当代青年的价值观，承认和支持青年追求合法合理的个人需求。

就业牵涉青年大学生自身和千家万户的利益，也影响国家和社会的发展。每个大学生都要面临就业的现实。如何让青年马克思主义者顺利走进职业生活具有重要的现实意义。职业活动不仅是人们谋生的手段，也是人们奉献社会、完善自身的必要条件。马克思在谈到选择职业理想时曾经写道："如果我们选择了最能为人类而工作的职业，那么，重担就不能把我们压倒，因为这是为大家作出的牺牲；那时我们所享受的就不是可怜的、有限的、自私的乐趣，我们的幸福将属于千百万人，我们的事业将悄然无声地存在下去，但是它会永远发挥作用，而面对我们的骨灰，高尚的人们将洒下热泪。"① 马克思这种崇高的职业理想，值得青年马克思主义者择业和创业时去学习和追求。

素质是立身之基，技能是立业之本。大学生有了真才实学，才能在未来适应多种岗位。要有真才实学就要勤于学习，学文化、学科学、学技能、学各方面知识，不断提高综合素质，练就过硬本领；既要向书本学习，也要向群众学习、向实践学习。任何一名劳动者，无论从事的劳动技术含量如何，只要兢兢业业、精益求精，就一定能够造就闪光的人生。

创业是通过发挥自己的主动性和创造性，开辟新的工作岗位、拓展职业活动范围、创造新业绩的实践过程。党的十八大报告指出，要"倾听青年心声，鼓励青年成长，支持青年创业"。高校大学生创业成为新时期社会发展的焦点，如何成功创业成为青年大学生最为关注的问题。

高校青年大学生创业存在三大劣势：综合素质较弱、资金不足、创业能力经验不足。基于上述情况，高校要帮助青年大学生提升综合素质，积极关注经济社会发展的趋势，了解国家鼓励大学生自主创业的有关经济政策，破除依赖心理和胆怯心理，勇敢地接受创业的挑战，充分考虑自身的条件、创业的环境等各种现实的因素，努力提高自主创业的能力。高校可以利用各种创业比赛资源为青年学生搭建良好的社会平台，如举办"创青春"全国大学生创业大赛、"挑战杯"全国大学生创业计划大赛、"深创杯"国际大学生创

---

① 中共中央马克思恩格斯列宁斯大林著作编译局. 马克思恩格斯全集：第 1 卷 [M]. 北京：人民出版社，1995：459-460.

新创业大赛等比赛，来引导青年马克思主义者进行创业，实现从课堂到市场的成功着陆。

青年是时代最灵敏的晴雨表，时代的责任赋予青年，时代的光荣属于青年。在当今中国，最重要的社会实践，就是全面建成小康社会、加快推进社会主义现代化强国、实现中华民族伟大复兴的实践。青年马克思主义者要坚持理论联系实际，积极投身社会实践，在基层环境中提升品质，在同人民群众的密切联系中锤炼作风，在实践中发现新知、运用真知，在解决实际问题的过程中增长才干，不断提高实践能力、创新能力，实现最大的人生价值，创造无悔的青春。

三、创新高校青年马克思主义者培育的人才选拔体系

不拒众流，方成江海。高校应建立更加积极、更加开放、更加有效的大学生青年马克思主义者的人才选拔体系，集四海之气，借八方之力，从教和学两个方面，制定行之有效的青年马克思主义者的人才选拔政策。"教"的方面强调以德为先，师德、师品是师资培育选拔的首要标准；"学"的方面须是习近平新时代中国特色社会主义思想的坚定拥护者和支持者，要经常、深入、持久地学习马克思主义理论，系统地领悟马克思主义的原理。

（一）建立完备的师资教育队伍

高校马克思主义学院的老师是青年大学生健康成长的指导者和引路人。青年马克思主义者培育体系要基于校内传统教育体系，善于捕捉社会时事政治及热点问题，构建一支组织结构合理、师生融洽、资源丰富的多元化的教师队伍。

首先，要有一支由具备较高思想觉悟和政治素养的社会知名人士、企业管理者、党政领导干部构成的相对稳定且水平高的校外专家团队，专家团队的成员可以通过演讲、座谈、讲座、授课等多种方式帮助学生获取更多的社会经验，丰富学生的知识储备，让学生及早适应社会。

其次，努力打造一支高素质专业化的马克思主义理论课教师队伍。教师应以高尚的人格感染学生、赢得学生。这支教师队伍肩负着立德树人的光荣使命，要解决"为谁培养人、培养什么人、怎样培养人"的根本性问题。要做好青年马克思主义者的教育教学，对这支教师队伍构成则提出了很高的要

求,即政治要强、情怀要深、思维要新、视野要广、自律要严、人格要正。充分调动马克思主义理论课老师的积极性、主动性和创造性,建设一支高素质专业化的马克思主义理论课教师队伍,为培育担当民族复兴大任的青年马克思主义者做出新的更大的贡献。与此同时,高校还需要在课程设置、师资配备、教学管理、后勤保障等方面提供有力的保障。

(二)健全培训学员的推荐与选拔方式

青年马克思主义者的选拔应以政治坚定、作风过硬、素质全面为前提,坚持公开、公正、公平的原则进行推荐和选拔。以基层团组织建设为基础,加大对大学生入党积极分子、预备党员、党员发展对象培养的工作力度,从根本上保证"青年马克思主义者培养工程"学员择优培养的公正性。

"青年马克思主义者培养工程"的目标是"选拔优秀、培养优秀",因此建立科学、完备的选拔机制非常重要。选拔出有理想有本领有担当的时代新青年,需要具备以下四个方面的品质:

一是要有崇高的理想信念。对中国共产党的领导和中国特色社会主义道路充分认同,信仰马克思主义。牢记使命,自信自励。"功崇惟志,业广惟勤。"理想指引人生方向,信念决定事业成败。崇高的理想信念是事业和人生的灯塔,决定我们的方向和立场,也决定我们的精神状态和实际行动,直接关系着人生目标的选择、人生价值的实现。

二是具备良好的道德品质,认同和践行社会主义核心价值观,在学习中升华、内省中完善、自律中养成、实践中锤炼自己的道德情操,做到明大德、守公德、严私德,甘于奉献,在学生当中具有威信和感召力。

三是学习成绩优良,具备较为扎实的知识基础。对学业勤奋探索,在社会实践中全面发展。"学如弓弩,才如箭镞,识以领之,方能中鹄。"学习中既打牢扎实基础,又及时更新知识;既刻苦钻研理论知识,又积极掌握实践技能;既向书本学,又向实践学、向群众学;既向传统学,又向现代学,是兼收并蓄、融会贯通、全面发展的优秀人才。

四是要有天下兴亡、匹夫有责的担当精神,讲求奉献,实干进取。青春至美是担当,青年的担当是决定人生价值的最大砝码,是影响时代发展进程的重要力量。勇于担责,实干进取,自觉树立国家意识、民族意识、责任意识,把个人前途命运与国家、民族的前途命运紧紧地联系在一起,勇于面对实际生活中的各种挫折考验。

这四个方面相辅相成，共同组成一个有机整体，其中，思想政治素质是统领性的核心要素。

成为青年马克思主义者本身就是一次思想与精神的洗礼。建设重点培养对象的信息库，加强跟踪培育，为他们的成才发展提供实际帮助。通过社团推介、辅导员选聘、研究生支教团成员选拔、精英学子推介等方式，健全推介机制，发掘青年大学生中的优秀骨干；同时通过各类评优，加大对重点培育群体中优秀典型的选拔、表彰、宣传和推介力度，发掘共青团中的优秀典型。

选拔过程与培育过程始终是融为一体的，培育对象群体也是动态的。要建立相应的淘汰机制或是流动机制，不能形成一旦成为培育对象就固定在一个群体的局面，可以采取定期考核与普通同学评价相结合的办法，对于理论学习不认真、专业成绩下降幅度过大、思想及日常行为自我要求不严格的同学，不再作为"青年马克思主义者工程"的培育对象，以保证培育效果与质量。

四、构建高校青年马克思主义者培育的多维立体交流体系

在青年马克思主义者培育的过程中，应贯彻以青年大学生为中心，构建多维立体的青年马克思主义者培育体系。多维立体交流体系可以概括为：立体化思维、多维度践行、全方面建设。

立体化思维，就是要对青年马克思主义者培育的教学目标、教学对象、教学内容、教学方式及效果等问题有一个立体化思维。在教学目标上明确马克思主义理论专题的知识、情感、价值观等不同层次的目标，以利于因材施教；在教学对象上注重了解青年大学生的群体共性，培育学员的个性，以使教学更符合学员的需求；在教学内容上强调联系多层次的实际，包括理论实际、实践实际，青年思想实际；在教学方式上，除认真仔细的讲授外，应注重学员之间的相互学习以及学员的自我学习；在教学效果上，不拘泥于考核，更要注重学习效果的评价。

多维度践行，则体现在教学过程中的方方面面，从课程体系到教材体系的转化，以及教材体系到教学体系的转化，努力做到同一层次不同课程的内容密切相关，避免重复；强调以学术研究为支撑，注重学术研究与教学研究

相结合，促进学术成果及时地转化到教学中去。

青年马克思主义者的培育是一个系统工程，需要多维化、全方位的建设。从外聘专家团队、专业师资队伍到马克思主义学院以及高校其他部门都应齐心努力，积极推进、逐步落实青年马克思主义者的培育事宜，为青年马克思主义者的培育工作创造良好的环境。

（一）将信息时代中的先进技术引入青年马克思主义者的培育体系中

目前处于新媒体时代，微博、微信、数字电视、电子书等已经成为绝大多数青年大学生生活的一部分。为实现更好的培育效果，有必要把信息时代的先进技术引入青年马克思主义者的培育体系中来。如被称为"第四媒体"的互联网的运用打破了传统的大学生马克思主义教育模式，实现了马克思主义教育的网络化发展。高校要引导青年马克思主义者有序、高效地利用网络资源，让青年马克思主义者参与建立旗帜鲜明、内容丰富的大学生党建网站、廉洁教育网站等。

网络媒体是以网络技术为基础，以网络信息传播为载体，为青年马克思主义者的培育提供知识传授、学习互动、分享等功能的数字化平台。传统的马克思主义教育通常以面对面、点对点的教育方式进行，需要传授者在固定的时间、固定的场所对固定的对象进行教育活动，网络媒体的出现和运用打破了马克思主义教育的这种相对僵硬的教育模式，借助于微博、微信等便捷的网络媒介，将刻板、单调、枯燥的马克思主义教育内容转化为形象生动、有趣的画面，实现文字与图像、声音、视频的有机结合；同时利用网络媒体的多向性、互动性传播使马克思主义的教育更富立体感。

网络媒体的多媒体性和互动性可一定程度调动青年大学生学习马克思主义的积极性，也可增强马克思主义在青年大学生中的吸引力和影响力。同时其"一对一、一对多、多对一、多对多"的传播方式，也极大地扩展了马克思主义教育的传播范围。

1. 组建网络新媒体传播团队，引领青年思想方向

使用网络看新闻、发朋友圈，已成为当下很多年轻人的日常生活习惯。新媒体正以它强大的即时性、海量性、互动性、多媒体性在广大青年生活中扮演着十分重要的角色。高校应把握时代的脉搏，充分发挥新媒体的优势，组建一支新媒体团队，引领青年的思想方向。

高校在新媒体时代下运用新媒体手段，组建一支由老师给予指导，青年马克思主义者自行维护和管理的新媒体运营团队，搭建专题网站、QQ群、官方微博、微信公众号等平台全新的青年马克思主义者网络培育平台，利用新媒体的海量性实现"引领青年思想，服务青年成长"的重要作用，真正实现"青马工作"工程的宗旨："培养一批精英，带动一代学生。"

新媒体传播相对于传统媒体教育中以老师为中心的管理方式，具有网络化、交互性等优势。青年马克思主义者新媒体信息发布及时，表现形式多样、受众选择性多、平台个性化突出，这本身也在推进马克思主义"中国化、时代化、大众化"。这些有益探索对当代青年继承和发扬马克思主义，坚定马克思主义信仰起到了极大的促进作用。

2. 研究新媒体运营方式，提高高校新媒体的思想教育效果

新媒体已经成为传媒产业革命的主体力量。如何将已经建设起来的新媒体更好地服务于高校青年大学生马克思主义教育工作，是值得所有高校广泛关注和深入思考的问题。

首先，要了解受众对象。各种新媒体平台的受众主要为大学生及青年马克思主义者。只有充分了解他们喜欢用什么样的形式来接受马克思主义教育，对哪些内容感兴趣，才能在吸引青年学生关注之后，实现不走神、认真学的学习效果。

其次，要引导受众对象关注热点、重点。在利用新媒体平台上发布内容时，管理者要思考什么内容会引起青年马克思主义者的深入思考，什么样的话题能让大家在网络平台上展开热烈的讨论，这些都要依靠运营团队对知识的把控以及对平时素材的收集和整理。

最后，是主题思想的一致性。青年马克思主义者的新媒体平台是为高校青年大学生马克思主义教育工作服务的。它作为传播马克思主义，培育、教育青年马克思主义者的辅助手段，要在主题思想上保持一致性。对于一些大型主题活动的宣传和报道要体现时效性和联动性，这就要求所有新媒体平台在统一时间适时地发布主题思想一致、形式多样、内容丰富、可读性强的同主题事件。

微信息的传播跨越了物理空间，青年马克思主义者的培育工作需要找准青年大学生活跃的网络空间，运用青年学生熟悉的网络工具，抓住青年大学生的思想信息动态，及时运用马克思主义理论和方法疏导或解决青年大学生

在生活和学习中遇到的问题，增强马克思主义在青年大学生中的现实针对性，增强网络思想政治教育的吸引力和感染力。以微信、微博为主的微媒体的信息传播不受制于时间、空间，主要以文字、图像、语音、视频的方式将信息传输出去。青年马克思主义者的培育可以通过微信、QQ进行多维度的沟通联系。

利用微媒体对青年马克思主义者积极的一面进行鼓励和肯定，对消极的一面进行适时的纠正和疏导。大学时期是世界观、人生观、价值观形成的关键时期。青年马克思主义者通过深入领会马克思主义关于人生问题的基本理论，准确掌握面对和解决人生问题的科学方法，树立正确的人生观，明确人生目的、端正人生态度、认识人生价值，为创造有意义有价值的人生奠定良好的基础，在大学的人生中更好地实现信仰之道、传承之道、成我之道。

运用微空间的开放性，以直播的方式对培育课程及内容进行直观呈现，可实现一对多、多对一的即时交流，使马克思主义教育能够线上线下同时进行，从而激发青年大学生学习马克思主义理论的积极性，增强马克思主义理论的实用性。使用微空间进行理论传播，青年大学生既可以获取个人所需的知识和信息，又可以将自己的认识和看法与老师和同学进行实时地分享和互动交流，增强学习效果，使青年大学生更加积极地利用网络新技术学习马克思主义知识，也更加热情地投入到马克思主义的实践中去。

（二）传统媒体与网络新媒体紧密融合，实现优势互补

目前高校传统媒体仍然占有重要的地位，其教育教学的作用也不可能完全被网络新媒体取代。传统媒体在社会公信力、人才队伍等方面具有优势，新媒体具有传播速度快、信息量大、多角度、全方位等优势。这就需要将传统媒体与新媒体紧密融合，使二者优势互补，实现合作共赢的良好局面。

一方面高校利用传统媒体，做好报纸、广播及电视关于青年马克思主义者培育的导向性宣传；另一方面，则要借助青年人喜欢的新媒体进行潜移默化影响，形成人人关注、人人参与的良好氛围。调动青年大学生学习马克思主义的积极性，增强马克思主义在青年大学生中的吸引力和影响力，使广大青年学生及时有效地了解青年马克思主义者的培育工作。

传统媒体与新媒体紧密融合的过程中，传统媒体需要及时发现自身短板，不断在融合中改善提升，而新媒体则需要依托传统媒体，进一步提高媒

体传播能效，创造更宽阔的发展空间。高校充分利用新媒体的特点，发挥新媒体的优势，利用网络技术培育青年马克思主义者，营造了一个轻松、良好的环境。搭建多元化的网络平台，为老师与学员、学员与学员之间交流思想、传递信息提供了直接、便捷的渠道。青年马克思主义者通过自己设计、制作专题网站，开设网络主题讨论平台，发布青年马克思主义者培训中的教学计划、学习资料、最新动态，展示学员的发展变化及取得的成绩，发表官方微博、微信公众号文章，阐述马克思主义理论观点，引导青年学生关注的时事新闻，独立思考他们面临的理论困惑和生活困惑。新媒体的运营也使师生互动变得更加容易，指导老师引导学员将观点进行梳理、讨论，最后得出自己的结论，这一过程充分调动了广大青年学生对马克思主义的学习热情。通过这些新媒体平台可以使青年大学生对马克思主义更感兴趣，更愿意参与到马克思主义的学习当中。

传统媒体与新媒体紧密结合的教育方式使青年马克思主义者培育得以深入开展，使青年大学生的理论素养、实践能力和马克思主义认同感得到普遍提升。

（三）搭建校际和国际化的资源共享平台

青年马克思主义者应该是持有开放性、多科性、创造性的国际化青年人才。高校培育青年马克思主义者不仅要着眼于校内的学习工作，还要鼓励、推荐青年马克思主义者外出参加各类校际、国际的交流活动，扩大青年马克思主义者之间的沟通交流，协同创新，开阔其视野，提高他们的个人素养及水平。

在网络时代，利用互联网实现资源共享、协同交流是马克思主义理论学习的重要方式。通过交流学习帮助学员扩展国际视野，在比较中获取知识，取长补短；进一步增强学员的政治敏锐性和政治鉴别力，坚定政治立场；同时培育学员的独立思考、思辨能力，对于马克思主义在新时期出现的新问题保持清晰的思想认识，引导青年马克思主义者在重大理论和现实问题上多学习、多思考、多观察，用冷静的头脑去看待问题，进而明确坚定的政治方向。

五、构建高校青年马克思主义者培育的全方位社会实践培育体系

青年马克思主义者了解国情、熟悉社会的重要方式就是社会实践。社会实践是巩固和提升青年马克思主义者理论知识的有效载体。同时,青年马克思主义者在进行社会实践的过程中可以锻炼自身意识、增强社会责任感。因此高校应引导青年马克思主义者自觉投身社会实践,在实践中检验自己的学习成果,提升个人的综合素质。

要构建各类社会实践平台,组织和引导青年马克思主义者积极参加各种志愿服务活动,开展社会公益服务,形成长效机制,提高青年志愿者的服务能力与水平,深化青年志愿者发展计划,做到在为周边地区社会经济发展做出积极贡献的同时获得自身的成长。

(一)构建培育青年马克思主义者的实践体系

在青年马克思主义者培育的总体框架下,将社会实践纳入青年马克思主义者的培育体系中来。高校可以成立以学生工作部、校团委牵头,教务处、宣传部等多部门配合的机构,对青年马克思主义者的社会实践进行总体规划,同时联合校内外社团组织和企业共同实施,对社会实践过程进行全方位指导,并进行考核和监督评价。

结合马克思主义理论教学需要及青年马克思主义者的专业背景,高校需要建立一大批适合青年马克思主义者成长的实践基地,结合青年大学生关心的热点问题,精心策划实践活动内容,做到有针对性和分类引导性,实现社会实践的目标。比如对于低年级的学生,内容上应侧重于对国情和社会经济的宏观发展认识,增强其国家荣誉感和民族自豪感,自发产生服务人民建设国家的使命感和责任感。针对高年级学生的社会实践活动,应侧重深入了解经济社会发展中存在的不足和问题,结合自身专业提出有参考价值的解决方案。

(二)有针对性地开展各类实践活动,培育和提升其综合素质

当代青年是民族复兴伟大进程的见证者和参与者,青年的担当是决定人生价值的最大砝码,是影响时代发展进程的重要力量。青年马克思主义者不仅要读万卷书,更要行万里路。社会实践是青年大学生了解社会、认知社

会、增长才干、服务社会的重要平台和途径。

青年马克思主义者通过社会实践提升自身水平和视野，突出责任担当。具体体现为奉献祖国、奉献人民、尽心尽力、勇于担责，必须讲求奉献，实干进取，自觉树立国家意识、民族意识、责任意识，把个人前途命运与国家、民族的前途命运紧紧地联系在一起，在维护集体、服务社会、贡献国家中实现人生理想和人生价值；应坚持实践第一、知行合一，求真务实、有为善为，勇于面对实际生活中的各种挫折考验，勤奋刻苦、磨砺意志、脚踏实地；应始终保持昂扬向上的精神状态，富有求新求变的朝气锐气，敢于站在变革前沿，引领潮流之先，以新的实践创造更大成就。

深入基层一线了解我国的最基本国情，是青年马克思主义者增长本领的极好课堂。通过走进基层、深入农村开展大学生社会实践，丰富青年大学生的人生经历和社会阅历。

让青年学生了解我国的基层情况，保持青年学生与基层群众的密切联系，树立青年学生的群众意识，走与人民群众紧密结合的道路；同时让青年学生在艰苦的条件下受到历练，磨炼意志品质、形成优良作风、锤炼高尚品格。

改革是破除社会发展障碍、激发社会发展活力的引擎，创新则是民族进步的灵魂、国家兴旺发达的动力。改革创新精神既是对中华民族革故鼎新优良传统的继承弘扬，也是当代中国改革开放伟大实践中体现出来的精神品格和精神特征。这不仅可以增强大学生对社会主义道路的认同感，坚定走社会主义道路的信心和决心，更可以加强青年马克思主义者对改革开放的创新精神的认同。

改革创新精神是时代精神的核心，贯穿于改革开放的全部实践。改革开放以来，中国共产党带领人民突破陈规、大胆探索、敢于创造的思想观念，勇于打破与社会和历史发展规律不相吻合的思维方式、行为规范的束缚，从不合实际、不合规律的观念和体制的束缚中解放出来，从错误和教条式的思想观念中解放出来，破除阻碍发展的思想观念、体制机制，取得世人瞩目的巨大成就。青年学员通过深入改革前沿阵地，感受我国经济社会发展巨变。走访大型国企、高新技术企业、大型科研机构，了解科学技术发展最新成果，来感受我国改革开放多年来取得的丰硕成果。

马克思主义的本质特征是实践性。青年马克思主义者的培育应坚持社会观察与社会实践相结合，既要利用社会实践引导他们了解社会、坚定理想信念，同时也要弄清理论和实际的关系，及时解答心中的疑惑，从而形成科学的、正确的结论。马克思主义中国化的过程就是不断赋予其时代特色、中国特色、实践特色的过程。青年大学生要成长为坚定合格的马克思主义者，就必须离开书本走上社会，到社会的大熔炉中去提升思想高度和认知水平。

第二节 高校青年马克思主义者的培育机制

青年马克思主义者培育取得阶段性的成果不难，难的是如何将长久性和持续性结合起来，构建起健全完善的青年马克思主义者的培育机制。所谓机制是指各要素之间的结构关系和运行方式。在青年马克思主义者的培育中，需注重从组织管理、量才使用、激励、考评以及防范蜕变这几个方面加强顶层设计，建立相应的培育机制，实现青年马克思主义者培育的长效化、系统化和制度化。

在青年马克思主义者的培育过程中，应切实加强组织协调，切实加强管理和保障，强化落实，务求实效。通过科学完善的组织管理机制，明确统一领导、组织管理、分工负责、全面协作的培育过程；通过量才使用体制，构建青年马克思主义者的使用与淘汰机制，把培育和使用紧密地结合起来；通过科学的评价体系，建立起科学完备的考评方法和标准，准确把握培育对象的状况、态度以及培育效果等相关信息，保证培育的持续发展；通过合理的激励体制，运用激励的方法和手段，调动青年马克思主义者的积极性和主动性，实现更好的预期目标；通过防范蜕变机制，建立起组织监督与群众监督的组织措施，更好地实现青年马克思主义者的培育工作。以此为基础，完善青年大学生骨干的跟踪培育，建立科学合理的组织管理机制。

一、科学完善的组织管理机制

科学完善的组织管理机制涉及整套培育系统的内在联系、功能以及运行，是高校青年马克思主义者培育工作的重要保障。建立一套科学完善的组织管理机制，需要建立青年马克思主义者的各级培训制度，完善校院两级教育培训机制。由校级培训机构统一规划，整合资源，对校院两级培训机构统筹协调，分类别、分层次对青年马克思主义者进行逐层培训，不断深入党性教育和理想信念教育。与此同时，要积极挖掘社会资源，争取学校经费支持，强化青年马克思主义者培训的阵地建设。要努力构建能够广泛影响青少年的强大网络阵地。引进吸纳党政领导、专家学者、社会知名人士、企业管理者等社会各界精英，组建强大的、开放式的导师团，保障青年马克思主义者培育工作的师资水平。通过以上的组织管理方法，做好青年马克思主义者培育的沟通管理、项目管理、时间管理、过程管理、目标管理、资源管理等。

要尽量克服高校"青马工程"中的"碎片化"现象，避免其"负外部化"后果。青年马克思主义者的培训需要以创新的、系统的思维审视培训的培育目标、路径与方法，创新培训模式，及时调整策略。"三圈理论"是国外公共行政案例教学常用的分析工具，其主要代表人物有美国哈佛大学教授马克·莫尔（Mark Moore）和达奇·列奥那多（Dutch Leonard）。所谓"三圈理论"，即"价值""能力"和"支持"的三维分析框架。①

该理论认为，制定一项政策或实施一项战略计划需要考虑价值、能力及支持三个问题。价值主要体现在这项政策是不是以公共利益作为政策方案的最重要诉求；能力体现在是否考虑了政策方案的实施与执行中的约束条件，即达到政策目标的人、物、财等资源条件是否具备；支持则体现在政策方案所涉及的利益相关者的态度与意见，能否获得各个方面的认同与配合。政策制定和成功的决策是领导者在这三个要素之间寻求并达到某种平衡的结果。

在现实中，价值、能力、支持三者间存在不同的互动关系，三维重合的状态是政策实施的最佳状态。若政策执行方案很好地反映了社会公共价值，同时组织又具有足够的执行能力，还有来自利益相关者的支持，这样的政策就能够顺利实施，并取得最佳的预期效果。若三者欠缺其一，就可能带来这样或那样的问题，甚至造成困境。②

因此，领导者若是以"三圈理论"作为战略管理的分析工具，就必须首先明确领导者的职责和主要任务，即判断公共价值、提高组织能力、获取广

---

① 曹俊德. "三圈理论"的核心思想及决策方法论意义[J]. 国家行政学院学报，2010（1）：37.
② 曹俊德. "三圈理论"的核心思想及决策方法论意义[J]. 国家行政学院学报，2010（1）：39.

泛支持，只有三个圈最大限度地接近或重合，才能达到最佳的政策效果。

作为高校的一项重要的教育政策，"青马工程"实施的状况如何，取决于价值、能力、支持三方面的协调程度，以此为基础树立青年马克思主义者培育的全员参与、全过程参与及联动意识。首先，高校"青马工程"中最重要的诉求是符合社会公共利益。其次，高校"青马工程"的实施与执行过程中，需要组织方出台各种措施，创新培育方式，吸引培育力量，提升"青马工程"的培育能力，达到高校"青马工程"的要求。最后，高校"青马工程"的培育对象是高校青年骨干，他们是全社会未来的领导者，他们的成长状况也是衡量"青马工程"是否成功的最有力标准。因此，高校"青马工程"是需要高校与社会共建共享的一项工程，需要获得各个方面的认同与配合。因此内部要互惠互利，外部要赢得各利益相关方的有力支持。从"价值""能力"和"支持"三个维度，着力提升高校"青马工程"培育对象的综合素质。以"三圈理论"为基础对高校"青马工程"进一步阐发，"青马工程"既要从系统的角度关注整个培育体系的价值引领、组织能力与支持体系，更要从未来领导者的高度来进行顶层设计和管理。除了上述的各种保障外，还应建立科学合理的学员招收和培育体系，真正择优培育各级各类的学生干部、学生党员以及入党积极分子、学生社团负责人、理论学习骨干学生以及专业学习、综合素质与能力突出的优秀学生，造就一大批用马克思主义中国化的最新成果武装自己的青年马克思主义者。

二、量才使用机制

青年马克思主义者自中国共产党建党以来，一直是推动党合法执政、促进社会和谐发展的主要力量。青年马克思主义者培育不易，人才难得，要恰当合理地使用。要通过使用来检验和维护培育的效果，把培育与使用紧密衔接，构成一个即时反馈系统，推进青年马克思主义者培育迈向新阶段。

新时期高校在培育青年马克思主义者时需要注重有效实现青年创造社会价值和实现个人价值的内在需要，最大限度地发挥青年的生力军作用。紧紧围绕中华民族伟大复兴中国梦，引导青年马克思主义者树立远大理想，以青年的引导作用辐射全社会，增强全社会凝聚力，提升党的执政效率。

中国共产党的执政地位是历史发展的必然，但这种合法执政地位不是与生俱来的。党未来执政地位的巩固，取决于党在推动社会发展中的作用，取决于包括青年马克思主义者在内的广大人民对这种作用的认可度。高校培育青年马克思主义者工作，有助于巩固中国共产党的长期合法执政地位，维护政局稳定。

今天的中国处于一个关键时期，高校需要通过具有时代特色的培育方法来引导青年对党的政治追随，通过有效的青年政策来赢得青年的价值认同。高校青年马克思主义者培育工作与中国共产党的事业具有内在共通性，作为青年马克思主义者培育的主要阵地，高校需要不断研究当代青年，研究现实，才能发现培育工作与党的事业具有内在共通性，才能最大限度地引导青年马克思主义者对党执政的政治支持与认可，从而维护政局稳定，促进中国社会的发展。

在具体操作层面上，高校培育青年马克思主义者应该进入党的后备干部储备视野，联通高校青年马克思主义者的培育与地方青年马克思主义者使用的通道，真正地做到学而有其用。在高校的培育阶段，使用是为了马克思主义世界观的形成，培育心甘情愿为人民服务的精神。青年马克思主义者在高校期间的使用有三大原则：有计划地使用、有指导地使用、有淘汰地使用。青年马克思主义者的使用既要有长期目标，也要有近期安排，结合组织管理及评价机制，量才使用；高校青年马克思主义者有热情，有冲劲，但也缺乏经验，在实际使用过程中，指导教师要做好传道授业解惑的工作，结合实际工作的需要及遇到的困难，指导他们、帮助他们、提高他们；青年马克思主义者的使用也要有合理的淘汰机制，党一直坚持任人唯贤，德才兼备、以德为先的用人机制同样适用于青年马克思主义者的使用。

青年马克思主义者具体的使用可分为三个方面：第一，作为青年骨干的参与性使用；第二，作为学生干部管理服务性使用；第三，社会实践调研以及挂职锻炼使用。作为青年骨干的参与性使用是青年马克思主义者培育初期的一种基础性使用，在学校组织下，由老师带领参加志愿性活动和服务活动，在此过程中，可规定一些指标性任务。作为学生干部管理服务性的使用则是青年马克思主义者培育中期的使用形式，除了担任班级干部以及学校社团干部外，还要有意识地让青年马克思主义者担任校院两级教学改革学生代表、学生社团理论学习助教等工作。对于社会实践调研以及挂职锻炼使用而言，则是青年马克思主义者培育中后期在社会实践以及管制锻炼方面上的使用，这种使用既有必要的时间和强度保证，又有内容保证。通过上面的使用和锻炼，磨炼青年马克思主义者的信念和品质，宝剑锋从磨砺出，梅花香自苦寒来，在使用过程中改进作风、磨砺党性，更能显示出青年马克思主义者在理论、实践、人格方面的优势，也可以考察出其信仰是否坚定，观察出其党性是否纯净，能力是否可堪大任。

三、科学考评机制

在青年马克思主义者的培育中，科学有效的考评机制是巩固培育效果所必需的。青年马克思主义者的培育时间一般为 6~8 年（4 年大学本科教育和 3 年硕士研究生教育阶段），对每个时段的培育状况、培育态度、培育效果及时准确的考评都将直接影响培育的成果，通过及时准确的考评，青年马克思主义者可以进行准确及时的自我修正，更好地学习和进步。因此科学客观的考评机制是引导青年马克思主义者培育体系正常运行的航标。

考评既是对青年马克思主义者培育的价值分析，也是对青年马克思主义者培育的质与量的估计，是对培育过程的信息反馈。考评机制主要包括两个部分：考评方法和考评指标。导向要科学，从考评方法上来说，就是鼓励培育创新，鼓励培育教师做好本职的教育基础工作，不断提升培育发展质量和核心竞争力，注重长期培育，不局限于培育的短期效果；从考评指标上讲，就是要体现培育宗旨，引导培育科学、可持续发展，落实培育的措施。针对性强，就是要求考评符合当前的实际和发展的趋势，考虑多种育人的特征和特殊性，既不脱离实际又有先进性，同时考评指标要充分体现培育的特点。操作简便，则是要求考评方法要易于掌握，考评指标体系要简洁、易行。

总之，高校青年马克思主义者的培育工作要在实践中摸索出新的工作规律，增强绩效意识，利用科学的方法对培育工作绩效特别是对青年马克思主义者学习能力、创新能力和实践能力等方面进行综合评价，不断提高高校关于青年马克思主义者培育工作的实效性。

（一）建立青年马克思主义者培育的考评制度，改进青年马克思主义者培育的评价体系

改进培育考评评价制度，需要改变以往单一的评价方法，建立起多元化、差异化的培育质量评价标准体系。将青年马克思主义者学习能力、创新能力和实践能力作为评价的主要标准，重视青年马克思主义者未来对经济建

设和社会发展的贡献程度。在这个考评机制中，有两点是需要强调的。其一，考评机制应重视和加强同青年马克思主义者的互动沟通，做到共同参与、共同研究、共同寻求发展方向，建立起一种合作、互动、彼此尊重的关系；其二，这个考评机制在总体设计上应遵循先松后紧的原则，在青年马克思主义者培育的早期过程中，评价标准与要求相对宽松一些，评价的时间跨度相对大一些，而在培育的中后期，评价的标准和要求则要复杂一些，严格一些，时间和频率上的要求也更高一些。科学的考评机制既要考理论学习，也要考实践行为；既要进行民意调查，也要个人的报告；既要看平时的个人考评，也要进行不定期的专项调查。

建立科学的青年马克思主义者培育的考评制度，既需要动态、开放、定期对每位受教育者进行综合考评，制定符合学校和学生实际的标准，并将考评贯穿到青年马克思主义者培育工作的全过程。在标准设置上，应当实行指标考评，软硬指标并行。改变过去静态、单一、封闭的组织管理模式，建立起符合学校与学生实情、调控有力、运转高效的开放、动态组织管理机制，形成更加科学完善的组织管理机制及青年马克思主义者培育的考评制度。

（二）利用大数据，建立科学的考评机制

现在的社会是一个信息化的社会。社会高速发展，科技发达，信息交换频繁，人与人之间的交流日益密切，生活日益便捷，在这样一个科技高速发展的时代，大数据产生了。大数据，是需要新的处理模式才能具有更强的决策力、洞察力和流程优化能力的海量、高增长率和多样化的信息资产。大数据的战略意义不在于掌握庞大的数据信息，而在于对这些含有意义的数据进行专业化处理、加工和利用。

合理应用大数据技术，高校便可以全面搜集青年马克思主义者培育过程中的数据资源，并对其通过完全数据筛选的方式来进行分析，深入挖掘隐藏在数据背后的规律，让我们更真实、更全面地了解青年，了解考评机制在动态运行中的效果，进而不断改进，促进青年的发展。当然，当前人们对大数据的认识尚处于探索阶段，大数据在教育领域的研究也才刚刚开始，高校通过大数据获得的信息也只能作为青年马克思主义者培育工作的参考信息。另外，尽管信息时代，大数据对社会发展起到了巨大的推动作用，但并不代表其能取代一切对于社会问题的理性思考，海量数据不能代替科学发展的逻

辑。我们需要科学技术，以此为工具，全面而细致地分解现象，通过不断创新的技术手段，为培育青年马克思主义者创造更多的价值。

（三）有效考评青年马克思主义者培育的效果

青年马克思主义者的考评机制强调信息的处理与综合利用，及时准确的信息反馈有助于调整培育的模式及方法，另外被培育者自身也能分享到反馈信息，进行及时的自我反思和改进。部分高校的实践表明：将青年马克思主义者进行分组，小规模培训，效果良好。同时对分组教学采用多级评价模式，学生的积极性得到了极大调动。这种分组多级评价模式，能够客观公正地反映学生表现，并对学生的学习积极性有较大促进作用。同时，我们还可以借鉴其他高校青年马克思主义者培育工作的有效经验，建立奖励机制，固定周期评选优秀小组，对其专门进行奖励，并将奖励结果公开张榜公告在教室、校园内，激发青年马克思主义者的学习积极性。

每个青年马克思主义者都是一面旗帜。管理青年马克思主义者的方法可以是将他们在一定时期内所做的工作转化为具体目标，对这些目标进行数量、质量和时限具体要求，它涵盖了日常学习、工作和生活中的各个方面。青年马克思主义者培育目标管理的重点，就是要量化、细化对受教育者的考评标准，克服评价受教育者仅凭印象的局限。尽管目前关于青年马克思主义者培育的考评机制已经普遍建立并产生积极效果，但是大部分高校在此方面的考评还是侧重数量、轻质量，在培育考评指标体系的科学化、差异化、针对性，考评方法的简便化等方面还需进一步地总结和改进。

四、合理的激励机制

在科学客观的考评机制的基础上，还应引入针对青年马克思主义者的激励机制。在青年大学生的成长过程中，适当的激励机制可以调动培育对象的积极性和创造性，可以充分激发培育对象学习马克思主义的积极性，开发他们努力实践的潜能，充分调动他们向既定目标前进的步伐。

"激励机制的建立，根本出发点是通过激励艺术和手段，调动青年马克思主义者的积极性和创造性，用社会主义、共产主义思想体系，社会主义核心价值体系来教育人,规范人,培育一代又一代社会主义、共产主义新人。"①

一个合理的激励机制在设计上应包含以下三个要点:第一,始终把民族复兴,为中国特色社会主义建设做出自己的贡献作为激励的依据;第二,始终把内外激励因素合理地结合,满足青年马克思主义者多样化的需求;第三,始终把组织的及时考评激励放在其他激励的优先位置,统筹协调其他激励主体的激励方式。一个合理的激励机制,应是一个动态的运行系统。这一系统包括以下三个方面的内容:第一,信息双向交流与互动,这是整个激励机制发挥作用的基础和前提;第二,个体目标与集体目标的有效融合,这是激励机制能够有效运行的保障;第三,激励效果评价与反馈机制是整个激励机制的能量与动力系统,它们共同构建一个完整的不断循环发展的动态过程,三者相互作用,缺一不可。

青年马克思主义者的培育激励机制存在四种形式:一是正面激励。正面典型激励可以使人明确努力方向。在青年马克思主义者的培育中,选拔、树立青年马克思主义者先进典型,并对典型加大宣传,能够增强典型的示范引领,起到带动作用。以宣传引导行动,以典型带动群众,积极营造一种争做先进、追赶先进、人人争当先进的良好氛围。二是荣誉激励。在青年学生中广泛开展评优创先活动,通过选拔表彰不同层次、不同类型的优秀青年马克思主义者,用荣誉激励他们。三是机制激励。高校利用大数据技术,建立自己的青年马克思培育对象信息库,通过设定相关条件筛选对库中对象进行跟踪培育,从制度上保证优秀青年马克思主义者脱颖而出,同时探索利用大数据技术完善校、院两级组织的举荐制度。四是警示教育。结合发生在青年学生身边的典型案例进行警示教育,组织同学到法院旁听审判,观看反腐倡廉有关录像,进一步增强青年马克思主义者的廉洁自律意识。

五、建立防范蜕变机制

青年大学生是富有革命精神的群体,但由于不够成熟、缺乏社会经验,他们中的一部分人容易误入歧途,青年马克思主义者也不例外。在"天下熙

---

① 胡杰. 高校青年马克思主义者培育激励机制研究[J]. 山东青年政治学院学报,2011(9):27.

熙，皆为利来；天下攘攘，皆为利往"等物化思潮的影响下，部分青年马克思主义者也有可能发生蜕变，具体表现形式有：部分青年大学生思想退化，马克思主义信仰动摇；部分青年大学生对中国特色社会主义实践活动的参与度低；部分青年大学生的道德品质的退步。究其缘由有三：其一，马克思主义信仰不坚定；其二，物质化的外部环境以及日趋激烈的社会竞争的负面影响；其三，监督管理机制不力，没有形成充分的监督制约。为更好地实现青年马克思主义者的培育，建立组织监督与群众监督相结合的防范蜕变机制显得尤为重要。防范蜕变机制的设计应做到马克思主义信仰教育要合理，先进性提醒要经常，价值观维护要自觉。在总体设计原则上应坚持组织公正，做好组织监督，提供组织援助，在具体操作上从建立监督检查机制、创建马克思主义人文环境、培育有高尚品德的青年人三个方面入手。

（一）建立健全青年马克思主义者培育监督检查机制

高校青年马克思主义者培育工作需要建立长效机制，从制度上保证组织活动和学员参加活动的效果。监督检查机制的建立有助于青年马克思主义者培育工作落到实处。

人人都需要监督，人人都应感到在受监督。有效的监督管理，尤其是以群众为基础的监督，可以充分调动广大青年马克思主义者的积极性，提高他们保持先进的自觉性。可以通过组织召开专题民主生活会等形式，开展批评与自我批评，在这种积极的讨论交流的过程中让青年马克思主义者交流思想、自查自纠、听取意见，接受监督。在这种组织监督和相互监督的双层作用下，更好地巩固青年马克思主义者培育所取得的成果。

在目前的培育工作中，监督管理更多是事后监督，事前和事中监督浮于表面，制约不力。这种监督使得许多本来已经出现的苗头性问题没有得到及时纠正处理，从而使问题扩大化严重化，造成极为不良的后果。在监督管理上，加强青年马克思主义者的互相监督和群众监督制约，可以通过设立监督意见箱、公布电子邮箱的形式开展监督工作，还可以通过述职答辩的形式，让受教育者自我监督，上台阐述自己履行职责和发挥作用的情况，以及在学习、工作和生活方面所取得的成绩与不足等。因此，须完善事前、事中和事后监督管理，重点以预防、引导、检查、督促为主，应主要抓事前、事中监督工作，保持整个监督过程首尾的有机联系，把事前、事中和事后监督三者有机结合起来，从整体上提高监督的效果。

（二）营造外部氛围，创设青年马克思主义者培育的人文环境

外部环境是否有新意，是否符合当代青年的喜好，直接影响到青年马克思主义者的创新欲望、创新意识、创新热情和创新能力。营造有力的外部环境，通过创立多个学科领域交叉、多种教育资源共享、多个创新团队联合、多个研究方向融合、多元化投资渠道支撑的宽广平台的人文环境，会直接激发青年马克思主义者的创新潜能。

高校可以通过邀请国内外知名专家、学者、企业家来校做报告，举办青年马克思主义者主题学术研讨会，去革命家和人民群众从事革命活动的纪念地参观革命遗址遗迹，为青年马克思主义者提供课题研究思辨、论证和交流平台，为青年马克思主义者提供汲取营养的土壤；以高校强烈的文化自信、严谨的治学精神、民主的学术氛围、和谐的育人环境，为青年马克思主义者传递创新精神；通过高端学术交流，营造高雅的、正能量的高校文化，为青年马克思主义者培育创新能力；聚集创新能量，形成创新合力，使青年马克思主义者培育成为我国创新型人才成长的高地。

（三）将中国传统文化融入青年马克思主义者培育中，培育拥有高尚道德的青年

马克思主义中国化的发展历程，就是中国共产党的发展历程。从毛泽东思想到习近平系列讲话精神都饱含了中国传统文化的元素。中国传统文化具有强大的生命力，中国传统文化是中国化的马克思主义的重要源泉。高校在培育青年马克思主义者的具体实施过程中，不能仅仅局限于马克思主义理论教育，应在培育内容上注入中国传统文化，根据社会发展的需求，灵活改变培育模式，不断更新教育内容，加强对青年大学生传统文化的熏陶，以弘扬民族精神，使大学生在潜移默化中加大对中国传统文化的认同，培育具有中国气质和中国风格的青年马克思主义者，增强青年马克思主义者的培育效果。

高校青年马克思主义者培育在具体的培育过程中一定要适应社会的发展。随着我国社会主义市场经济改革的不断深入，受经济全球化、政治多极化、文化多元化的影响，大学生的信仰呈现出多样化的特点，各种社会思潮相互激荡、良莠不齐，这对大学生的思想观念造成了极大冲击。高校"青马

工程"的实施有效缓解了青年大学生信仰缺失的现状,提升了青年大学生的思想道德素养,对改善青年大学生道德滑坡具有重大意义。通过将中国传统文化融入青年马克思主义者培育中,培育道德高尚并具有坚定马克思主义信仰的青年大学生是青年马克思主义者培育的一项重要举措,同时也是为社会主义现代化建设输送人才的重要途径。

1. 注入中国传统文化的精髓

中华传统美德是中国传统文化的精髓,蕴含着丰富的思想道德资源,高校青年马克思主义者的培育要注入中国传统文化的精髓。具体内容包括重视整体利益,强调责任奉献;推崇"仁爱"原则,注重以和为贵;提倡人伦精神,注重道德义务;追求精神境界,向往理想人格的道德操守。要将这些传统美德融进培育内容之中,将以改革创新为核心的时代精神和以爱国主义为核心的民族精神积极融入培育内容中,以此培育大学生的民族自尊心和自信心。同时要不断丰富培育方式,通过辩论、讲座、歌舞剧、诗词朗诵比赛等方式使青年大学生接受中国传统文化的熏陶,强化大学生对中国传统文化的认知。

2. 以中华民族的传统美德规范大学生的行为道德

当今社会,青年道德失范现象不时出现。立足于国家与民族的实际,有机地将中国传统文化注入青年马克思主义者培育当中,以中国传统文化引导大学生的思想,以中华民族的传统美德规范大学生的行为道德显得尤为重要。

受西方文化的影响,在新旧思想观念的碰撞中,部分青年大学生对中国传统文化的关注和认知不足,中国传统道德观念较为淡薄,中国传统文化中关于"自强、诚信、明礼、勤俭、爱国、仁爱"等优秀道德品质在部分青年大学生中文化践行不足。以中国传统文化为切入点对高校青年马克思主义者注入民族精神,体现了中国传统文化对现阶段高校青年马克思主义者培育的意义。通过继承和发扬中国优秀传统文化,丰富高校在青年马克思主义者培育过程中的教育形式,凝聚中国青年的精神力量,为高校"青马工程"注入新的活力,使青年马克思主义者保持推动中华民族复兴伟业的精神定力。

3. 以马克思主义为指导思想,弘扬中国传统文化

中国传统文化是中华民族五千多年智慧和文明的结晶,对高校"青马工程"的实施具有巨大推动作用,对高校青年马克思主义者的培育发挥着重要

的作用。高校"青马工程"的实施须以马克思主义为指导思想,以青年马克思主义者为主体,不断融入中国传统文化的精华,在确保高校"青马工程"的社会主义方向下,积极弘扬中华民族的优秀传统文化,使中国传统文化的精髓得以传承和发展,在发展中不断创新与繁荣。

高校青年马克思主义者培育过程中要正确地理解马克思主义和中国传统文化的关系。在培育过程中要以马克思主义为指导思想,实现中国传统文化的现代化转换,注入中国传统文化的精华,用中国传统文化来滋养青年马克思主义者的道德建设,让中国传统文化中蕴含的伦理精神点点滴滴地融入青年马克思主义者的生活,生根发芽,不断丰富其精神世界,增强其精神力量。在"青马工程"实施过程中,高校党委要担负起领导核心作用,向青年大学生讲好中国历史,传播中国传统文化,培育大学生的理论自信和文化自信,使青年大学生经过"青马工程"的洗礼成为一名具有坚定信仰的马克思主义者,成为弘扬中国传统文化的积极践行者,成为社会主义现代化建设的中坚力量。

我国将长期处于社会主义初级阶段,党的路线、方针、政策要得到根本执行,就需要一代又一代具有坚定马克思主义信仰和崇高理想的高校青年,为我国的社会主义现代化事业贡献力量。高校青年马克思主义者的培育符合我国处在社会主义初级阶段的基本国情,是社会主义现代化建设的需要,在青年马克思主义者培育的过程中我们要以中国化马克思主义最新成果为引领,加强中国传统文化教育,强化大学生对中国传统文化的了解与践行,凝聚大学生的民族精神,培育当代大学生的爱国主义情怀,提升大学生的思想道德素养,铸造大学生的民族脊梁,使大学生将马克思主义理论与中国传统文化内化于心、外化于行,在社会实践中做到知行统一。

第七章　高校青年马克思主义者培育的实践探索

2007年5月，团中央启动实施了"青年马克思主义者培养工程"（简称"青马工程"）。"青马工程"是推进青年马克思主义者培育的重要途径和重大举措。实施"青马工程"，在广大青年中着力培育造就一大批用马克思主义中国化最新成果武装起来的，具有坚定理想信念的马克思主义者，事关党的事业后继有人，事关国家的兴旺发达，事关青年的健康成长。因此，在全国范围内特别是高等学校中广泛实施"青马工程"具有重大而深远的意义。"青马工程"实施十余年来，各地各高校在理论和实践上不断探索创新，取得了显著成效，培育了一大批有理想、有本领、有担当的青年。

为准确把握了解当前各高校"青马工程"开展的实际情况，课题组按照分层分类原则选取了有代表性的10所在川高校进行了调研。10所高校中，部属高校3所（四川大学、电子科技大学、西南交通大学），省部共建高校1所（西南科技大学），地方应用型本科院校2所（四川旅游学院、成都大学），高职高专院校3所（绵阳职业技术学院、四川幼儿师范高等专科学校、四川中医药高等专科学校），民办高等院校1所（成都东软学院）。在具体调查过程中，采用了个别访谈、座谈交流、实地考察、问卷调查等方法。问卷调查主要选取上述10所高校参加"青马工程"培训的学员，共计发放问卷1200份，收回问卷1164份，有效问卷1150份。

第一节　高校"青马工程"实施现状调查与成效分析

通过调研，课题组了解到，目前"青马工程"实施的总体情况良好。从调查的四川高校情况来看，共青团四川省委和调查的高校一直将"青马工程"作为大学生思想引领的重要路径与平台，对"青马工程"的实施都给予了足够的重视。在"青马工程"具体实施过程中，各地各高校在理论和实践上不断探索创新，培育了一大批有理想、有本领、有担当的优秀青年马克思主义者，取得了显著成效。这些成效具体体现在三个方面。

一、培育体系和工作格局日臻完善

从逐级选拔、分层实施的工作格局来看。经过十余年的建设和发展，"青马工程"全国、省级、校级、院系级的四级培育体系和工作格局逐步完善，工作重心不断"下移"和"落地"，特别是省级和校内两级培育体系日益完善。在四川，省级"青马工程"于2016年正式启动，目前第一期学员已经结业，第二期业已顺利举办。在学校这一级，绝大部分高校在实施校级"青马工程"的基础上，进一步实现了工程培育中心的"下移"和"落地"，在学校各二级学院也开展"青马工程"培育工作，扎实推进青年马克思主义者的培育，并结合当地特点开展特色培育。

从课程建设和教学体系来看。大部分高校按照《"青年马克思主义者培养工程"实施纲要》（以下简称《纲要》）的要求确立了大学生骨干培养的具体目标，并按要求构建了理论学习、实践锻炼、志愿服务、对外交流、课题研究这五大板块的课程体系和实施方案。并在具体培养过程中不断改进完善，以增强针对性和可操作性。如四川大学、西南交通大学等高校，不仅制定完善了校级层面的培养方案和课程体系，还督查指导二级学院根据各学院自身的特点设计课程，制定教学大纲。

从师资队伍建设来看。各高校对教师选拔和队伍建设给予了足够的重视，并根据各自学校的实际，探索了不少师资队伍建设的有益经验。例如，四川大学、电子科技大学等高校依托学校拥有的资源打出"名师牌"，依托国家大学生文化素质教育基地载体，由理论界专家学者在一线课堂为学生授课、讲解、作专题报告。西南科技大学、西南交通大学等高校大力推行导师制，建立了由学校党政领导、专家学者、企业家、先进人物等组成的兼职导师队伍，结合学员对象特点进行针对性、深层次指导。"青马工程"的开展离不开理论研究的支持。2015年底，共青团中央、全国学联公布了首批28家"青马工程"全国研究培训基地（高校）。四川大学是四川省唯一入选的高校。目前基地的主要职能涵盖理论研究、提供师资、课程开发、示范培训、咨询智库、承担专项任务等六个方面，这些基地是"青马工程"强有力的依托保障。

二、工作思路和培训内容不断拓展

目前，各校"青马工程"培训班在理论学习阶段普遍通过阶段性集中授课的形式，进行专题学习，内容涉及马克思主义经典理论、中国特色社会主义理论与实践、爱国主义教育、红色教育等方面。但是，我们调研了解到，一些高校除开设上述常规课程外，还结合自身特点和培养需要，开设了特色课程，把马克思主义理论与社会现实及实践结合起来，受到学员的普遍欢迎。如西南科技大学在开展"青马工程"理论学习培养时，依托中国绵阳科技城的优势，邀请中国工程物理研究院院士到校为该校学生开展"核•特色国防教育"，深受学生喜爱和欢迎。西南交通大学则是在"青马工程"培养工作中融入中国轨道交通文化，将通识文化教育与办学特色相结合，效果突出。

在理论学习中，大多数高校都能根据形势的变化和发展，不断拓展培训内容。在实地调研中课题组了解到，党的十九大以来，在川高校在"青马工程"理论培养工作中，紧密围绕马克思主义中国化的最新成果开展"青马工程"理论教育，如西南科技大学、绵阳师范学院等高校通过开展"导师带头讲""骨干相互讲"和"骨干向外讲"三讲活动，在广大青年学生中掀起了学习践悟习近平新时代中国特色社会主义思想热潮。

在实践锻炼方面，各个高校都做得比较好，普遍落实到位。在对学员的问卷调研中，当问及"你在参加'青马工程'中，学校是否会开展实践活动时"有 83.6% 的同学回答有开展不同形式和类型的社会实践。基层实践锻炼着力解决基层实际问题，为基层进行信息和政策服务，大学生骨干在"青马工程"的推进实施中既是理论学习者，更是实践者和服务者。近些年来，高校努力完善理论与实践相结合的育人体系，值得鼓励和肯定。

三、培育方式和组织形式不断创新

从教学形式与方法来看，调研的多数学校都进行了很多有益的探索和创新。例如，将启发式教学、情景教学、专题教学等引进课堂，增强互动，提高教学效果。西南科技大学校团委在开展"青马工程"培训时，以"科大青课"为载体，积极借鉴"思政课程"向"课程思政"的思维转变，联合该校马克思主义学院思想政治教育专业课教师和外语学院专业教师、文学与艺术学院教师，开展情景教育教学，提升理论学习的实效性。2016年，作为该校"青马工程"重要载体的"科大青课"荣获教育部第九届高校校园文化建设优秀成果奖。从教育手段来看，如成都大学采用现代科技手段，延伸传统课堂时空，搭建了学习网站、精品课程视频、微信公众账号、官方微博、QQ群、微信群、演讲比赛等多样化新平台，初步搭建了"青马工程"线上矩阵学习阵地。一些学校还充分利用重大的历史纪念日、艺术节、科技节、社团节、社会实践、志愿服务等重大学生活动为培训班学员搭建全方位、多维度、长时效的培育平台。

为了加强理论学习，创新培育方式，一些学校相继建立了相关的理论社团。比如，四川大学的大学生思想政治理论读书会，西南科技大学的马克思主义中国化研究协会、"三农"研究协会，西南交通大学国际关系研究会，而且四川高校还联合成立了"四川省高校学生思想理论社团联盟研讨会"。另外，一些学校如西南科技大学、西南交通大学等学校初步探索出在校优秀大学生骨干担任学生兼职辅导员、学生兼职团委副书记等挂职锻炼方式，实现了"青马工程"与学校思想政治教育的有机结合。

第二节 当前高校在实施"青马工程"中存在的问题

"青马工程"启动实施十余年来已经产生了广泛影响，成为加强青年思想政治教育工作的有效形式和教育引导青年的重要载体，在培育青年骨干中发挥了重要作用。但是，调研中我们也发现，"青马工程"在推进实施过程中也出现了一些问题与不足，需要进一步改进提高。

一、工作机制不够健全，指导督查不力

从全国范围看，"青马工程"已逐步形成全国、省、高校三级培育格局，建立了逐级选拔、分级培育的工作体系，其实，在地方也基本形成了三级工作体系，即省、校（市）、院（系）三级培育模式，应该说，培育层级较多，

培育规模庞大，培育人数众多。四川是一个教育大省，有130余所高校，每年"青马工程"省、校、院（系）三级培训学员有10万人左右，这样庞大的规模，需要有完善的制度规范作保障，更需要各级对下级进行有效的指导、监督、检查，从而有效地推动"青马工程"的实施。但是从工作层级和布局来看，各级对下级的指导督查力度不够。团省委对各高校、各高校对二级学院大都没有及时根据新时代的新形势、新特点，更新制定专门的"青马工程"实施方案或指导意见，相关的制度规范也不够完善，在具体运行中造成工作力度不够、运行机制不畅、培训体系不完善、培育效果打折扣、学生认同度不高等问题。据调查问卷显示，在问到"学校实施'青马工程'还有哪些方面需要改进"时，有26.1%的学员认为组织管理需要改进。

二、部分高校重视不够，工作流于形式

高等院校是实施"青马工程"的主阵地和主体力量，肩负着培育青年马克思主义者的重大使命。从调研的情况看，大部分高校已经认识到青年马克思主义者培育的重要性和必要性，尤其是高校管理者和共青团干部对此具有高度的认同。但在调研中发现，部分高校存在思想不统一，认识不到位，对开展"青马工程"重视不够的问题，主要表现在：第一，一些学校没有站在党和国家事业发展的高度，从学校立德树人根本任务的角度去认识和把握实施"青马工程"的重大意义。因此，在具体工作中没有把"青马工程"纳入高校思想政治工作总体布局中，没有把青年马克思主义者的培育作为评价党团组织工作成效的重要指标，致使这些学校"青马工程"大都流于形式，缺乏实效。第二，一些学校领导和相关职能部门把"青马工程"看成团组织一家的事，致使部门之间的协调配合不力，全校资源整合不够，没有形成工作合力。第三，一些学校没有建立起有效的领导决策、议事协调、表彰激励等长效工作机制，缺乏制度机制保障。第四，一些学校经费投入不足，甚至没有专门的"青马工程"专项经费，团委部门只能从学生活动或其他经费中列支相关费用，甚至干脆用一般性的干部培训代替"青马工程"。

三、理论教育重点不突出，课题研究重视不够

具有马克思主义理论修养，是青年马克思主义者的首要特质。培育青年

马克思主义者的首要目标就是要提高其思想政治素质和马克思主义理论水平，因此理论教育在"青马工程"中始终处于核心地位。也正因如此，《纲要》把理论学习列为大学生骨干培育的首要课程。但在实际工作中，一些高校对理论教育重视不够，存在理论培训学时不够，学习形式比较单一，学习深度不够，讲解不够透彻，理论教学与学习的深度远远不够，学生主动学习、深入学习的积极性不高，动力不足等问题；而另一些高校虽然重视理论教育与培训，但没有突出重点，政治性不强，对培育学员马克思主义理论素养重视不够。在调查中发现，一些学校理论学习的课程关于马克思主义经典著作、马克思主义基本原理、历史唯物主义、辩证法等方面的内容很少。尽管党的十九大以来，各校在"青马工程"培训中，都通过一定形式对马克思主义中国化最新成果——习近平新时代中国特色社会主义思想进行了宣讲学习，但总体上讲，还是不够系统和深入。

开展课题研究是《纲要》规定的培训学员的另一重要课程，目的在于通过课题研究提升学员的理论水平、创新能力和实践能力。但一些高校对这个环节的培育重视不够。在调查中发现，一些高校，特别是高职高专院校、民办高校基本没有开展"课题研究"，有些高校虽然开展了"课题研究"，但缺乏必要的指导，既没发布课题研究指南，又没有配备指导导师，更没有经费支持，致使课题研究流于形式，不少学员只能闭门造车，胡乱应付。

四、实践培育和对外交流针对性不强

《纲要》对"青马工程"开展实践锻炼的初衷是"增加大学生骨干对国情和社会的了解，增进与人民群众的感情，提高社会适应能力"，应该说目标很明确，指向很清晰，但在"青马工程"具体实施过程中，普遍存在着重理论学习、轻实践锻炼的问题，已有的社会实践活动也多是集中于暑期，并未形成社会实践锻炼的创新性模式，有的高校只是把社会实践作为理论学习的补充，而对外交流的培育就基本流于形式，仅有很少部分高校开展，也缺乏持续性。同时，在调查中，有的学员感到实践锻炼在实际操作中困难重重、阻碍繁多，效果甚微。《纲要》要求实践锻炼每年不少于两周，在调查中，超过两周的仅占55.6%，说明在基本的时间保证上就没有达到要求，另外实践锻炼方式单一，现有的方式集中在开展生产劳动、民宿体验、社会调查、基层志愿服务、参观观察等常规方式上，仅3.5%学员认为在实践锻炼中还具有其他途径。

五、培育过程缺乏跟踪评估、持续培育

《纲要》中明确指出："青马工程"的实施要做到阶段性和长期性相结合。走访调研了解到，高校普遍还是采用集中培训的模式，大学生骨干的培训时间普遍是利用每周的半天或双休日。对于将在学校完成四年甚至更多时间学业的学生骨干来说，持续性不强，长效性无法保证。同时，从团省委、高校（地方）团委到院（系）团委一定程度上忽视了质量评价体系的构建，没有建立跟踪评估体系。各类座谈会、交流会、联席会议的制度僵化，学员思想和感情缺乏交流；推荐机制和实习平台不够完善，优秀学员"走出去"的问题尚待解决。

第三节　高校"青马工程"质量提升对策

一、进一步强化组织领导，建立和完善工作机制和运行保障体系

各高校要从党和国家事业发展的高度充分认识实施"青马工程"的重大意义，高度重视"青马工程"的实施，将"青马工程"纳入高校思想政治工作总体布局中。高校党委将"青马工程"纳入党建工作中去，把青年马克思主义者的培育作为评价党组织工作成效的重要指标。要把"青马工程"纳入人才培育规划中，逐步建立领导决策、议事协调、表彰激励等工作机制，通过重点项目和活动，推进各类青年骨干的培育。要落实专项工作经费，不仅要保证理论培育的各项支出，还要在社会实践活动、课题调研、教材编写、阵地建设等方面给予必要的资金投入。另外，要拿出专项经费对工作成效突出的院系、工作人员、培育导师给予奖励，充分调动他们的积极性和创造性。

"青马工程"是一项系统育人工程，它的最终目标是将马克思主义理论、思想内化为广大青年的主体思想、信念，它的过程是通过综合理论学习、素质培训、实践锻炼等多元培育模式，满足青年健康成长成才的育人活动。从最终目标和实施过程的特点看，从"青马工程"推进实施实践情况看，高校

"青马工程"必须建立"自上而下"和"自下而上"相结合的有效运行机制。省级团委要对"青马工程"的实施提出明确指导,要出台专门的实施方案或指导意见,对"青马工程"的课程体系、形式规模、选拔机制、效果评估等作出明确要求,在《纲要》的指导下,形成省级"青马工程"的标准化培育体系。"青马工程"标准化培育体系应包含以下要点:一是强化目标标准,从当代青年的特征和马克思主义者的内涵出发,研究细化"青年马克思主义者"培育目标标准,要求成为各级"青马工程"培育的共同标准;二是细化培育方案,培育方案中要强化以马克思主义理论为指导的中心地位,细化学时、培育课程、实施形式、经费保障等,尤其要建立评估细则和激励机制,强化"青马工程"的年度评估要求,明确"青马工程"评估不合格的在年度考核、评优评奖中实施一票否决;三是注重培育模式持续创新,现阶段要善用时尚的、积极的、健康的元素填充到"青马工程"的培育和宣传中,扩大"青马工程"影响力,借助网络环境,尤其是善于运用新媒体、自媒体,将时尚、潮流等当代青年热爱的因子添加到培育过程中,持续与时俱进;四是协同合作与自我完善,标准化培育体系是各种资源、多种手段协同合作的平台,为了培育"青年马克思主义者"的目标而运转,同时,标准化培育体系不是一蹴而就的,要在人才培育的实践中不断探索和完善。

二、把握培育的核心和重点,着力提升青年学生马克思主义素养

以先进的理论武装头脑,使青年具有马克思主义理论素养,是培育教育青年并使之成为马克思主义者的首要任务。理论学习在青年马克思主义者培育中具有非常重要的意义,只有理论上的成熟,才能有政治上的成熟,才能提高素质、增强本领,成为一名坚定的青年马克思主义者。因此,在实施"青马工程"中必须始终把理想信念教育和马克思主义理论教育作为核心和重点,突出政治性,通过多种形式加强理论教育,着力提升学员的思想政治素质和马克思主义理论水平。具体来讲,要继续建立健全理论学习机制,通过马列经典原著解读、理论朗诵会、专题讲座、理论研讨、红色游学、现场教育、课题研究等多种方式,开展对马克思主义基本原理,尤其是对马克思主义中国化所形成系列成果的学习理解和掌握。要引导学生坚定中国特色社会主义道路自信、理论自信、制度自信、文化自信,坚持不懈培育和弘扬社会主义核心价值观,引导学员做社会主义核心价值观的坚定信仰者、积极传

播者、模范践行者。要尊重理论学习规律,在实际效果上求突破,针对理论学习比较枯燥,青年学生的理论认识不够深刻,理论涵养还有待提高等现象,开创形式多样的学习活动,通过各种途径和办法充分调动学员的学习积极性,使他们在思想境界、理论联系实际、自主学习能力等方面有所提高。大力发展马克思主义理论社团。大学生马克思主义理论社团是青年学生成长锻炼、自我提升为青年马克思主义者的重要载体,应充分调动和鼓励学生理论社团积极参与到"青马工程"中来,既有效地拓宽培育载体,又激活学生社团组织的建设与管理。

三、加强实践环节的培育,增强实践锻炼的实效性

习近平总书记指出:"实践观点是马克思主义哲学的核心观点。实践决定认识,是认识的源泉和动力,也是认识的目的和归宿。"[①] 因此,在"青马工程"实施过程中要高度重视实践环节,切实加强实践环节的培育,不断增强实践锻炼的针对性和实效性。

首先,要注重实践锻炼的制度建设和长效机制建设。要注意把握好不同性别、不同年级、不同专业等方面的差异性,在开展实践培育前,要做好基础数据收集,与学员做好前期沟通,了解真实需求,力求实践课程切合大学生骨干的现实诉求。在具体实施上,要分阶段、分步骤地进行落实。将实践活动划分为策划、宣传、实施和总结等若干个阶段,各个阶段实行严格的过程管理,确保实践活动按照既定目标顺利进行。建立考核评价和奖励机制,加强对大学生骨干参加社会实践锻炼的考核奖励,切实调动学生参加社会实践的积极性。

其次,注重将实践锻炼与理论培育互相结合。建立理论学习与实践锻炼的链式培育机制,将理论学习研究的内容融入实践调查、参观考察的情景中进行,将走访调查、社会实践、挂职锻炼的内容精准化,运用理论学习的原理、观点、方法来分析、推进实践锻炼,指导实践成果的撰写。可以成立"青马工程"宣讲团,开展以"进社区、进乡村、进工地、进企业"等为主要内容的宣讲活动,实现理论学习和实践锻炼相结合;通过邀请老红军、老

---

① 中共中央宣传部. 习近平总书记系列重要讲话读本 [M]. 北京:学习出版社,人民出版社,2016:218.

党员为学生在革命老区、红色文化基地讲授革命精神、中共党史以及马克思主义中国化的最新成果，在提高大学生骨干的理论素养和辨析能力的同时，接受红色文化、革命文化的熏陶；还可要求每个大学生骨干在培育期间，结合自己所学专业和个人兴趣，选择一个人文社会科学类的课题，在导师的指导下开展研究，完成并提交报告，以提高研究分析问题、解决问题的能力。

四、强化考核监督，构建完善的质量评价体系和跟踪培育机制

质量是青年马克思主义者培育的生命线，构建科学合理的评估考核体系，加强考核监督，是有效推进"青马工程"，确保"青马工程"质量的重要保障。高校是实施"青马工程"的重要阵地和主体力量，因此要特别加强对各个高校及其二级学院（系）开展"青马工程"的考核监督。为此，课题组在调研的基础上，按照《纲要》的总体要求并结合当前高校开展"青马工程"的实际，拟定了"青年马克思主义者培养工程"质量评价标准（见表7－1）。该评价标准设置了组织保障、理论学习、科学研究、对外交流、志愿服务、实践锻炼、特色项目7个（6+1）一级指标，28个二级指标（观测点），较为全面地考察了实施单位在实施"青马工程"中的各方面工作情况。在考察评估实施单位工作绩效的同时，还应建立大学生培育质量评价标准。通过对培育质量的评价评估，及时发现和掌握"青马工程"实施中存在的问题。特别是要通过对培训工作的效果分析，对"青马工程"实施方案进行修正、补充与完善，使培养教育重点更加突出，措施更加得力，方式方法更加科学，效果更加明显。要通过工作绩效考评，及时总结经验，发现问题及时整改，以深入推进"青马工程"的实施，全面提升"青马工程"质量。

表 7-1 "青年马克思主义者培养工程"质量评价标准

一级指标	二级指标	具体内容	得分	备注
组织保障（25分）	组织领导	学校党委直接领导，协调校行政负责实施，分管校领导具体负责，并成立相应的领导机构（5分）		
	机制保障	建立了完善的长效学习机制、考评机制、激励机制、跟踪培养机制，能够有效执行（5分）		
	经费保障	划拨专项经费，专项经费安排使用明确，专款专用。专项经费应随着"青马工程"工作的开展逐年增加（5分）		
	师资保障	建立一支品德优良、业务精湛的教师队伍。师资队伍应包括党政领导、专家学者、企业家等（5分）		
	阵地保障	在党政机关、企事业单位、基层社区、学校部门中建立一批稳定的实践锻炼基地，为"青马工程"学院提供挂职锻炼机会（5分）		
理论学习（18分）	管理制度	理论学习管理制度健全，建立备课、听课制度以及教学内容和教学质量监控制度，认真执行各项管理规章制度，检查、评价制度等。教学档案齐全（3分）		
	课程设置	课程设置丰富，设置"青马工程"理论学习必修课和选修课；落实课程和学分及对应的课堂教学学时，无挪用或减少课时的情况（3分）		
	教材编制	在充分借鉴中央编印的相关理论读本、高校思想政治课教材的基础上，集合大学生骨干培养目标和课程设置的需要，推荐或整理有关中国特色社会主义理论体系框架、社会思潮等方面的读本和学习资料。建设"青马工程"精品课程，逐步形成特色鲜明、与时俱进的教材体系（3分）		
	课堂教学	课堂规模一般不超过100人，倡导小班研学讨论的教学模式。合理安排课堂教学时间（3分）		
	教法改革	积极探索教学方法改革、优化教学手段。改革考试评价方式，建立健全科学全面准确的考试考核评价体系，注重过程考核（3分）		
	教学成果	"青马工程"理论学习教学成果列入校级教学成果类奖系列评选之中（3分）		

续表7-1

一级指标	二级指标	具体内容	得分	备注
科学研究（15分）	选题规范	建立选题指南数据库，选题契合时代发展热点和需求，能够充分将学员个人专业优势与课题研究结合起来，相互促进（3分）		
	项目数量	要求每个学员在培养期间，结合自己所学专业和个人兴趣，选择一个人文社会科学类的课题，在导师的指导下开展研究，完成并提交一份研究报告（3分）		
	导师配备	培训班能够为每位学员在开展课题研究中配备一名指导教师（3分）		
	结题考核	有较为完善的课题研究评价指标。在每期培养中，课题研究报告结题率达到95%以上（3分）		
	成果推送	每期课题研究成果中，至少有一项被省级及以上团学组织媒体转载报道，有一定的影响力（3分）		
对外交流（15分）	交流形式	学员参加对外交流形式多元化，至少有校与校之间、省与省之间交流或短期访学、参加国际会议等多种形式（3分）		
	交流次数	组织学员在培期间参加一次校际、省际交流或短期访学（3分）		
	交流覆盖	在培训期内，创造条件，使学员参加对外交流的覆盖率达到90%以上（3分）		
	过程管理	有较为完善的过程管理体系，加强过程监督，保证项目实际效果（3分）		
	工作考核	有较为完善的工作考核制度，对项目结果进行集中书面或实际分享宣传展示，提升影响力（3分）		
志愿服务（12分）	思想要求	遵守国家法律、法规；政治立场坚定，拥护党的领导，自觉维护民族团结；志愿服务信念坚定，服务社会思想明确（4分）		
	时间要求	积极参加培训班组织协调的各类公益活动，学员每人每年参加不少于100小时的志愿服务（4分）		
	日常考核	积极参加培训班组织召开的志愿者例会，及时汇报学习、工作和生活情况，提出合理化建议。每季度按时向班级上报个人思想、工作汇报（4分）		

续表7-1

一级指标	二级指标	具体内容	得分	备注
实践锻炼（15分）	明确主题	每期实践锻炼主题应主动契合时代需求，能够自觉地将马克思主义中国化最新成果融入实践调研活动中（5分）		
	活动次数	每期组织学员进行不少于2周的基层实践锻炼（5分）		
	实践形式	积极拓展大学生骨干实践锻炼的途径和渠道，能够协助大学生骨干：到企业或生产一线从事与专业（课程）相关的顶岗工作；到科研院所从事与专业相关的科研开发或技术推广应用工作；到校外实训基地从事与专业相关的建设工作；从事与专业相关的挂职锻炼、技术扶贫等工作。在这些多种形式的实践途径中，参加以企业实践为主的实践活动（5分）		
特色项目		各高校根据学校实际，在实施"青马工程"中创造性开展富有特色的精品活动，每项5分最高10分		

说明：

①该评价指标体系，主要考察的是高等学校及其二级学院开展"青马工程"的情况。

②考核指标设置的主要依据是团中央颁布的《"青年马克思主义者培养工程"实施纲要》的相关规定和要求。

③指标体系共设置7个（6+1）一级指标和28个二级指标（观测点）。前6项指标满分为100分，在此基础上，各学校可申请"特色项目"加分，最高10分。

要建立跟踪持续培育机制。在阶段性集中学习结束后，继续构建学生骨干的跟踪培育机制，建立"青马工程""种子库"，为优秀学生骨干建档立册，并通过导师跟踪督导、定期考核、课题研究、就业创业咨询辅导等方式加强对学员的长期培育和管理，在选拔政治辅导员、研究生支教团、出国交流以及就业推荐等方面以优先考虑；建立"青马工程"学员的人生导师制，积极结合素质拓展计划、挂职锻炼计划、选苗育苗计划、社会实践计划、领袖精英计划等对优秀学生骨干进行量身培育，在管理教师和学生干部之间建立相对固定的培育关系，使教师有更多的时间和机会了解学生骨干的特长和潜力，便于长期有针对性地进行跟踪培育。

一个时代有一个时代的机遇，一个时代有一个时代的使命。中国特色社会主义已进入新时代，新时代青年的培育成长事关社会主义现代化强国的全面建设，事关中华民族伟大复兴中国梦的早日实现，因此，"青马工程"的持续实施具有战略意义。高校作为实施"青年马克思主义者培育工程"的重要阵地和主体力量，深入推进"青马工程"，培育造就综合素质高、业务能力强、忠于党和人民，能肩负中国特色社会主义伟大事业建设任务的优秀青年骨干，是党和人民对高等学校提出的期望与要求，也是时代的需要和呼唤。现阶段必须充分认识到"青马工程"实施的重要性，及时总结经验，查找问题，更进一步推动"青马工程"的落实。

第七章 高校青年马克思主义者培育的实践探索

参考文献

一、著作类

本书编写组，2018. 马克思主义基本原理概论［M］. 北京：高等教育出版社.

邓小平，1993. 邓小平文选：第3卷［M］. 北京：人民出版社.

邓小平，1994. 邓小平文选：第1卷［M］. 北京：人民出版社.

邓小平，1994. 邓小平文选：第2卷［M］. 北京：人民出版社.

胡锦涛，2011. 在庆祝中国共产党成立90周年大会上的讲话［M］. 北京：人民出版社.

胡锦涛，2012. 坚定不移沿着中国特色社会主义道路前进 为全面建成小康社会而奋斗——在中国共产党第十八次全国代表大会上的报告［M］. 北京：人民出版社.

黄志坚，2014. 黄志坚青年研究文集（一）［M］. 北京：研究出版社.

江泽民，2002. 江泽民论有中国特色社会主义（专题摘编）［M］. 北京：中央文献出版社.

江泽民，2006. 江泽民文选：第1卷［M］. 北京：人民出版社.

兰亚明，2016. 关于青年马克思主义者培养的若干问题研究［M］. 南京：南京大学出版社.

兰亚明，2019. 青年马克思主义者培养理论与实践［M］. 南京：南京大学出版社.

廉德瑰，2016. 日本凭什么与众不同［M］. 沈阳：辽宁人民出版社.

刘猛，2008. 意识形态与中国教育学［M］. 南京：南京师范大学出版社.

刘少奇，2004. 刘少奇选集：上卷［M］. 北京：人民出版社.

毛泽东,1988. 毛泽东哲学批注集[M]. 北京:中央文献出版社.

毛泽东,1991. 毛泽东选集:第2卷[M]. 北京:人民出版社.

毛泽东,1991. 毛泽东选集:第3卷[M]. 北京:人民出版社.

孙占元,2004. 邓小平的伟人品格与思想贡献[M]. 济南:山东教育出版社.

王立胜,2008. 晚年毛泽东的艰苦探索[M]. 西安:陕西人民出版社.

王锐生,1992. 马克思主义哲学原理[M]. 北京:高等教育出版社.

王向阳,2012. 青年马克思主义者培养的探索与实践[M]. 合肥:合肥工业大学出版社.

王征国,2015. 中国梦思想体系旨要[M]. 北京:经济日报出版社.

习近平,2014. 习近平谈治国理论[M]. 北京:外文出版社.

习近平,2017. 习近平谈治国理政:第2卷[M]. 北京:外文出版社.

习近平,2018. 习近平谈治国理政:第1卷[M]. 北京:外文出版社.

肖红新,2014. 思行如一:青年马克思主义者培养教程[M]. 厦门:厦门大学出版社.

张宝池,2004. 新时期青年工作研究[M]. 成都:西南交通大学出版社.

张立文,1987. 传统文化与现代化[M]. 北京:中国人民大学出版社.

张泰,2016. 全国干部传统文化与执政智慧培训教材 齐家治要[M]. 北京:东方出版社.

赵四学,2019. 创学视域下的中国文化理论建设研究[M]. 北京:中国社会科学出版社.

中共中央马克思恩格斯列宁斯大林著作编译局,1961. 哲学笔记[M]. 北京:人民出版社.

中共中央马克思恩格斯列宁斯大林著作编译局,1992. 列宁全集:第21卷[M]. 北京:人民出版社.

中共中央马克思恩格斯列宁斯大林著作编译局,1995. 列宁全集:第21卷[M]. 北京:人民出版社.

中共中央马克思恩格斯列宁斯大林著作编译局,1995. 列宁选集:第4卷[M]. 北京:人民出版社.

中共中央马克思恩格斯列宁斯大林著作编译局,1995. 列宁选集:第4卷[M]. 北京:人民出版社.

中共中央马克思恩格斯列宁斯大林著作编译局, 1995. 马克思恩格斯文集: 第1卷［M］. 北京: 人民出版社.

中共中央马克思恩格斯列宁斯大林著作编译局, 1995. 马克思恩格斯文集: 第4卷［M］. 北京: 人民出版社.

中共中央马克思恩格斯列宁斯大林著作编译局, 1995. 马克思恩格斯选集: 第1卷［M］. 北京: 人民出版社.

中共中央马克思恩格斯列宁斯大林著作编译局, 1995. 马克思恩格斯选集: 第4卷［M］. 北京: 人民出版社.

中共中央马克思恩格斯列宁斯大林著作编译局, 2009. 列宁专题文集 论马克思主义［M］. 北京: 人民出版社.

中共中央马克思恩格斯列宁斯大林著作编译局, 2009. 马克思恩格斯文集: 第10卷［M］. 北京: 人民出版社.

中共中央马克思恩格斯列宁斯大林著作编译局, 2009. 马克思恩格斯文集: 第1卷［M］. 北京: 人民出版社.

中共中央马克思恩格斯列宁斯大林著作编译局, 2009. 马克思恩格斯文集: 第2卷［M］. 北京: 人民出版社.

中共中央马克思恩格斯列宁斯大林著作编译局, 2009. 马克思恩格斯文集: 第7卷［M］. 北京: 人民出版社.

中共中央马克思恩格斯列宁斯大林著作编译局, 1995. 列宁选集: 第4卷［M］. 北京: 人民出版社.

中共中央马克思恩格斯列宁斯大林著作编译局, 2012. 列宁选集: 第4卷［M］. 北京: 人民出版社.

中共中央文献研究室, 1993. 毛泽东文集: 第2卷［M］. 北京: 人民出版社.

中共中央文献研究室, 1996. 毛泽东文集: 第3卷［M］. 北京: 人民出版社.

中共中央文献研究室, 1999. 毛泽东文集: 第6卷［M］. 北京: 人民出版社.

中共中央文献研究室, 2004. 邓小平年谱 1904—1974: 上, 中, 下［M］. 北京: 中央文献出版社.

中共中央文献研究室, 2008. 十六大以来重要文献选编: 下［M］. 北京:

中央文献出版社.

中共中央文献研究室,2013. 毛泽东著作专题摘编：下 [M]. 北京：中央文献出版社.

中共中央宣传部理论局,2010. 划清"四个重大界限"学习读本 [M]. 北京：学习出版社.

中国哲学史编写组,2012. 中国哲学史 [M]. 北京：高等教育出版社.

二、期刊、论文类

曹俊德,2010. "三圈理论"的核心思想及决策方法论意义 [J]. 国家行政学院学报（1）.

楚国良,2012. 学习马克思主义经典著作要真学真懂真用 [J]. 学习月刊（8）.

方君诚,2007. 论马克思主义与中国传统文化的结合 [J]. 哲学动态（5）.

方克立,1999. 二十一世纪,能否淡化东化与西化之争 [J]. 中国社会科学研究生院学报（2）.

冯今源,2002. 改革开放新形势下中国宗教现状及我们的理论思考 [J]. 当代宗教研究（1）.

冯今源,2005. 对新形势下我国宗教问题的理论思考 [J]. 河北学刊（5）.

高丽倩,2012. 青年马克思主义者培养与高校思想政治教育研究 [D]. 西安:陕西师范大学.

郝志杰,2014. 新时期高校培养青年马克思主义者面临的挑战及途径探索 [J]. 中国石油大学学报（5）.

洪建设,2012. 加强青年干部马克思主义理论教育的基本原则 [J]. 湖北第二师范学院学报（6）.

胡杰,2011. 高校青年马克思主义者培育激励机制研究 [J]. 山东青年政治学院学报（9）.

胡小君,2004. 合法性资源与党的执政资源体系 [J]. 当代世界与社会主义（6）.

黄毅静,王正坤,2015. 高校青年马克思主义者培养现状及保障机制 [J]. 青年记者（32）.

姜佳忠,2015. 青年干部如何提高自身素质 [J]. 决策与信息（12）.

李安，2016. "红船精神"对接高校青年马克思主义者培养的机制探究［J］. 思想理论教育导刊（26）.

刘新欣，2008. 谈青年马克思主义者的培养［J］. 科技信息（9）.

钱云霞，杨宁芳，2018. 高校青年马克思主义者培养途径与方法研究［J］. 学理论（7）.

沈洁，2015. 高校"青年马克思主义者培养工程"教育培训体系的系统优化［J］. 东华大学学报（社会科学版）（1）.

王国炎，汤忠钢，2003. 论中国传统文化的基本特征［J］. 江西社会科学（4）.

王兆国，2011. 努力为党的事业培养一批又一批坚定的青年马克思主义者［J］. 求是（2）.

乌斯满江，2009. 对当代大学生思想道德建设再认识［J］. 新疆师范大学学报（哲学社会科学版）（2）.

吴少文，1999. 努力培养大学生党员成为坚定的青年马克思主义者［J］. 佛山科技学院学报（社会科学版）（S1）.

苑申成，2011. 青年马克思主义者培养的多维路径［J］. 中国青年研究（10）.

张恩亮，高军，2013. 论新时期青年马克思主义者培养原则［J］. 思想政治教育研究（4）.

张忠有，李景山，2012. 毛泽东思想和中国特色社会主义理论体系概论课"全景式"教学法研究［J］. 教学研究（1）.

赵四学，2012. 论中国文化的理论建设与时代创新［J］. 求索（9）.

赵四学，2014. 硕士研究生创新能力"五创一体"法探微［J］. 科技管理研究（9）.

三、报纸类

江泽民，1989. 在李大钊诞辰100周年纪念大会上的讲话［N］. 人民日报，1989-10-29（01）.

刘云山，2017. 深入学习贯彻习近平新时代中国特色社会主义思想［N］人民日报，2017-11-06-（02）

习近平，2011. 认真学习马克思主义经典名著 不断推进中国特色社会主义事业[N]. 人民日报, 2011-05-14 (03).

习近平, 2013. 在同各界优秀青年代表座谈时的讲话[N]. 人民日报, 2013-05-05 (02).

习近平, 2013. 在中央党校建校80周年庆祝大会上的讲话[N]. 人民日报, 2013-03-03 (01).

习近平, 2013. 在中央政治局第十一次集体学习时讲话[N]. 光明日报, 2013-12-05 (01).

习近平, 2014. 在中国科学院第十七次院士大会、中国工程院第十二次院士大会的讲话[N]. 光明日报, 2014-06-10 (01).

习近平, 2016. 把思想政治工作贯穿教育教学全过程 开创我国高等教育事业发展新局面[N]. 光明日报, 2016-12-09 (01).

习近平, 2016. 在哲学社会科学工作座谈会上的讲话[N]. 光明日报, 2016-05-19 (01)

习近平, 2017. 以解决突出问题为突破口和主要抓手 推动党的十八届六中全会精神落到实处[N]. 人民日报, 2017-02-14 (01).

习近平, 2018. 在纪念马克思诞辰200周年大会上的讲话[N]. 光明日报, 2018-05-05 (01).

习近平, 在同各界优秀青年代表座谈时的讲话[N]. 光明日报, 2013-05-05 (01).

四、译著类

芬克, 斯达克, 2004. 信仰的法则——解释宗教之人的方面[M]. 杨凤岗, 译. 北京: 中国人民大学出版社.

科恩, 1986年, 自我论[M]. 佟景韩, 范国思, 许宏浩, 译. 上海: 上海三联书店.

穆勒, 2014. 论自由[M]. 严复, 译. 南京: 译林出版社.

斯诺, 2010. 西行漫记[M]. 董乐山, 译. 北京: 东方出版社.

后 记

  高校青年马克思主义者培育是一项系统复杂的工程，涉及面广，意义重大，影响深远。马克思主义经典作家从创立马克思主义理论以来，就非常重视青年马克思主义者的培育工作。在具体的革命实践过程中，马克思、恩格斯、列宁、斯大林等马克思主义经典作家在从事社会主义革命和社会主义建设的实践过程中，对青年马克思主义者的培育进行了大量的研究和指导，取得了显著的成效。马克思主义理论进入中国后，以毛泽东为主要代表的中国共产党人，在马克思主义理论的指导下，结合中国的具体实践，创立了毛泽东思想，取得了中国社会主义革命的成功。改革开放以来，以邓小平、江泽民、胡锦涛、习近平为主要代表的中国共产党人以马克思主义理论为指导，结合中国具体国情，创立了邓小平理论、"三个代表"重要思想、科学发展观以及习近平新时代中国特色社会主义思想等一系列中国化的马克思主义理论，为社会主义改革、社会主义现代化建设做出了卓越贡献。在我国社会主义革命、社会主义改革开放和社会主义现代化建设过程中，以毛泽东为主要代表的中国共产党人高度重视青年马克思主义的培育工作，高度重视高校在青年马克思主义者培育过程中的重要工作，并做了大量的指导工作，取得了积极的成就，为社会主义革命、社会主义改造和社会主义现代化建设培育了大量的人才。但是，随着我国改革开放的深入，世界政治、经济形势的变化，世界格局的改变，世界形势错综复杂，国际斗争更加激烈，意识形态斗争更加严重，这对我国培育青年马克思主义者从数量到质量都提出了更加紧迫的要求。为此，以江泽民为核心的党中央提出了"青年马克思主义者培养工程"伟大构想，该工程从提出构想到形成理论体系，再到具体实施，历时近三十年，足以体现党和国家对该工程的长远思考和高度重视。高校作为该工程实施的重要主体之一，经过十年来的不断探索和实践，对青年马克思主义者的培育工作，取得了积极成效，培育了一大批优秀的青年人才，但也发现存在一定的问题，需要不断总结反思。而要做好高校青年马克思主义者培育工作，就必须对青年马克思主义者的基本特征有明确的认识，弄清培育对象、培育目标、培育原则、培育方法、培育体系与培育机制、培育路径，才能做到有的放矢，做好高校青年马克思主义者的培育工作。为保证研究结论的科学性、严谨性，本课题组在对高校"青年马克思主义者培养工程"实施深入调查的基础上，严格遵循国家关于我国意识形态和思想政治教育大政方针指导原则基础上展开论述。

本书是团中央全国学校共青团研究课题重大项目（项目编号：2017ZH10）、四川省社会科学界联合会学科共建项目（项目编号：SC16XK052）、四川青少年思想道德建设研究中心2016年重点研究项目（项目编号：XKQSN2016WT02）研究成果，是四川省社会科学高水平研究团队"四川青少年思想道德教育创新研究团队"建设计划资助项目之一。本书由西南科技大学马克思主义学院黎万和教授、赵四学副教授、吴勇老师、罗雅璐老师以及青岛理工大学马克思主义学院李龙强教授共同撰写完成。

本书在写作过程中得到了西南科技大学马克思主义学院党委的大力支持和帮助，并充分吸取了同行专家的宝贵意见和思想成果，但由于篇幅有限，有些没有在参考文献中明确列出，在此一并表示诚挚的感谢。由于时间仓促、水平有限，书中疏漏不足之处还望同行专家学者批评指正。

2020年6月